创业服务平台价值共创

周文辉 著

科学出版社
北京

内 容 简 介

本书以问题为导向，以价值共创为理论视角，以案例研究为主要方法，围绕创业服务平台生态系统"为什么构建—构建什么—如何构建—如何突破困境—政策如何创新"五个紧密相关的问题，根据生态系统的四个要素（参与者、活动、位置与关系），选取典型案例分别探讨了四类创业服务平台的主要参与者之间的价值共创过程，根据参与主体从 1 个、2 个、3 个到 N 个的不断增加，服务平台生态呈现出"点—线—面—体"的演进路径。试图突破创业服务平台生态构建中面临的三类矛盾：创新瓶颈与能力缺失的矛盾、创业资源的冗余与约束的矛盾、大规模生产与个性化定制的矛盾。

本书能为从事创业服务、平台赋能与价值共创的创业服务机构，中小企业创新转型，公司内部创业与政府经济主管部门的专业人士提供有益的指导。

图书在版编目（CIP）数据

创业服务平台价值共创/周文辉著. —北京：科学出版社，2021.12
ISBN 978-7-03-063192-3

Ⅰ. ①创⋯ Ⅱ. ①周⋯ Ⅲ. ①创业－公共服务－研究－中国 Ⅳ. ①F249.214

中国版本图书馆 CIP 数据核字（2019）第 257892 号

责任编辑：王丹妮/责任校对：贾娜娜
责任印制：张 伟/封面设计：无极书装

科学出版社 出版
北京东黄城根北街 16 号
邮政编码：100717
http://www.sciencep.com

北京凌奇印刷有限责任公司 印刷
科学出版社发行 各地新华书店经销

*

2021 年 12 月第 一 版　开本：720×1000　1/16
2022 年 9 月第二次印刷　印张：11 1/2
字数：232 000

定价：116.00 元
（如有印装质量问题，我社负责调换）

前　　言

本书以问题为导向，以价值共创为理论视角，以案例研究为主要方法，围绕创业服务平台生态系统"为什么构建—构建什么—如何构建—如何突破困境—政策如何创新"五个紧密相关的问题，根据生态系统的四个要素（参与者、活动、位置与关系），选取典型案例分别探讨了四类创业服务平台（电商平台、公共服务平台、内创平台与生态平台）的主要参与者之间的价值共创过程，研究发现以下内容。

创业企业通过制订瓶颈突破方案为行动学习提供了正确的知识输入，行动学习为瓶颈突破方案的实施提供了有力保障，方案制订与行动学习就是不断解决问题与达成目标的过程，转型能力包括认知能力、转移能力与整合能力三个维度，它的提升路径是一个"知行合一"的过程。

创业服务机构与创业企业价值共创过程模型分为"观念共识—价值共生—价值共赢"三个阶段：创业服务机构通过"互动诊断"与"考察交流"的"言传＋身教"的"传道"方式，帮助创业企业"觉察"与"觉醒"以达成观念共识；创业服务机构通过"授之以鱼"与"授之以渔"的"教授＋教练"的"授业"方式，帮助创业企业"学习新知"与"学以致用"以促成价值共生；创业服务机构通过"答疑＋答辩"的"解惑"方式，帮助创业企业执行方案与达成目标以实现价值共赢。

创业服务内容包括创新规划、需求管理、团队建设与流程规范四个要素，价值共创过程包括价值共识、价值共享、价值共生与价值共赢四个要素，在创新领导者的推动下，创业服务内容与价值共创过程相互作用，共同促进创业服务转化为创新绩效。

创业服务平台、创业者与消费者价值共创过程模型分为"价值共识—价值共享—价值共生—价值共赢"四个阶段：以小米生态链为例的创业平台、创业者与消费者通过"交流"实现"资源识别"促成价值共识，通过"交换"实现"资源获取"形成价值共享，通过"交互"实现"资源利用"构成价值共生，通过"交融"实现"资源转化"达成价值共赢。

以淘宝网为例的电商平台创业生态系统构建过程包括核心层、扩展层和相关层三个阶段：核心层参与者是平台和初创企业，构建要素为推广需求、人才技术、服务产品和市场等，以资源汇集机制为主；扩展层参与者增加了第三方服务商和战略合作方，构建要素以品牌需求为主，加入方案促进第三方与用户之间的合作，以价值创造分享机制为主；相关层参与者增加了金融机构与政府部门，构建要素以差异化需求为主、以资金和政策实现主体间强弱联系，以系统调节配置机制为主。

以长沙市中小企业服务中心（以下简称长服平台）为例的创业服务平台生态系统构建过程是以顾客为中心，以实现顾客满意度与忠诚度为目标，始于觉察顾客需求，终于超越顾客期望，从需求端入手，解决创业企业面临的要素不足、效率低下与创新乏力等关键问题，从供应端响应，创业服务机构适应性开发出"要素对接方案"、"效率提升方案"和"创新驱动方案"等创业服务，提高服务平台承载多样性专业服务能力，承载的专业服务类型越多，延展性越强，为创业企业提供一站式的服务能力就越强，对创业服务机构的整合能力就越强，价值共创是创业企业服务平台建设持续健康发展的关键，为创业企业持续创造价值是服务平台立足之本，与各方合理分配价值是服务平台成长之道。

从价值共创双元视角发现创业企业突破创新瓶颈有三个阶段、九个要素与一个关键点。创新瓶颈识别阶段包括创新目标、价值梳理与瓶颈因素三个要素，创新方案设计阶段包括瓶颈目标、瓶颈深挖与解决方案三个要素，创新瓶颈突破阶段包括整合资源、激励政策与排除障碍三个要素，创新团队在三个阶段中不断地达成共识是成功的关键点。

创业服务平台生态系统构建呈现"点—线—面—体"的演进路径，创业服务平台不仅通过互联网连接双边市场，而且通过平台赋能促进供需双方价值共创，既突破了创业资源的冗余与约束的矛盾，又突破了大规模生产与个性化定制的矛盾，更帮助了创业企业突破创新瓶颈，实现转型升级与创新绩效。

本书共分为七章：第一章从政府重视、问题严重与理论滞后三个方面回答构建创业服务平台生态系统的研究意义。第二章根据生态系统的参与者、活动、位置与关系四个要素界定要构建什么样的创业服务平台生态系统。第三章以创新转型为中心，揭示知识服务价值共创促进创新转型与绩效提升过程。第四章发现根据参与主体从1个、2个、3个到N个的不断增加，服务平台呈现"点—线—面—体"的演进路径。第五章研究如何突破创业服务平台构建中面临的三类困境：创业企业与创业服务平台之间通过价值共创突破创新瓶颈；以山东韩都衣舍电子商务有限公司（以下简称韩都）与广东芬尼科技股份有限公司（以下简称芬尼）为例研究了内部创业通过平台赋能突破创业资源的冗余与约束的矛盾；以广州尚品宅配家居股份有限公司（以下简称尚品宅配）为例研究创业企业通过数据赋能突破大规模生产与个性化定制的矛盾。第六章研究了创业服务平台建设政策梳理、评价与创新思路，长沙市创业服务平台建设政策创新的实践总结，湖南省科技创新创业服务平台建设的创新设计。第七章是研究结论与展望。

目 录

第一章 为什么构建创业服务平台生态系统 ……………………………… 1
- 第一节 政府重视：建设服务平台是国家战略举措 ……………………… 1
- 第二节 问题严重：服务内容和质量存在较大差距 ……………………… 2
- 第三节 理论滞后：现有研究未提供有效解决方案 ……………………… 3
- 第四节 研究意义：重要而紧迫的现实亟须理论指导 …………………… 4

第二章 构建什么样的创业服务平台生态系统 …………………………… 5
- 第一节 参与者：利益相关者 ……………………………………………… 6
- 第二节 活动：价值共创 …………………………………………………… 8
- 第三节 位置：网络节点 …………………………………………………… 9
- 第四节 关系：网络效应 …………………………………………………… 12

第三章 创业服务价值共创促进创新转型 ………………………………… 20
- 第一节 创业瓶颈识别与转型能力提升 …………………………………… 20
- 第二节 知识服务价值共创过程模型 ……………………………………… 34
- 第三节 知识服务价值共创促进创新绩效 ………………………………… 43

第四章 创业服务平台价值共创路径 ……………………………………… 52
- 第一节 创业平台、创业者与消费者价值共创的实现路径 ……………… 52
- 第二节 电商服务平台生态价值共创路径 ………………………………… 63
- 第三节 创业服务平台生态构建路径 ……………………………………… 74

第五章 突破创业服务平台构建困境 ……………………………………… 88
- 第一节 知识服务价值共创突破创新瓶颈 ………………………………… 88
- 第二节 创业平台赋能突破创业资源瓶颈 ………………………………… 99
- 第三节 "互联网＋价值"共创促进大规模定制 ………………………… 118

第六章 创业服务平台建设的政策创新 …………………………………… 140
- 第一节 创业服务平台建设政策梳理、评价与创新思路 ………………… 140
- 第二节 长沙市创业服务平台建设政策创新的实践总结 ………………… 143
- 第三节 湖南省科技创新创业服务平台建设的创新设计 ………………… 147

第七章　研究结论与展望 …………………………………………… 159
第一节　研究结论 ………………………………………………… 159
第二节　研究展望 ………………………………………………… 161

参考文献 …………………………………………………………………… 163
后记 ………………………………………………………………………… 177

第一章　为什么构建创业服务平台生态系统

第一节　政府重视：建设服务平台是国家战略举措

创新创业发展既是一项长期战略任务，也是保增长、扩内需、调结构、促发展、惠民生的紧迫任务。国务院在《国务院关于进一步促进中小企业发展的若干意见》中表示，"支持小企业创业基地建设，改善创业和发展环境"；工业和信息化部、国家发展和改革委员会、科学技术部、财政部、人力资源和社会保障部、环境保护部、国家质量监督检验检疫总局七部门联合发布《关于促进中小企业公共服务平台建设的指导意见》，提出"服务平台在解决中小企业共性需求，畅通信息渠道，改善经营管理，提高发展质量，增强市场竞争力，实现创新发展等方面发挥着重要支撑作用"；国务院在《国务院关于进一步支持小型微型企业健康发展的意见》中提出"依法设立国家中小企业发展基金。基金的资金来源包括中央财政预算安排、基金收益、捐赠等。中央财政安排资金 150 亿元，分 5 年到位，2012 年安排 30 亿元""到 2015 年，支持建立和完善 4000 个为小型微型企业服务的公共服务平台，重点培育认定 500 个国家中小企业公共服务示范平台，发挥示范带动作用"。

我国为了应对增长速度换挡期、结构调整阵痛期与前期刺激政策消化期"三期叠加"所积累的深层次矛盾，将"大众创业、万众创新"（以下简称"双创"）提升到国家战略层面，党和国家领导人高度重视创新创业。习近平在 2014 年中央经济工作会议上强调："一是市场要活，使市场在资源配置中起决定性作用，主要靠市场发现和培育新的增长点。二是创新要实，推动全面创新，更多靠产业化的创新来培育和形成新的增长点，创新必须落实到创造新的增长点上，把创新成果变成实实在在的产业活动。三是政策要宽，营造有利于大众创业、市场主体创新的政策环境和制度环境。"[1]李克强在浙江考察时强调，"以大众创业培育经济新动力，用万众创新撑起发展新未来"[2]。为此，国务院先后出台了一系列政策文件来推动创新创业：《国务院办公厅关于发展众创空间推进大众创新

---

[1]《中央经济工作会议在北京举行　习近平李克强作重要讲话》，http://www.gov.cn/xinwen/2014-12/21/content_2789754.htm[2021-05-12]。

[2]《李克强：以大众创业培育经济新动力　用万众创新撑起发展新未来》，http://www.gov.cn/guowuyuan/2014-11/21/content_2782106.htm[2021-05-12]。

创业的指导意见》《国务院关于大力推进大众创业万众创新若干政策措施的意见》《国务院关于积极推进"互联网+"行动的指导意见》《国务院关于加快构建大众创业万众创新支撑平台的指导意见》《国务院办公厅关于建设大众创业万众创新示范基地的实施意见》。在国家政策的鼓励下，全国范围内掀起了创新创业的高潮。《全球创业观察2016/2017中国报告》表明，2016—2017年度，中国早期创业活动指数为10.5，创业型员工比例为1.2，成熟企业拥有比例为7.5，总体创业活跃程度处于G20（20国集团）经济体中间水平。国家鼓励培育壮大企业内部众创空间：通过企业内部资源平台化，积极培育内部创客文化，激发员工创造力；鼓励大中型企业通过投资员工创业开拓新的业务领域、开发创新产品，提升市场适应能力和创新能力；鼓励企业建立健全股权激励机制，突破成长中的管理瓶颈，形成持续的创新动力。众创空间是国家实施"双创"战略的重要举措，各地的众创空间作为国家第一批"双创"示范基地的先行者已经做出了卓有成效的探索，取得了一些阶段性成果。

第二节 问题严重：服务内容和质量存在较大差距

在"双创"的政策号召下，不同企业纷纷进入创业孵化服务领域，创业孵化投资主体呈现多元化。科学技术部火炬高技术产业开发中心发布的《中国创业孵化发展报告2018》指出，2017年全国科技企业孵化器总数已达4069家，相比2016年增长了24.8%；众创空间已达5739家，全国孵化器面积达到1.18亿平方米，在孵企业17万家，众创空间面积达到1200万平方米，每年服务41万创业团队和初创企业。

然而，很多创业孵化服务建设仍处于举步维艰的状态。2016年腾讯研究院发布的《中国众创空间发展白皮书》、2017年麦肯锡出品的《中国创新平台的过去与未来》报告发现众创空间存在以下问题：①平均入驻率低，有的仅为30%，真的成了众创"空"间；②运营者专业素质良莠不齐，充当"二房东"、简单"拉郎配"，无力提供线上线下融合的增值服务；③运营主体缺少创业者所需的关键性资源，过度依赖政府补贴，自身的服务能力和盈利模式尚未形成。总之，很多孵化器只是通过政府"输血"度日，自身缺乏持续健康的"造血"功能。为此，2018年9月18日发布的《国务院关于推动创新创业高质量发展打造"双创"升级版的意见》，重点强调要提升支撑平台服务能力，推动形成线上线下结合、产学研用协同、大小企业融合的"双创"新格局。

十八届三中全会通过的《中共中央关于全面深化改革若干重大问题的决定》明确指出"经济体制改革是全面深化改革的重点，核心问题是处理好政府和市场的关系，使市场在资源配置中起决定性作用和更好发挥政府作用"。过去，政府习惯于直接配置资源，喜欢对微观经济活动进行干预，存在"越位"、"错位"和"缺位"问题。现在，政府的思维方式与政策措施面临重大调整，创业服务平台建设进入新的历史阶段，急需创新转型。平台发展有两个阶段：一是网络效应引爆前的初创期，二是网络效应引爆后的成长期。我国绝大多数创业服务平台都尚处在初创期，面临"先有蛋还是先有鸡"的两难困境：平台未能形成创业服务机构的集聚，使得创业企业需求得不到满足，导致平台集聚的创业企业数量较少；平台集聚的创业企业数量较少，使得创业服务机构无法集聚，导致平台双边市场无法形成，创业生态系统得不到培育。而国家把建设创业服务平台作为"转方式调结构"的战略举措，创业服务平台却缺乏"价值共创"这个安身立命之本，导致中央、省、市各级政府的扶持政策难以落地、扶持资金的使用效率与效益不佳。各地政府基本上都在"摸着石头过河"，对创业服务平台构建缺乏科学界定和系统研究，严重影响到国家政策的真正落地。

第三节　理论滞后：现有研究未提供有效解决方案

现有研究主要集中在三个方面。

（1）创业服务体系研究。对比初创企业的帮扶效果，发现政府间接资助方式对企业研发资金投入更易产生"杠杆效应"（周海涛和张振刚，2015）；对比不同国家的创新政策及其实施效果，发现私人或半公共部门相比政府可以更好地帮助企业创新（Freitas and Tunzelmann，2008）；政府主导的服务无法满足创业企业实际需要，必须以市场为导向，以需求为驱动，提供能解决实际难题的有效服务（Hessels and Parker，2013）；创业服务模式以政府主导为主、市场主导与混合主导为辅，应增加专业机构在服务提供商的比重，政府逐步淡出服务提供商角色（朱永华和王燕燕，2009）。学者从创业企业融资服务方面提出了集群融资、供应链融资、非正式股权融资等各种可能性（陈晓红等，2008；Wehinger，2012）；从中小企业技术创新服务提出了四主体协同创新、科技中介服务体系等（陈晓红和解海涛，2006；李文元和梅强，2009）；林汉川等（2003）提出要立足于改善市场环境，依托社会资本、构建创新网络，减免税等方面完善中小企业扶持政策；从创业企业服务体系提出政府、市场、社会组织之间互相补充、分工协作、相互协调，共同构成多层次、多元化的组织结构体系（韩国明等，2009；刘志荣，2011）。

（2）创业服务平台研究。宋东升（2013）从政府主导视角提出资源聚合、企业化运行和外部监管的公共技术服务平台运行机制；张仁寿（2012）认为区域科技创新平台机制以市场为主，政府为辅；范思立（2013）提出把政府支持和市场机制有机结合，以创业服务平台与网络方式，利用有限的政府资源撬动潜力无限的社会资源，构建社会化服务体系；陆勇（2012）以江苏为例分析了创业企业信息化服务平台的四种模式（需求满足、项目对应、租赁外包和互联网）；潘笑芳（2012）认为，平台要提供组织制度及人才保障，打造丰富产品池。政府应着力推进平台建设的专业化和网络化（易鸣，2009），提高创业服务平台效率（付鲜凤和梅强，2012），创新创业服务模式，打造创业生态系统（周文辉和王昶，2013），美国通过立法与政策等间接方式给创新创业提供一个良好的外部环境。

（3）平台生态系统研究。平台正成为引领新经济时代的重要经济体（Chakravorti and Roson，2004），平台竞争的关键在于其延展性与规模性（徐晋和张祥建，2006），平台战略的构成包括两个条件：双边市场和网络效应（陈威如和余卓轩，2013）。Moore（1993）首次提出商业生态系统（business ecosystem）概念，创造性地阐述了商业生态系统的发展阶段与企业战略选择；Iansiti 和 Levien（2004）分析了商业生态系统中的企业角色和战略行为，认为平台在商业生态系统中占据中心位置，为系统成员提供共享资产，创造价值并分享价值；美国政府在2011年的《美国创新战略：确保我们的经济增长与繁荣》中提出打造创新与创业生态系统；斯坦福大学谢德荪（2012）认为，地区转型要建立持续创新的生态系统，关键在于建立平台，通过源创新促使金融生态系统与创新生态系统互动。

第四节　研究意义：重要而紧迫的现实亟须理论指导

一、理论价值

本书从界定平台的内涵、类型与要素出发，引入价值共创理论，在厘清政府、社会与市场的边界前提下，以平台领导者的立场，构建创业服务机构、创业企业与政府部门等共同参与的价值共创型创业生态系统，通过价值共创形成双边市场和网络效应，实现服务平台的延展性，这是对平台战略、商业生态系统与价值共创理论的融合、扩展与完善，具有重要的理论价值。

二、现实意义

为了提高政府资金的使用效益与扶持政策的执行效率，真正让服务平台成为帮助创业企业创新的重要支撑条件，着力构建价值共创型服务生态已经成为重要而又紧迫的战略任务。本书以创业成长为背景，以服务平台为真正的市场主体，以挖掘创业发展瓶颈为需求切入点，以价值共创理论为指导，以"瓶颈突破解决方案"为服务产品创新点，以提升创业能力或创新绩效为己任，发挥政府购买创业服务的杠杆效应与平台的正向网络效应，构建创业服务生态系统，形成创业服务机构与创业企业良性互动的双边市场，为市场在资源配置中起决定性作用与政府职能转型在创业服务领域改革探索出一条行之有效的新路。

第二章　构建什么样的创业服务平台生态系统

生态系统颠覆了传统产业架构，成为产业发展的新趋势。自从生态系统引入商业领域以来，已经逐渐形成两大流派：一是以 Moore（1997）为代表的学者，他们侧重于从联盟关系视角出发，认为商业生态系统就是联盟组织网络，强调传统产业边界的打破、相互依赖关系及共生关系潜力，立足于探索运用参与者个数、网络密度、参与者中心度等指标衡量生态系统进入和开放性问题；二是以 Adner 和 Kapoor（2010）为代表的学者，他们认为联盟关系视角难以区分生态系统和网络、平台、双边市场等其他相近概念，他们更倾向于将生态系统视为一种结构，认为生态系统是由多个为了实现价值主张而进行互动的合作者所形成的联盟结构，这一结构以价值主张为基础，由参与者、活动、位置和关系四个要素构成。其中，平台在商业生态系统中占据中心位置，为系统成员提供共享资产，创造价值并分享价值（Iansiti and Levien，2004）。本章根据 Adner 的观点，按照生态系统的联盟结构，分别从参与者、活动、位置与关系四个要素界定我们要构建什么样的创业服务平台生态系统。

创业生态系统是基于服务主导逻辑的拓展，在互联网环境下成为价值共创研究的重要视角，继 Vargo 和 Lusch（2004）提出该概念后，学者开始深入相关理论研究（Lusch et al.，2015；McColl-Kennedy et al.，2015）。Vargo（2008）从服务科学视角将价值共创研究从二元关系转向了网络关系，强调服务系统内部和服务系统之间互动，然而，现实中服务交换和价值共创都会受到社会力量的影响，包括供应商和顾客在社会结构中的位置、角色等都会影响其对价值共创的认识和行动（Edvardsson et al.，2011），价值创造产生在更复杂的情境中。Vargo 和 Lusch（2004）提出创业生态系统视角超越了服务科学视角下服务系统和服务系统之间的互动范畴，强调复杂网络系统下的资源互动，在创业生态系统中供应商、生产者和顾客等所有要素的区别都将消失，并将创业生态系统定义为：不同的社会和经济主体基于自发感知和响应，根据各自的价值主张，通过制度、技术和语言为共同创造价值而形成的网络结构。Chandler 和 Vargo（2011）提出通过微观、中观和宏观三个层次的互动实现价值创造，奠定了创业生态系统价值共创的结构基础。微观层是个体的二元结构和活动，企业和顾客是核心；中观层是中等范围结构和活动，关注组织、产业和社群；宏观层是广泛的社会结构和活动，关注整个社会参与者，三个层次结构和活动不固定且绝对独立，相关层次的互动会随着时间而演进和变化。我们的研究对象以创业生态系统的微观层为主，兼顾中观层的政府职能部门与社会组织（主要指创业服务平台），暂不涉及宏观层。

第一节　参与者：利益相关者

我们以创业企业成长为中心，通过服务平台连接双边市场，借助创业服务机构的专门知识与政府职能部门的环境优化，帮助创业企业突破创新瓶颈，实现创新绩效。本书主要聚焦于创业服务平台的四类利益相关者：创业企业、知识服务、创业服务平台与政府职能部门（表2-1）。

表2-1　创业服务平台角色

利益相关者	角色	职责
创业企业	运动员	创新承担者
知识服务	教练员	创新辅助者
创业服务平台	连接器	双边市场连接者
政府职能部门	优化者	创业环境优化者

一、创业企业

本书首先重点关注了内向型创业企业，但在后续的案例研究中扩展了研究对象，如淘宝网卖家与韩都、芬尼与尚品宅配、小米生态链孵化创业企业。

创业企业表面上是融资难，本质上是缺乏创新与转型能力。从影响创业企业业绩的瓶颈入手，找出影响业绩的关键行为，反思行为背后的心智模式，从而改善心智模式，纠正不当行为，最终提升业绩。创业企业扮演"运动员"的角色，在充分发挥主观能动性的同时，借助平台资源与创业专业服务，突破产品创新、营销、管理或模式瓶颈，提升转型能力，实现创新绩效。

二、知识服务

知识服务是创新的桥梁，知识服务起到了知识的生产和传播作用，它提高了制造业的创新能力。知识服务在与客户的互动中提供服务，知识的创造过程和服务过程是一体化的，它包括三个阶段：一是整合外部知识以获得与客户具体问题相关的显性知识和隐性知识；二是将隐性知识转化为显性知识，知识一经显性化就能通过模块化的方式进行重新组合，方便知识的有效利用；三是在将解码后的知识向客户传授的同时更新和获取更多的外部知识。知识服务与客户相互作用过程是一个不断循环的过程，但在每一次循环中，知识服务的知识基础都在不断地完善和扩充，获得的知识与公司原有的知识整合产生新的知识。知识服务在创新转型过程中扮演了"教练员"的角色，在技术和商业技巧本地化过程中扮演了知识转换者、问题解决者和知识生产者的角色。

三、创业服务平台

平台是指能够帮助生态系统中的成员企业通过一系列的接口或界面而解决问题的一整套方案（Iansiti and Levien，2004），平台的本质是连接两个（或更多）特定群体，为他们提供互动机制，满足所有群体的需求（陈威如和余卓轩，2013）。平台是指能够提供核心价值，并使内部与外部、外部与外部之间的互联成为可能的连接体；平台以连接供给与需求的形式创造价值，并不断进行自我完善；在互联网时代，平台被定义为一种现实或虚拟空间，该空间可导致或促成双方或多方客户之间的交易。平台企业（如淘宝网），在系统中占据中枢位置，为系统成员提供共享资产，找到行之有效的创造价值的方法，并与其他成员分享价值，平台企业创造的价值对整个系统至关重要。在创业企业创新过程中，创业服务平台扮演了"连接器"的角色，连接供需双方（如创业企业与创业服务机构、电商平台的卖家与买家、创业平台上的创业者与消费者等），通过价值共创机制让双方能更好地创造价值与分享价值，促进良性互动与网络效应形成。

四、政府职能部门

目前，我国主要涉及创新创业服务职能的有工业和信息化部、科学技术部、商务部、人力资源和社会保障部与教育部。《中共中央关于全面深化改革若干重大问题的决定》指出："必须积极稳妥从广度和深度上推进市场化改革，大幅度减少政府对资源的直接配置，推动资源配置依据市场规则、市场价格、市场竞争实现效益最大化和效率最优化。政府的职责和作用主要是保持宏观经济稳定，加强和优化公共服务，保障公平竞争，加强市场监管，维护市场秩序，推动可持续发展，促进共同富裕，弥补市场失灵。"我们认为，政府职能部门在创业服务平台建设中主要负责政策制定、保障公平、环境优化与购买服务等。创业活动是动机、技能和机会相结合的结果。创业政策的理论框架是围绕动机、技能和机会这三个要素来建立的。企业创立期和生存期受益于公共服务，进入成长期后,以创业导师的身份反哺小微企业,以购买商业服务反哺创业服务机构,以此形成良性循环。

第二节　活动:价值共创

本书研究创业服务平台生态中的活动主要体现为价值共创,价值共创理论有两个重要分支:一是由 C. K. 普拉哈拉德(C. K. Prahalad)和文卡特·拉马斯瓦米(Venkat Ramaswamy)提出的基于用户体验的价值共创理论,认为价值共创是企业与用户通过互动共同创造用户体验的过程,价值镶嵌在用户个性化体验中,为此,他们还构建了一个"DART"模型,建议通过对话(dialogue)、体验(access)、风险评估(risk assessment)和提高透明度(transparency)来激发企业与用户共同创造价值,以保证共创价值的效率;二是由 Vargo 和 Lusch 提出的基于服务主导逻辑的价值共创理论,认为服务是一切经济交换的根本基础,用户是价值的共同创造者,用户是操纵性资源的拥有者,他们把自己的知识、技能、经验等投入价值创造过程,这是价值共创的一个重要前提。格林罗斯进一步提出基于服务主导逻辑的价值共创模型:价值促进者是向顾客提供资源(产品、服务、信息)以作为价值创造的基础,价值合作者是在价值生成过程中与顾客进行直接互动,价值创造者是在价值生成过程中投入自己的资源和能力,并通过与企业互动来获得价值创造支撑,并最终实现价值创造。

Aarikka-Stenroos 和 Jaakkola(2012)提供了知识密集型产业价值共创的框架,包括需求诊断、设计和提出解决方案、组织过程和资源、管理价值冲突及达成解决方案的目标。Gummesson 和 Mele(2010)把价值共创的整个过程分为互动和资源整合两个阶段。郭朝阳等(2012)提出通过"产品+服务"的方式帮助顾客获得完美体验,从传统的价值创造过渡到以顾客体验为中心的价值共创,最大限度地实现企业内外部资源的有效配置和整合利用。武文珍和陈启杰(2012)构建了基于生产者逻辑和用户逻辑的价值共创过程模型。Ramaswamy 和 Gouillart(2010)提出价值共创的四个步骤,明确涉及的利益相关者并了解其互动情况,组织小组学习讨论,在持续对话中寻找解决方法。服务型创业企业价值创造的流程是明确客户需求、界定价值源、设计价值创造流程、测试价值创造流程、交付价值和反馈优化。价值共创是主体的投入—产出过程,企业投入资源获得绩效产出,用户投入知识技能获得体验价值。

国内对价值共创的研究集中在企业与消费者之间:从企业与顾客价值共创的机制入手探讨企业竞争优势的新来源;消费体验研究动态结合价值共创、社会网络、服务占优,厘清了逻辑关系,对消费体验研究提供更多研究视角;通过多重利益相关者的互动和价值共创活动,判断其对顾客认知和品牌绩效的影响;企业与顾客之间共同创造的顾客价值；根据价值共同创造模型研究金融服务营销问题；运用价值网络分析研发服务价值共创的机理，指出不同研发服务主体在价值共创过程中的重要作用；游客参与旅游体验研究价值共创的内部机理；对产业集群内的价值共创进行案例和实证研究，界定其概念，探究其发生机制及对创新绩效的影响；基于价值共创对开放式创新进行反思和重新定位。

第三节 位置：网络节点

一、平台企业：中心枢纽

我们在借鉴 Evans（2003）把双边市场分为市场创造型（market-maker）、用户创造型（audience-maker）与需求协调型（demand coordinator）三类的基础上，结合典型案例的初步筛选与创业服务平台的发展趋势，根据平台赋能与价值共创两个维度，将本书研究的创业服务平台分为四类（表2-2）。

表 2-2 创业服务平台分类

平台赋能	价值共创	
	强	弱
强	生态平台 （如小米、海尔）	内创平台 （如芬尼、韩都）
弱	电商平台 （如淘宝网）	公共服务平台 （如长服平台）

（1）电商平台：基于开放共享的理念，以线上为主，为外部卖家与买家之间交流、交心与交易提供基础设施服务，这类服务平台由于通过互联网连接了海量的供需双方，充分发挥出了数据价值与生态价值，体现出自我迭代与相互进化的旺盛生命力。以淘宝网为典型代表，淘宝网卖家（如风生水起的淘品牌）的产品通过电商渠道与线下交互方式进入千家万户，这类平台还包括猪八戒网等。

（2）公共服务平台：通过政府拨款、购买服务或项目补助的方式支持平台，为创业企业与创业服务机构之间的价值共创提供牵线搭桥、团购众筹与组织协调工作，以线下服务为主，以长服平台为代表，有些是政府主导成立的事业单位，有些是政府支持成立的民办非企业单位（组织）。

（3）内创平台：基于激活组织活力的理念，通过制度安排与机制设计，鼓励内部优秀人才主动发现市场机会，采用小组制或裂变创业模式，让内部创业团队共享公司的供应链、渠道、用户、方法论与人才资源，既激活了员工个体的潜能，又巩固了公司的竞争优势，公司进化为内部创业平台。这类平台以韩都（以互联网线上为主）、芬尼（以传统线下为主）为代表，正爆发出勃勃生气。

（4）生态平台：基于共赢生态的理念，融合线下与线下，通过平台赋能与机制设计，鼓励与吸引内外部优秀人才主动在平台创业，采用"投资＋服务"模式，不仅让创业团队共享知识、资源与服务，而且激活了创业者、创业平台与消费者之间价值共创的活力，形成了生态竞争优势，公司成功转型为互联网赋能的创业服务平台。这类平台以小米、海尔为代表，正在产生巨大的能量。

二、双边市场：供需双方

陈威如和余卓轩（2013）指出平台模式的构成包括两个条件：双边市场和网络效应。Armstrong（2006）认为双边市场是两组参与者需要通过平台进行交易，而且一组参与者加入平台的收益取决于加入该平台另一组参与者的数量。苹果公司的 App Store 就具有典型的双边市场特征。应用程序开发商通过 App Store 平台将应用程序销售给用户，平台也通过这样的方式来吸引更多的用户。平台将产品或服务供应商和用户联系在一起，供应商和用户都是平台的目标客户，平台只提供中介服务，而不生产或提供所交易的产品或服务，如银行的信用卡平台、电信的移动增值业务平台等。这些平台将供应商和用户联系在一起，相对于双方直接交易大大降低了交易成本。在这种通过中介平台进行的交易中，供应商形成了平台的一条"边"，而用户则构成了平台的另一条"边"，这种市场形态被称为双边市场，而运营平台则被称为平台。平台可能是独家垄断的，也可能是寡头竞争的，不同平台之间的竞争称为平台竞争。让·夏尔·罗歇（Jean-Charles Rochet）和让·梯若尔（Jean Tirole）从定价结构角度给出了双边市场的定义：假设平台对两边用户按照交易次数收费并且两边收费总和是固定的，如果平台上的交易量与价格结构有关，则该市场是双边的；如果交易量与价格结构无关，那么市场是单边的。该定义表明平台可以通过改变价格结构来影响平台的交易量和利润，但是该定义只考虑了平台收取交易费的情况，对于平台收取注册费或两步收费制的情况并没有给出相关定义，因而是一个不完整的定义。

双边市场的分类：①市场创造型。这种双边市场的特点是方便双边用户交易，能通过中介平台来提高搜索交易对象的效率和买卖双方配对成功的可能性，淘宝网属于这类。②用户创造型。这种双边市场平台的主要职能是通过"爆品"吸引数量可观的用户群，共享这些用户群并满足他们的多样化需求，小米属于这类。③需求协调型。这类双边市场能帮助两边用户通过平台来满足相互的需求，以长服平台为代表的服务平台属于这类。本书对三种类型都进行了探索性案例研究：市场创造型（如淘宝网）；需求协调型（如长服平台），用户创造型（如小米）。

三、创业环境：政府部门

创业环境包括政府以促进创业为目的的支持活动，如服务、培训、融资、技术转移、基础设施建设等（Gibson and Rottner，2008）。政府制定和实施创业政策目的是要促进创业（Stevenson and Lundstrom，2001），政府可以采取直接介入的方式来促进创业活动，如直接干预资源的市场配置过程，包括提供技术服务、增加资金供给等，比较典型的做法有设立大学科技园及创业孵化机构。东亚经济的快速增长就是政府强势干预经济的结果，在促进创业活动方面表现出很强的政府直接介入的特征。分析政府支持基金对创业活动的影响，结果发现政府创新投资基金对新企业的创办及早期发展起到了显著的资金支持作用（Cumming，2007）。在创新投资基金成立之前，新创企业很难获得相关的资金支持。创新投资基金极大地推动了新创技术企业的技术商业化过程。

虽然政府直接介入对促进创业活动具有积极意义，但因不同国家和地区的发展状况存在差异，政府的介入方式要因地制宜，特别是随着技术、经济和社会变革的加速，政府很难在市场需求快速变化的情况下做出及时的反应。Toivanen（2009）以芬兰为例研究了政府支持机构对创业活动的影响。芬兰政府设立不同的机构分别为创业活动提供技术支持、金融支持和国际化专业服务。芬兰国家技术服务中心把对创业活动的金融支持分为创业计划、创业实施和快速国际化三个阶段，通过评估为不同阶段的创业活动提供资金支持。研究表明，芬兰的政府支持机构运行良好，对创业活动有很大的促进作用。更多的研究主张政府应该致力于营造良好的创业环境，认为政府最好以协调者或促进者的身份而不是以参与者的身份来推动创业。政府应致力于基础设施建设，包括交通、通信、教育、生活等方面。创业者是为社会带来突破性创新和变革的领导者，政府应该为这种创新和变革创造有利的条件，降低创新和变革的社会成本。政府的相关政策应该尽可能使创业变得相对容易，降低创业的机会成本，政府不应该越俎代庖。以创业融资为例，在创业者需要资金，但由于缺乏信用记录而申请不到贷款时，政府应该做的不是向他们提供资金，而是完善社会信用体系建设，发挥中介作用为创业活动提供信用支持。Acs 等（2001）分析了政府支持政策对创业活动及地区经济发展的影响。没有一种绝对的政策能够保证某个地区产生创业群体，政府只要营造有利于创业的环境，如良好的教育系统、完善的基础设施等，创业者自然就会产生。伍利（Woolley）和罗特纳（Rottner）研究了创业政策与创业活动的关系，结果发现政府致力于营造有利的创业环境能够极大地促进创业活动。那些同时在技术和金融两方面加强创业环境建设的地区,其新创企业的数量是没有进行创业环境建设地区的六倍。Lim 等(2010)研究显示,包括法律、金融、教育及信任关系等在内的制度环境会影响创业者对自身创业知识、能力和意愿的认知,最终会影响他们的创业决策。

组织生态理论表明,环境因素会对新企业的创立和成长产生显著影响。研究表明,较少的政府规制、顺畅的融资渠道、便利的技术支持、到位的培训和咨询服务、税收和其他激励,不仅能够提高新企业的创办率,而且有助于新企业的成活率。例如,Colombo 和 Grilli(2007)通过对意大利企业样本的实证研究对比了政府直接补助与间接补助等不同公共支持方式对初创企业的帮扶效果,结果显示后者即政府通过服务中介间接扶持方式的效率要明显优于前者。Freitas 和 Tunzelmann(2008)通过研究和对比不同国家的创新政策及其实施效果,发现在一定的条件下私人部门或半公共部门相比政府可以更好地帮助企业进行创新。

第四节 关系:网络效应

鉴于淘宝网所取得的成效与它已经完整地走过了从服务产品到平台、从平台到生态系统的进化全过程,体现了服务平台的三个基本特征(双边市场、价值共创与网络效应),本节运用规范的探索性案例研究方法,首先通过研究淘宝网与买卖双方价值共创促进网络效应的作用机理,探究淘宝网生态系统的形成机理,为我们后续研究提供有益的指引。研究发现:①在初创期,淘宝网通过提供第三方支付、阿里旺旺、信用互评与网商概念,创造了平台规则价值,满足了用户安全基础上的实惠网购需求与商家低成本网络创业需求,激发了网络数量效应;②在成长期,淘宝网通过提供用户购买习惯的统计分析等增值服务,创造了平台数据价值,满足了用户品质需求与商家的精准营销,优化了网络质量效应;③在成熟期,淘宝网通过开放式创新,聚集了众多专业服务商为商家提供精准化与个性化服务来满足商家差异化需求,创造了平台生态价值,扩大了网络增量效应。

平台构建的双边市场与传统的单边市场有较大差异,主要体现为其能够利用双边关系来建立无限增值可能性的网络效应,包括直接或间接网络效应对产品扩散、竞争战略的影响,双边市场网络效应对市场结构、定价、平台战略的影响,以及将网络效应引入用户效用函数来探讨网络效应的影响。然而,现有研究关注网络效应已经产生前提下所带来的影响,却并未深入探讨如何来激发网络效应。事实上大多数企图成就互联网平台野心的企业都死在网络效应引爆前的黑暗之中,因为平台企业需要激发、扩大与巩固其网络效应来扩大市场规模,以建立并维持其竞争优势。

网络效应的实质就是协同价值，协同价值单靠用户自身是无法获得的，它是不同用户之间相互作用的结果。平台与双边市场之间借助互联网的互动技术更容易实现价值共创，效用增加扩大网络规模，激发平台网络效应从而推动平台发展。价值共创是两个或以上主体相互作用的结果，然而在价值共创的现有研究中，学者分别从生产主导逻辑和消费主导逻辑出发，形成了价值共创研究的两个重要视角，探讨在价值共创过程中企业新角色，以及企业与用户之间的价值共创概念模型，但在互联网平台模式中如何通过价值共创来激发、扩大与巩固网络效应，它像"黑箱"一样没有被打开，存在一个较大的研究缺口，而填补这一缺口正是互联网平台型企业成功的关键。

因此，我们试图通过对淘宝网案例分析，探索淘宝网不同成长阶段，平台与双边市场如何通过价值共创来激发网络效应，以此发现淘宝网不同阶段激发网络效应的作用机理。现有研究大都讨论如何测量网络效应及其影响，而缺乏对如何激发网络效应的前因研究。同样，价值共创的研究主要集中在企业与用户之间，对互联网环境下平台与双边市场之间的价值共创过程关注较少。由此，本节的研究问题是：在不同发展阶段平台与双边市场如何通过价值共创来激发网络效应。

一、初创期：价值共创与网络效应的激发

（一）双边市场需求

在平台初创期，网购刚刚兴起，用户对电子商务的认识不高，多持怀疑观望态度，难以辨别商品的真伪。一方面用户希望购买到自己满意的产品，商家能诚信交易；另一方面商家将产品拍照后放在网店出售作为副业希望获得收益，在赢利后一些商家开始将网店作为自己的正式职业来经营，期望获得更多用户流量，同时也希望用户有信用。

（二）平台价值共创

淘宝网成立初实行免费策略。淘宝网上线不久，流量和交易都不多，淘宝网员工会在社区与会员交流有价值的建议。马云创办淘宝网做的第一件事就是将阿里巴巴"客户第一"的价值观应用到淘宝网，他频繁地与会员进行沟通，广泛搜集客户需求，甚至为了一个问题在论坛里跟会员讨论到深夜。网络购物环境中支付安全问题成为制约交易的瓶颈，这也是双边市场的需求。淘宝网便推出支付宝，作为第三方解决买卖双方信用问题，并为支付流程环节可能出现的

纠纷问题制定规则，确保促成满意的交易，吸引更多用户。马云说："支付宝实质上取消了商家对交易的控制权，很多商家认为，支付宝的出现是淘宝网不信任他们的一种表现。"淘宝网开始说服商家，在网购初期用户对于交易安全问题的恐惧远超过了对方便的需求，如果能保证用户的钱财不会有损失便能减少交易中的摩擦，从而增大交易量。淘宝网迅速发展的重要原因是建立了一套完善的交易双方互评的信用评价机制，从而降低了交易主体甄别信息的成本（钱丽娜，2012）。面对网络交易环境，淘宝网提供信用评价机制，用户和商家之间互评，商家信誉等级提升，吸引更多用户购买产品的同时吸引更多商家入驻。为方便用户与商家之间的交流，淘宝网推出阿里旺旺聊天软件，促成交易。2004年推出网商成功者。使其发挥榜样作用，吸引更多用户参与。

（三）网络效应激发

根据双边市场与平台的互动，用户需求获得满足后会分享自己的购买经历，通过口碑传播吸引更多用户参与，随着用户群增加，平台提供更多服务，用户效用提升，激发同边网络效应。2005年3月，淘宝网已成为中国C2C（customer to customer，顾客对顾客电子商务）电子商务市场排名第一的网站，淘宝网每天用户增长数为19 025名，超过竞争对手eBay和易趣。免费政策及个性化、本土化服务刺激更多人开始平台创业，入驻商家数量持续增加。商家等级提升后，提供的产品或服务吸引更多用户加入，形成较大的网络规模，激发跨边网络效应。淘宝网在培育其双边市场时的重点在于迅速攻占市场规模并在平台搭建的双边市场中形成网络规模，吸引更多会员加入平台。图2-1总结了初创期价值共创与网络效应激发过程。

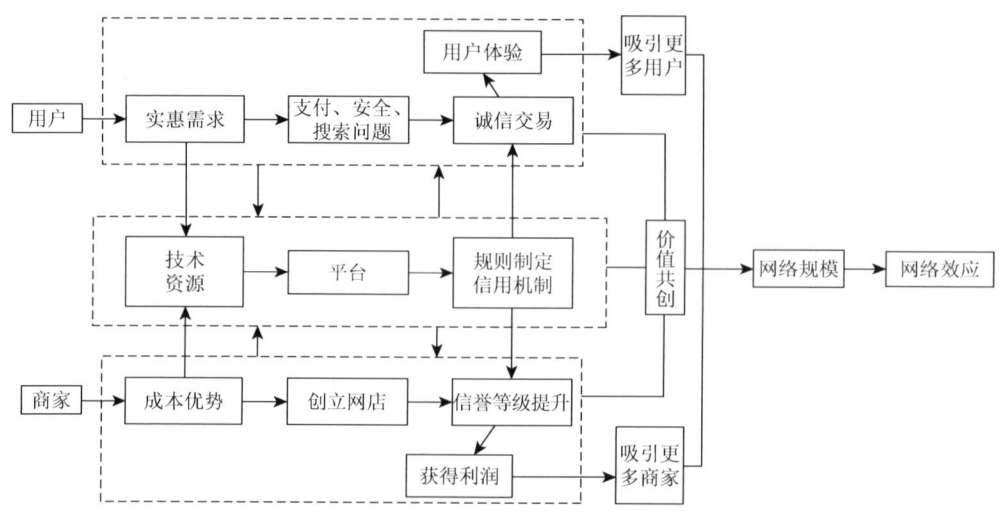

图2-1 初创期价值共创与网络效应激发过程

二、成长期：价值共创与网络效应的优化

（一）双边市场需求

在电子商务蓬勃发展期，更多用户加入网上购物，对网络购物流程有相应了解。在线购物过程中平台提供的商品虽然种类丰富但品质差异大，用户希望更快捷地搜索到物美价廉的商品。因为可供选择的对象较多，在一定程度上容易混淆用户的购物决策。用户不仅要获得高品质商品，还需要享受一些增值服务来增强对网购的满意度。对商家而言，规模扩大、交易额提高，带来品牌、文化、管理、供应链等一系列困扰，店铺数量增多，容易被淘汰，希望开发自己的小众品牌来提升知名度，获得竞争优势。

（二）平台价值共创

为方便用户搜索和帮助商家推广店铺和商品，2008年启动"大淘宝战略"，即将淘宝网从一个网站平台向电子商务基础设施平台转变。针对个人商家发展瓶颈，淘宝大学推出各类线下课程并结合在线学习平台，为淘宝网商家提供优质培训服务。参与学习的商家将学习信息反馈，推动淘宝大学完善服务。淘宝网规则制定并不是淘宝平台一家之言，而是向参与者公开征集。通过规则设立来约束商家行为，提高商家信誉。随着网店规模扩大，涌现一批淘品牌，这些商家认识到只有建立品牌才能在竞争中脱颖而出。"大淘宝战略"推出品牌扶持计划，帮助商家塑造品牌、提高转化率、打造团队等。淘宝网推出一些收费政策来对商家进行筛选规范卖方市场，如通过店铺保证金、钻石展位、开通旺铺等，淘汰竞争实力不强的商家，保障用户购买高质量商品。用明确的市场定位，吸引更多质量有保障的商家入驻，激励商家提高用户满意度，提升双边效用。2010年，淘宝网宣布实行全网购物保障制度，用户因质量问题等与商家产生纠纷，淘宝网均可动用用户保障基金先行赔付。淘宝网的技术与商品类目属性不断完善，用户能便捷地搜索到所需商品，并且根据用户浏览记录进行精准营销，降低信息搜索成本。随着一些"主流品牌"的网销化，淘宝网可以提供更多优质产品，吸引更多用户参与网络购物。

（三）网络效应优化

当网络规模达到一定程度趋向饱和后要控制其质量，否则容易引起反向网络

效应。例如，销售劣质产品，不仅破坏卖方市场秩序，引起不正当的价格战，而且降低买家的满意度，导致其转向其他平台。"大淘宝战略"提供的服务不仅能吸引更多商家入驻，同时能满足买家需求。2010年，淘宝网注册用户人数达到3.7亿人，在线商品数达到8亿个。扩大网络规模转向质量控制，平台在与双边市场的价值共创中提供创新性服务产品激发正向网络效应。图2-2总结了成长期网络效应的优化过程。

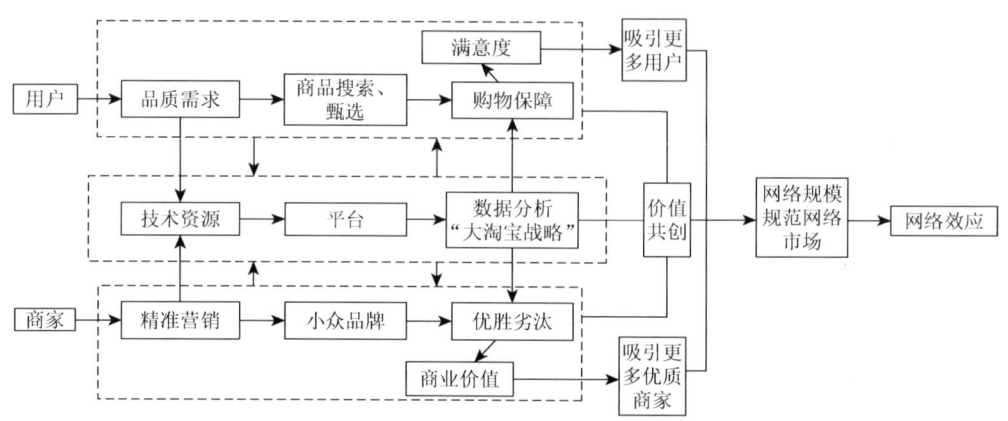

图 2-2　成长期网络效应的优化过程

三、成熟期：价值共创与网络效应的扩展

（一）双边市场需求

随着双边市场规模的扩大，不同收入群体的用户参与淘宝网购物，用户网购更加挑剔，另外在一些用户口碑中淘宝网商品被冠以价格低、质量差的标签，用户的品牌意识加强，希望提供更多样化的品牌商品来满足个性化需求。商城入驻商家增多及传统品牌入驻电子商务，商家的竞争者不仅包括同类商家还包括商城和传统品牌商家等，为了提高知名度及用户搜索概率，商家需要加强公司化运营和品牌管理，在竞争中获得竞争优势。

（二）平台价值共创

根据双边市场需求，推出"大淘宝战略"升级版的"大阿里战略"，目的是建立"无处不在"的供需双赢的消费平台。淘宝网一分为三，即淘宝集市、天猫商城和一淘网。淘宝网打造不同的细分市场，满足不同目标群体的需求，提高满意度和品牌忠诚,拆分后的平台更加灵活,获得差异化的竞争优势,用户黏性增强。淘宝网服务并不仅仅由平台来提供,大多数商家会员有丰富的实战经验,在淘宝社区发帖做义工,在淘宝大学做义务教育,将经验整理成书籍出版。淘宝网推出应用前在论坛上让会员投票,如在新版"我的淘宝"设计出来后进行投票,一半以上反对,就确定下线。

(三)网络效应扩展

平台在激发网络质量效应后着力完善其建立的生态系统,基于不同参与者优势来整合资源,提高服务水平,完善平台技术,注重用户体验,利用用户个性需求及传统企业的入驻来约束商家,使其提供更优质的产品和服务,同时将不同平台的流量互相导入,实现流量共享,激发不同电商模式的潜力,吸引并留住用户,提高用户忠诚度。平台建立自身品牌优势,能巩固和扩大自己的市场份额。平台实力增强能提高商家的信誉,更容易获得外部资金支持,帮助实现公司化运营。平台与双边市场都获得价值,效用提高。在该发展阶段淘宝网通过战略调整及服务多样化来维护其网络效应。图 2-3 归纳了成熟期价值共创和网络效应的扩展过程。

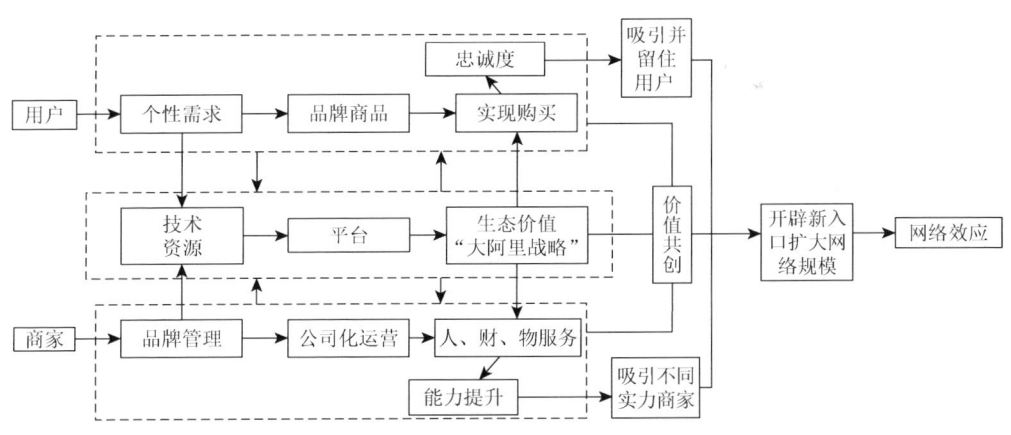

图 2-3　成熟期价值共创和网络效应的扩展过程

四、研究结论与讨论

(一)平台规则价值与网络数量效应

在初创期,平台通过提供第三方支付、阿里旺旺、信用互评与网商概念,创造了平台规则价值,满足了用户安全且实惠的网购需求与商家低成本网络创业的需求,激发了网络数量效应。平台成长需要大规模用户来提供动力,连接双边市场,平台的盈利基础是建立在选择性地对一"边"收费的基础上,因此,"边"的规模越大越好。如果此时把重心放在网络效应质量的建构上,很可能导致平台用户规模增长乏力,在平台竞争中处于弱势的地位。

(二)平台数据价值与网络质量效应

在成长期,平台通过提供增值服务,创造了平台数据价值,满足了用户的品质需求与商家的精准营销需求,优化了网络质量效应。平台规模扩大后,需要把重心从扩大规模转移到提升平台质量上来。不良用户的加入会使得平台已有用户效用与意愿的降低。通过筑起用户过滤机制将一部分有可能带来负向网络效应的用户清除,提升平台已有"边"质量。虽然会失去一部分潜在用户,但平台整体质量提高能吸引更多用户同时使平台已有用户形成更强的黏性,从而激发更大的网络效应。

(三)平台生态价值与网络增量效应

在成熟期,平台通过开放式创新,聚集了众多专业服务商为商家提供精准化、个性化服务来增强用户黏性,创造平台生态价值,扩大网络增量效应。随着网络数量效应和质量效应的建构,平台出现增长乏力,平台自身服务无法有效满足商家与用户日益增长的差异化需求,此时平台以开放式创新吸引更多细分领域的专业服务商加入平台生态系统,满足商家与用户的差异化需求,形成网络增量效应。图2-4总结归纳了平台与双边市场不同成长阶段价值共创对网络效应的作用机制模型。

现有研究注重网络效应对结果的影响,本书主要集中于运用何种策略来激发网络效应,从双边市场需求和平台服务产品出发研究如何激发、扩大与优化网络效应,并且对网络效应进行三阶段的划分,丰富了平台网络效应理论的研究。另外从价值共创的视角,丰富了价值共创理论在服务平台生态系统中的应用。本书将网络效应的运用分解为三个侧重点,淘宝网在初创期、成长期与成熟期通过平台规则、数据、生态价值的创造,分别激发了网络数量、网络质量、网络增量效应,对其他互联网平台如何在不同发展阶段与客户及用户进行价值共创来激发、优化与扩展网络效应有较强的借鉴意义。

第二章 构建什么样的创业服务平台生态系统

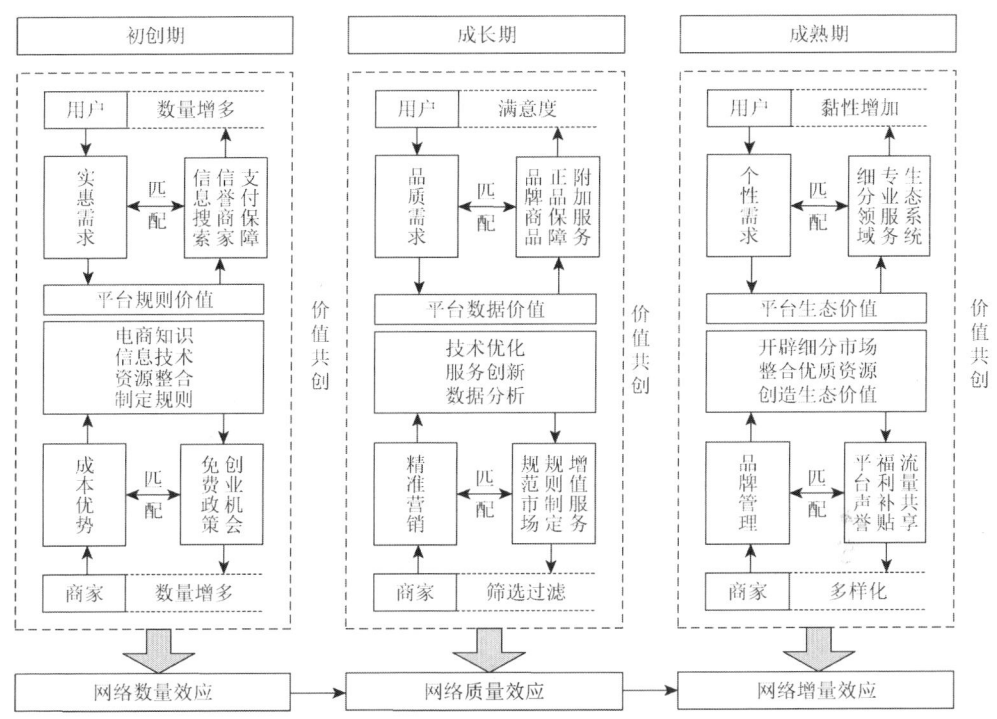

图 2-4 平台与双边市场不同成长阶段价值共创对网络效应的作用机制模型

第三章　创业服务价值共创促进创新转型

第一节　创业瓶颈识别与转型能力提升

在中国，创业企业是地方经济的主力军，他们具备一定的内生能力和一技之长，他们研发出客户导向的技术产品，满足了国内某个细分市场的需求。现在，大量创业企业面临内忧外患的困境：内忧于资源短缺、效率低下与创新乏力的叠加挤压；外患于沿海地区外向型企业出口转内销所带来的竞争压力。与此同时，创业企业缺少代工企业向发达国家领先客户学习的机会，也难以形成产业集群内资源与能力的协同效应，更没有后发企业通过国际并购获得技术追赶的能力，它们的转型之路知易行难。然而，中国经济已经告别投资拉动与资源驱动的粗放型高速增长期，进入效率提升与创新驱动的"新常态"，内地创业企业必须加快转型步伐，而转型能力的高低是决定企业能否成功转型的关键因素。大多数中国企业家也意识到，成功转型必须增强人力资本、提高创新和变革领导力。

面对这些新现象，现有文献缺乏足够的解释力。现有研究情境往往集中于新工业化国家，其制度情境不同于转型经济。目前文献主要探讨的是代工企业的能力演进、后发企业的能力追赶、集群企业的能力协同，关注的是技术能力积累过程，以及积累到一定阶段后的跨越式追赶的机制与路径。在他们的模型中，模仿学习、向发达国家领先客户学习，从雇用中学习，从国际并购中学习，从集群内获得资源协同是企业提升转型能力的必由之路。然而，现实情况是，中国市场竞争格局正在发生根本性改变，已经出现产能过剩现象。内地创业企业深陷问题无限与资源有限的双重矛盾之中，一方面，市场与技术的内向性决定了它无法成功借助全球价值网络实现国际化过程中的组织学习，另一方面资源与能力的有限性决定了它无力依靠自身力量解决转型中的所有矛盾。现有针对代工企业、后发企业与集群企业的转型理论难以解释创业企业转型能力提升问题。

针对这一研究缺口，本节试图结合瓶颈理论（theory of constraints，TOC）与行动学习，重点探讨创业企业转型能力提升的过程与方法。我们认为，如果有机整合瓶颈理论与行动学习的主要观点，则可能打开转型能力提升路径中的"黑箱"，为瓶颈理论、行动学习与转型能力之间搭建起相互沟通的桥梁。由于这是一种情境、过程与关系的探索性研究，本节采用案例研究方法，试图回答内地创业企业在问题无限与资源有限的矛盾中如何提升转型能力的问题。

一、文献回顾

转型（transformation）是指事物在发展过程中由一种发展模式转变为另一种发展模式，从而实现事物由初级向高级的不断演变，它是制造商从生产劳动密集型低价值产品向生产更高价值的资本或技术密集型产品转移。随着全球商业进入第五个结构性变化时期（具体表现为世界范围内的过度投资和生产能力过剩等），Bossidy 和 Charan 发出强烈的警告信号：要么转型，要么破产。然而，转型是一个艰难的过程，企业成功转型需要与之匹配的能力，D. 弗朗西斯（D. Francis）研究巨变环境下企业如何通过战略转型实现持续成长，首次提出"转型能力"这一概念，并指出转型能力的高低是决定企业能否成功转型的关键因素。此后众多学者用不同表述方式肯定了转型能力的重要性。但这些学者并未深入探讨转型能力的形成路径。同样，企业转型文献主要从宏观视角提出依靠创新驱动、需求拉动和政策推动来构建企业转型升级的持续动力，从政策角度提出要把握不同区域、产业与企业所处的转型升级阶段，明确企业转型升级的方向和路径，却都没有从微观过程角度揭示出创业企业如何才能提升转型能力。

有关转型能力的提升路径文献主要有三个研究视角：一是针对代工企业的能力演进，提出了"原始设备制造商（original equipment manufacturer，OEM）—原始设计制造商（original design manufacturer，ODM）—原始品牌制造商（original brand manufacturer，OBM）"逆向产品生命周期曲线模型，发现 OEM 机制使代工企业克服进入壁垒，消化制造和设计技术；通过嵌入全球价值链，向发达国家领先客户学习技术与管理知识；在学习曲线上建立追赶先进企业的学习能力和组织能力；实现在"核心能力"不断升级（降低其可替代程度）的基础上，扩展其"价值链活动"范围（提升其价值增值程度）；通过网络关系构建、模仿学习、创新投入及国际化行为，实现战略创业，推动代工企业的转型升级。二是针对后发企业的能力追赶，提出从雇用中学习、从研发中学习、从国际并购中学习，实现技术和市场能力的有效追赶；后发企业的竞争劣势促使其更加开放地从组织外部学习，从而有助于创新能力的发展；跨国公司客户需求加速了后发企业的学习，并成为后发者技术消化、适应和创新的聚焦工具。三是针对集群企业的能力协同，提出共享本地知识与促进企业渐进式创新的集群学习，以及异地同产业、异地跨产业和本地跨产业的超集群学习，集群学习注重对已有本地知识的利用性学习，超集群学习重视对全球知识的探索性学习。这些模型大多强调通过领先企业技术溢出进行模仿、改进和创新，即通过嵌入全球价值链，向发达国家的先进企业学习技术与管理知识。可是这些路径并不适合于内地创业企业，因为它们还没有进入全球价值网络，缺少向发达国家先进企业学习的机会。

不过组织学习研究已表明，只有通过"学中干"与"干中学"的互动学习过程，才能真正提升企业能力，这为内向型中小制造企业转型能力提升指明了方向。行动学习强调"学中干"与"干中学"的组织学习理论，它正被越来越多的组织所应用。行动学习倡导以行动这一动态而非静态的方式进行学习，即反对传统的教条主义，提倡"实践出真知"；以行动方式学习新知识的本质在于促进参与者对固有心智模式进行质疑反思与转变。行动学习是一种高效的组织学习方法，强调团队学习，让学习者解决一些实际企业难题，来发展他们的领导能力，从而协助组织对变化做出更有效的反应，它是一个建立在工作实践基础之上，以组织面临的重要问题为载体，以解决实际问题和提高组织绩效为导向，把反思与行动相互联系，涵盖计划、反思、实施、总结的循环学习与工作过程。行动学习重视融合学员的经验、学习与实践，以使其更好地吸收知识并在解决问题的过程中提升其能力。学习者在行动过程中及时将实际经验上升为内化的知识，用新知识指导行动，继而在新一轮的实际经验中进行知识与行动的转化，如此循环往复，学习者的知识储备量得以螺旋式上升。遗憾的是，现有文献并没有针对性地探讨行动学习如何提升企业转型能力，也没有回答行动之前的结构化知识输入问题。特别是对于创业企业面对问题无限与资源有限的困境，行动学习理论并没有给出有效的解决方案。

好在高德拉特的瓶颈理论为我们提供了指引，他认为系统绩效是由少数因素决定的，而这些因素又成为系统的制约。瓶颈理论的基本思路是明确企业的目标，找出影响目标达成的制约因素（即瓶颈），并且厘清瓶颈和其他因素之间的因果关系，以瓶颈为杠杆支点，围绕瓶颈集中力量建立系统解决方案，以带动整个企业绩效的大幅提升。内向型创业企业的转型既要克服自身发展阶段的瓶颈，也要战胜外部环境变化带来的挑战和配置资源化解转型升级过程中普遍遇到的瓶颈。因此，企业需要厘清各种问题之间的因果关系与主次矛盾，识别瓶颈并集中力量突破瓶颈。国外大量实践表明，瓶颈理论的应用能带来企业运营上的显著改善。然而，现有瓶颈理论文献没有找到合适的学习方法，导致国内应用推广受限。如果说瓶颈理论是"靶心"，行动学习是"利箭"，那么转型能力就是让利箭射中靶心的"功夫"。综上所述，本节将瓶颈理论、行动学习与转型能力整合起来研究，我们希望回答如下问题：①内向型中小制造企业如何将有限资源聚焦于瓶颈？②瓶颈突破如何转化为行动学习？③行动学习如何促进转型能力提升？

二、研究设计

（一）研究方法

研究问题的性质决定研究方法的选择，鉴于本节主要探索创业企业转型能力的成长路径，以形成过程为分析单元，我们使用归纳性多案例研究方法。因为案例研究是一种理解某种情境下动态过程的研究策略，它不仅能比较准确地解释企业管理的实践活动、行为方式的差异性及其原因，而且相对于统计实证与实验研究，案例研究最重要的价值在于：突出情境、展示过程和揭示关系。本节关注当前现实生活中的实际问题，研究者几乎无法控制研究对象，这种现象驱动的研究要求研究者能够深刻理解现象所处的情境和发生的过程，回答"如何"和"为什么"的问题。同时多案例研究的有效性在于它利于收集可以对比的数据，从而得到比单案例更准确和普遍化的理论。本节遵循规范的案例研究方法，在研究设计和研究过程中努力按照高质量和规范案例研究的程序进行：①强调针对现有文献缺口明确提出具体研究问题；②根据理论构建需要选择案例；③详细地描述研究方法；④基于理论要素进行案例分析；⑤清晰且有说服力地展示研究发现；⑥突出研究贡献。我们严格按照提高案例研究品质的策略来开展案例研究（表3-1），本节在四个方面尽可能地进行了控制和检验：一是课题组在开始调研之前，制订了案例研究方案，并建立了案例研究数据库，将所有搜集到的资料都整理保存在该数据库中，可以为其他研究者提供参考，提高案例研究的信度；二是通过文献回顾确定调研方向与重点，指导案例研究，这样可以增加案例研究的外部效度；三是采用了访谈、二手资料、问卷等多元数据来源来形成三角证据链，在初步案例研究报告出来之后交给案例企业主要受访者，得到了他们对报告内容的核实和修改意见；四是在编码过程中，采取双人双组编码方式也保证了数据分析的信度。

表 3-1　效度和信度指标的研究策略

测评指标	案例研究策略	应用阶段
信度：研究可复制	采用案例研究草案：事先制订了详细的研究计划	资料收集
	建立案例研究数据库：建立了数据资料库，他人研究会得到相同结果	资料收集
外部效度：结论普适性	建立案例研究数据库：建立了数据资料库，他人研究会得到相同结果	资料收集
	通过复制方法进行多案例研究	资料收集
构念效度：证据支持研究结论	多元数据来源：访谈（董事长、高管、部门经理、咨询顾问）、二手资料、问卷等取得一致结果	资料收集
	形成三角证据链：原始数据—语句鉴别—专业术语—理论要素—理论模型	资料收集
	证据提供者对案例报告核实：得到案例企业与创业服务机构对报告的认可	撰写报告
内部效度：构造有效的测量工具	尝试进行某种解释：按照逻辑结构分层进行了说明	证据分析
	适用逻辑模型：建立瓶颈突破、行动学习与转型能力模型	证据分析
	通过复制方法进行多案例研究	研究设计
	采用案例研究草案：事先制订了详细的研究计划	资料收集

(二) 案例选择

案例研究对象筛选的首要标准是选择"典型"案例。Yin (2009) 认为,案例研究的归纳不是统计性的,它并不要求严格遵循计量研究中统计意义上的标准和样本代表性,而是以实地调查的证据资料完整性和地点易到达性为基础。在案例选择方面,我们实施了"两阶段筛选"程序,首先,收集有关备选案例总体特征的各项量化资料,确定典型案例应该具备的各种标准,运用该原则意味着全部案例都能够有力地、正面地反映所要研究的对象;其次,从数量与深度上考虑,我们运用多案例分析,它能够使分析具有更好的普遍性,更适于建构理论。本节选择三家创业企业转型案例:湖南泰嘉新材料科技股份有限公司(以下简称泰嘉科技)、长沙正忠科技发展有限公司(以下简称正忠科技)、湖南怡清源茶业有限公司(以下简称怡清源)。选择依据在于:一是三家企业都到了转型的关键节点,领导者均意识到转型的重要性与紧迫性;二是三家企业分别代表着从加工贸易向技术创新转型、从卖产品到卖服务解决方案转型、从产品销售向品牌营销转型;三是三家企业均借助创业服务机构导入瓶颈理论和行动学习提升了转型能力进而创造了转型绩效。案例基本情况如表 3-2 所示。

表 3-2 案例基本情况

项目	泰嘉科技	正忠科技	怡清源
行业	新材料	煤炭机械	食品
产品	锯条	猴车	茶叶
瓶颈	研发	服务	营销
转型	从低端到高端产品创新	从配件销售到解决方案	从产品销售到品牌营销
绩效	泰钜性能达到 A 公司的 91%,"AA"性能达到 B 公司的 93%,2011 年 12 月高端单月销量超过前两个月总和	驱动装置生产周期从 50 天缩短至 20 天,付款方式由无预付款到预付 70%	2010 年第四季度销售同比增长 109.77%,利润同比增长 88.12%,税金同比增长 112.96%

(三) 数据来源

为提高案例研究的信度和效度,本节根据 Miles 和 Huberman (1994) 所描述的三角测量法,利用多种数据来源和数据收集技术来收集资料。对每一个样本,主要以实地观察和半结构化访谈方式收集一手数据:现场观察法,我们到现场全方位冷静旁观转型过程,并随时做好观察记录;一对一访谈法,提前预约调研对象，按照半结构化访谈提纲（主要包括三大问题：瓶颈突破方案如何制订？行动学习如何开展？转型能力如何形成？），一人访谈、一人记录并录音，课题组根据访谈录音，分别整理了详细的访谈记录；田野调查法，我们实际参与了部分转型过程，如研讨会与分享会等，我们将录音在访谈完两天之内整理成文字，以避免时间太长，对访谈内容的理解和记忆出现偏差。此外，我们还搜集了大量二手数据，包括：企业提供的内部资料，如内部刊物、对外宣传资料和视频、领导讲话、工作总结、活动方案、工作流程与标准等；企业制作的方案、会议记录、小结、总结、点评、督导日记、教练日记、辅导记录等。这些都来源于企业网站及媒体报道。在数据收集过程中，课题组对样本企业资料进行反复审查，以确保案例分析具有一致的结构和质量。数据收集从2011年9月10日开始到2012年3月20日止，课题组调研时间累计482小时，原始记录52万多字。一手数据收集路径部分展示如表3-3所示。

表3-3 一手数据收集路径部分展示

收集方式	调查内容
现场观察法	参与集训营2次，共计6天，每天7小时，一共42小时（内容是瓶颈突破、行动学习、营销方案、研发方案）；参与转型升级动员大会1次（内容是企业转型的意义、方法、思路与政策）；参与顾问到企业现场工作3次，共9小时，记录和观察顾问的知识导入方法
一对一访谈法	分别一对一、面对面访谈了3家案例企业：泰嘉科技（董事长1小时、总经理2小时、技术中心经理1.5小时、生产部经理1.5小时）、正忠科技（董事长1小时、总经理2小时、财务总监2小时、销售部经理1小时、售后服务部经理1小时）、怡清源（董事长1小时、总经理2小时、技术总监45分钟、生产总监30分钟、销售部经理1.5小时）；创业服务机构（首席顾问3小时、总经理3.5小时、管理顾问3人，分别为1.2小时、3小时、1.5小时）
田野调查法	参与瓶颈识别研讨会3次，共6小时；参与定案会2次，共5小时；参与点评分享会3次，共7.5小时；参与项目结果验收会1次，共3小时；参与转型升级总结会2次，共6小时

（四）数据分析

本节采用扎根理论来进行数据编码与分析，它与量化实证研究不同，研究者在进入田野调查之前并不提出理论假设，而是直接从调查资料中进行经验概括，提炼出反映社会现象的概念，进而发展范畴及范畴之间的关联，最终提升为理论。扎根理论的主要思想体现在开放性译码（open coding）、主轴性译码（axial coding）和选择性译码（selective coding）这三重译码过程之中。本书按照数据来源进行数据编码，对于一手数据，我们将受访的3家企业董事长编码为C1~C3，企业高管编码为E1~E3,部门经理编码为M1~M3,创业服务机构顾问统一编码为C0；二手数据统一编码为S1~S4。

1. 开放性译码

开放性译码就是把搜集来的资料进行分解,针对资料里所反映的现象,不断比较其间的异同,使之概念化与范畴化的过程。开放性译码遵循如下程序:原始资料→初始概念→初始范畴,初始范畴有文献资料、访谈记录、研讨结果等多重来源。根据开放性译码程序,我们借助 NVivo 软件对案例资料进行开放性译码,如表3-4所示。第一步,原始资料,标记资料中与研究主题相关的词句,并进行简化和初步提炼,建立了 92 个自由节点;第二步,初始概念,将属于同一现象的自由节点归在同一树节点之下,并发展完整的概念来定义这一树节点,获得了 65 个树节点(用 a1~a65 表示);第三步,初始范畴,把看似与同一现象有关的树节点聚拢成一类形成新的树节点,新建 37 个树节点,原来的树节点变为二级树节点。经过这一过程,最终得到描述企业转型能力提升路径的 37 个初始范畴(用 A1~A37 表示)。

表 3-4 开放性译码举例

原始资料	初始概念	初始范畴
我们的目标是公司配件销售在第四季度实现 1500 万元,再将 1500 万元分解到区域、人员、客户、时间与产品线……(C2)	a1 目标提出	A1 目标确定
围绕产品试制流程的关键要素,从产品设计、试制工艺优化、试验用户报告、试制总结、小批量试制等重新确认了目标(C0)	a2 重新确认	
团队首先对订单、产品研发、原料供应、分销渠道及售后服务等进行价值链梳理……(S1)	a3	A2 充分条件
千斤担子众人挑,销售目标从市场、销售和服务来构建目标实现的充分条件(C2)	a4	
……	……	……
原先不敢用安全方案,怕弄得不好反伤了自己。当客户主动说,如果能提供安全方案,价钱不是问题,我们在第二个月就改卖安全方案了(S3)	a26	A18 计划修正
我们每个月都要做计划执行情况分析,若发现计划有脱离实际,会适当修改与完善计划(S2)	a27	
……	……	……
为了突破高端产品的研发瓶颈,我们用高薪挖来技术人才(S3)	a64	A37 整合技术
我们还聘请了国内外知名专家来现场做技术指导……(C1)	a65	

2. 主轴性译码

主轴性译码是为了发现和建立主要范畴间的各种联系,从而展现资料中各部分的有机关联。运用 Strauss 和 Corbin(1990)提出的范式模型(paradigm model),分析条件、过程策略和结果之间所体现的逻辑关系。按照这个模型,研究者可以把主要范畴间的关系予以展现。其中,条件是指某一现象发生的情境,过程策略是指针对该情境所采取的行动策略,结果则是指行动带来的结果,而且某一行动的结果,可能成为另一组发生的条件。比如,开放性译码形成的目标确定、充分条件与制约条件等初始范畴,可以在这一范式模型下整合为一条逻辑"轴线":企业先确定目标,再围绕目标进行价值链分析来构建充分条件,后通过数据分析发现制约目标达成的瓶颈。因此,这几个范畴可以被重新整合纳入一个主范畴——"瓶颈识别",并成为说明该主范畴的副范畴,而在此范畴中属于结果的"瓶颈目标"等副范畴又成为其他范畴发生的条件。通过这个过程,最终将37个副范畴归纳到11个主范畴之中(表3-5)。

表3-5 主轴性译码结果

主范畴	副范畴		
	条件	过程策略	结果
瓶颈识别	目标确定	价值链分析充分条件,数据对比识别瓶颈	瓶颈目标
目标蓝图	瓶颈目标	围绕瓶颈目标再一次构建充分条件	目标实现的关键要素
实施计划	目标实现的关键要素	分解到工作任务、工作要点与具体活动	项目实施计划表
激励政策	项目实施计划表	为实施计划制定KPI(key performance indicator,关键绩效指标)与激励政策	瓶颈突破方案
质疑反思	瓶颈突破方案	对瓶颈突破方案质疑反思	团队达成共识
付诸行动	团队达成共识	宣传发动、组建跨职能团队与项目管理办法出台	正式实施计划
过程检查	正式实施计划	通过资源支持与紧盯不懈等进行过程管理	关键节点控制
总结推广	关键节点控制	计划修正与经验总结	意愿激发与观念改变
认知能力	意愿激发与观念改变	集中培训与互动演练	个人转型能力成长
转移能力	个人转型能力成长	知识模仿、改良与创新	团队转型能力成长
整合能力	团队转型能力成长	整合客户与技术资源	组织转型能力成长

3. 选择性译码

选择性译码是指通过描述现象的故事线来梳理和发现核心范畴,把核心范畴与其他范畴系统地联结起来,搜集新的资料验证其间的关系,并进一步通过资料与正在成型的理论之互动来完善各个范畴及相互关系,从而建立起概念密实、发展充分的扎根理论。通过进一步将11个主范畴与已有理论进行对接和互动比较,可以发现瓶颈识别、目标蓝图、实施计划与激励政策构成了瓶颈突破方案主范畴。同理,质疑反思、付诸行动、过程检查与总结推广组成了行动学习过程主范畴;认知能力、转移能力与整合能力反映的是企业转型能力的构成要素,因此本节将其归入转型能力提升这一范畴。因此，我们可以得到如下故事线：首先，企业通过瓶颈识别、目标蓝图、实施计划、激励政策四个步骤完成了对瓶颈突破方案的制订；其次，企业通过质疑反思、付诸行动、过程检查与总结推广完成了行动学习过程；最后，实现了认知能力、转移能力与整合能力所构成的转型能力的提升。据此，选择性译码得到的核心范畴可以表述为"企业首先制订瓶颈突破方案，然后通过行动学习过程实施方案，最后实现转型能力的提升"，再通过"条件—过程策略—结果"的范式模型将其他范畴和这个核心范畴联系起来（图3-1）。

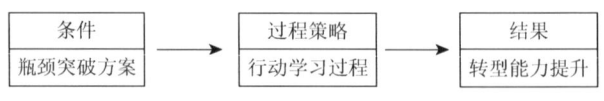

图 3-1　核心范畴的范式模型（一）

（五）研究发现

综上所述，我们发现，可以从三个方面来描述内向型中小企业通过瓶颈突破与行动学习提升转型能力的过程：一是瓶颈突破方案；二是行动学习过程；三是转型能力提升。下面，我们从瓶颈突破、行动学习与转型能力三个要素进行归纳分析，进而提出相关命题。然后，综合上述命题，提出整合瓶颈理论与行动学习的创业企业转型能力提升路径理论模型。

1. 瓶颈突破方案

这是解释瓶颈突破方案的制订过程，共涉及4个方面10个问题。我们分别罗列其基本发现。

（1）瓶颈识别。这是瓶颈突破方案制订过程的第一步。调研发现，三家案例企业都经历了一个反复论证的瓶颈识别过程。泰嘉科技从经营目标出发，通过价值链梳理构建充分条件，对国内外市场、产品种类、产品研发、原材料供应、销售渠道及售后服务等各项指标进行详细分析发现：高端产品市场主要由进口品牌占领，泰嘉科技占比只有1%，而其产品性能与进口品牌相差20%以上，业绩增长的瓶颈在于高端产品占比太低，高端产品占比太低的原因在于性能低于进口品牌。正忠科技也是从年度经营目标开始分解，对订单、采购、生产、物流和售后服务等价值链进行分析，将现状与目标之间差距最大的一项界定为瓶颈，发现配件订单差距最大，配件销售量在第四季度需达到1500万元；进一步分析显示流程中最薄弱环节是售后服务，售后服务不到位导致配件订单严重不足，从而影响销售收入和利润目标的达成。怡清源按照价值链梳理构建充分条件的原则,从公司整体分析了目标与现状之间的差距:在研发、生产和供应上拥有 2 亿元产能,而年度销售目标是 6000 万元,产能尚有 1.4 亿元的潜力没有发挥,实际销售只有 5000 万元,差额 1000 万元,品牌产品销售情况不理想,这成为制约目标达成的瓶颈。

(2)目标蓝图。这是瓶颈突破方案制订过程的第二步。调研发现,泰嘉科技通过对企业所处阶段及市场分析,最终提出一个明确目标:与国际 A 公司和 B 公司的产品对标,泰钜性能要达到 A 公司同类产品的 90% 以上,而"AA"要达到 B 公司同类产品的 90% 以上。项目组以产品试制流程的关键要素(产品设计、产品试制工艺优化、产品试验用户报告、试制总结、小批量试制)作为充分条件,绘制了目标蓝图。正忠科技以 1500 万元的配件销售为目标,构建营销瓶颈突破的充分条件,从市场、销售和服务三个工作流程展开,再把目标蓝图画成结构化的逻辑树。怡清源根据黑茶品牌营销瓶颈,分解目标到团购、专卖、经销与网购等渠道上,每个细分渠道又进一步分解,做到纵向到底与横向到边,遵循"完全穷尽与相互独立"的原则。

(3)实施计划。这是瓶颈突破方案制订过程的第三步。调研发现,泰嘉科技根据目标蓝图,进一步制订了详细的实施计划,包括产品设计、产品试制、工艺调整、产品实验、小批量生产、用户验证、产品定型等多项具体工作。各项具体工作进一步详尽分解,明确责任人,配备合理的人力资源及资金预算,设定工作的起止时间,制定合理的阶段性目标,对产品各工艺流程的质量控制、参数优化、产品检测及工艺改进进行全面设定,并由项目经理和子项目经理进行节点监控,保障各项工作的顺利实施。正忠科技围绕 1500 万元的配件销售目标蓝图,按市场、销售和服务三个职能线制订了详细的项目实施计划,如"在 9 月 30 日前客服部主管将客户走访目标按三个月时间分解到项目组的服务工程师;销售部主管按市场区域分解成四个小组,将配件销售任务根据各区域的整线保有量分解到四个小组,然后由组长自行选择任务目标"。怡清源在实施计划的制订上分五步走:第一步,内部再培训,让团队成员学习和掌握创业服务机构提供的方法论;第二步,让子项目经理根据项目管理工具,初步进行本项目的工作任务分解(work breakdown structure,WBS);第三步,晒方案,让子项目经理之间 PK 方案,高管给出点评与建议;第四步,修改完善实施计划;第五步,创业服务机构审核与建议,团队修改后汇总定案。

(4)激励政策。这是瓶颈突破方案制订过程的第四步。调研发现,泰嘉科技为保证所制订的项目计划顺利实现,制定了 KPI 与激励政策。通过 KPI 的建立,项目组成员在项目实施过程中的各阶段工作指标得以分解,子项目在各阶段的必达目标及挑战目标得以明确。项目组成员通过 KPI 指标可对自己工作进行阶段性考核,各项细分工作以不同的权重进行打分,其完成质量可用数据评价。项目负责人通过量化的项目完成情况对成员进行激励,从而加强项目执行力。以新产品开发负责人郭工为例,其工作指标分解为五项:①项目组工作计划跟进(权重20%);②热处理参数调整(权重40%);③工艺参数调整(权重20%);④小批量试生产(权重10%);⑤产品定型(权重10%)。正忠科技出台了详细的激励政策,包括:考核对象(个人与团队);激励办法(每月团队配件销售KPI评分第一名,月度销售目标完成率大于等于80%,评为团队月度冠军,团队奖励3000元;每月团队配件销售KPI评分第一名且个人销售目标完成率大于等于90%,评为个人月度冠军,奖励1000元);惩罚措施(个人完成销售不足目标的40%且KPI评分低于50分,罚款200元;完成销售不足目标的40%且KPI评分为小组最后一名的,罚款400元)。怡清源的KPI设定为:开设加盟店15家,完成销售额120万元,权重为6%;开设经销代理70家,完成销售额330万元,权重为16.5%;开设团购客户50家,完成销售额550万元,权重为27.5%;销售费用率20%,权重为50%。根据完成"必保任务"和"挑战目标"两个档次确定了相应的激励政策。

由此,我们得出命题1:企业通过瓶颈识别、目标蓝图、实施计划与激励政策四个步骤制订瓶颈突破方案,为行动学习提供了正确的知识输入。

2. 行动学习过程

这是解释行动学习的实施过程,共涉及4个方面18个问题,我们分别罗列其基本发现。

(1)质疑反思。这是行动学习过程的第一步。调研发现,泰嘉科技在质疑反思中认识到,高端产品研发与人才队伍建设,二者的取舍不是矛盾的,而是高度统一的,可以把二者看成目标方向与实施途径,通过技术创新实现高端产品生产,关键还是要靠专业人才潜心研发,突破技术难题;在对实施计划质疑时发现"热处理工艺是瓶颈背后的瓶颈",必须从上游处下功夫。正忠科技识别瓶颈为配件销售后,以配件销售为目标蓝图,围绕目标蓝图构建充分条件,团队寻找影响配件销售的制约因素,针对制约因素提出解决思路,同时对以往考核指标进行简化,重点关注"配件销售收入"这个关键指标。怡清源以品牌营销产品1000万元为目标,团队在质疑中发现过去的"盲点",在反思中找到机会,同时改过去老板独定激励政策为团队与老板共同商定,实现了团队智慧大于个人智慧的向上型共识。

(2)付诸行动。这是行动学习过程的第二步。调研发现,在宣传发动方面,怡清源打了一套宣传组合拳以让员工积极参与转型升级活动:制作宣传栏、有奖征集口号、悬挂宣传横幅、看电影学管理与组织学习考试。在组建跨职能团队方面,泰嘉科技董事长亲任项目总监,总经理任项目经理,技术中心经理任副经理,下设"泰钜""AA"两个独立子项目部,调配生产、品质保证、销售等职能部门经理参与项目协调，并监督关键节点进度及结果等。在项目管理方面，正忠科技出台了项目管理办法，规定了组织机构的设置、责权利及奖惩措施。

（3）过程检查。这是行动学习过程的第三步。调研发现，在资源支持方面，当项目面临挑战时，泰嘉科技董事长使出浑身解数调集资源帮助团队突破难点。在紧盯不懈方面，正忠科技董事长说："转型不仅增加了团队的日常工作量，而且涉及责权利的重新分配，更难的是思维方式与行为习惯的改变，阻力是巨大的，没有老板的紧盯不懈，转型活动可能停滞不前。"在过程督导方面，怡清源设置了项目督导组，每周进行质量与进度的检查，并召开集中讲评会交流经验，以优化实施方案。在原因对策方面，泰嘉科技在研发攻关数次失败后分析原因，发现盲目增加齿部硬度虽可以提高产品耐磨性、增加切削效率，但由于背部材料的失效，产品会在齿部依然锋利的情况下败下阵来，若通过工艺调整而达到保护背材的效果，齿部便会早早退休，为此，公司聘请知名专家对热处理问题进行反复研讨，最终制订了一套行之有效的实验方案。在点评分享方面，泰嘉科技子项目之间分享心得体会，教练点评方案策划与执行中的共性问题，并提出改善建议。在论功行赏方面，正忠科技对计划完成情况进行统计分析，并将结果张榜公布与大会通报，对业绩突出团队进行奖励，对没有达标团队实施处罚，KPI考核低于40分的团队进行人事调整；怡清源以前奖金要到年终才发放，瓶颈突破期间不仅改为按月奖励，而且每月公布销售排行榜，极大地激发了团队斗志。

（4）总结推广。这是行动学习过程的第四步。调研发现，在计划修正方面，正忠科技的营销总监说："原先一直不敢用安全方案，怕弄得不好反伤了自己，当客户主动说，如果能提供安全方案，价钱不是问题，我们在第二个月就改卖安全方案了。"在经验总结方面，怡清源销售部经理说："通过学习后，碰到问题，我开始学会先从自身找原因，思考我所在部门的瓶颈在哪里，我如何为公司目标完成做贡献。"在复制推广方面，泰嘉科技在2010年转型取得成效后，2011年初每个部门都展开了对瓶颈突破方法论与行动学习的推广，并将"瓶颈识别""项目实施计划表"等工具补充到公司办公信息系统。

由此，我们得出命题2：企业通过质疑反思、付诸行动、过程检查与总结推广四个步骤实施行动学习，行动学习过程有利于瓶颈突破方案的落地。

3. 转型能力提升

这是解释转型能力的提升过程，共涉及3个方面9个问题，我们分别罗列其基本发现。

（1）认知能力。这是转型能力提升过程的第一步。调研发现，在意愿激发方面，泰嘉科技董事长强烈意识到要向高端产品创新转型，他反复向团队传递一个信念：如果在低端产品上继续扩大生产，就只能在"红海"中拼价格，只有下功夫开发出高端产品，才能在"蓝海"中抢占制高点；在观念改变方面，正忠科技董事长说："从局部观到整体观的转变，各部门目标要服从于公司整体目标；从经验观到逻辑观的转变，用逻辑串常识，找出关键控制点和薄弱环节；从成本观到有效产出观的转变，适当的成本上升是正常的，要控制相对成本，为了整体目标可以容忍阶段性亏损。"在方法培训方面，怡清源总经理谈道："三天的集中训练，让我们对瓶颈突破方法论有了初步认识；教练进公司开小灶，高管与员工教学相长，团队基本领会了目标确定与分解、聚焦瓶颈、目标蓝图、实施计划和激励政策的逻辑关系与关键要点。"

（2）转移能力。这是转型能力提升过程的第二步。调研发现，在知识模仿方面，正忠科技谈道："我们首先是'依样画葫芦'，照着瓶颈突破逻辑树进行一项一项地填空，从目标确定开始，按价值链梳理来构建充分条件，用数据来识别瓶颈，当确认营销为瓶颈时，再利用营销逻辑树，从市场、销售和服务三个要素分解，市场分解为定义客户、营销政策、精准传播与步步勾引等。"在知识改良方面，怡清源结合行业与企业的实际，对方法论进行适当的改良，创造性地策划出营销突破方案，使方案既有创新性又有可行性。在知识创新方面，泰嘉科技把瓶颈突破与行动学习有机融合，组合式创新为"突破瓶颈天龙八部"，把解决问题的方法与知识导入的方法融为一体。

（3）整合能力。这是转型能力提升过程的第三步。调研发现，在整合团队资源方面，正忠科技的组织结构按照价值链和工作流程重新构建，划分主价值部门和辅价值部门，辅价值部门为主价值部门服务，根据目标梳理价值链（订单—研发—采购—生产—交付），根据价值链整合跨职能团队；在整合客户资源方面，泰嘉科技将研发出的样品 27 个规格及竞争对手同规格产品，送往江苏省某知名钢铁企业试切，该用户生产锯切条件非常恶劣，与内部试切状况有天壤之别，泰钜最好的一根切了 7.96 平方米，但最差的一根只切了 5.88 平方米，说明产品质量稳定性仍有提升空间，随后与客户的技术团队一起探讨原因与对策；在整合技术资源方面，泰嘉科技聘请了知名专家做技术指导，产品热处理工艺包括退火、淬火和回火，每道工序都是温度与时间的组合，这样导致参数较多，如果逐个调整则周期太长，专家决定在一个参数范围内，通过正交试验，在背部疲劳性能满足要求的前提下提高齿部硬度，来寻找一个最佳参数组合，大大地提高了研发效率。

由此，我们得出命题 3：企业通过瓶颈突破方案的制订与行动学习的实施过程，提升了由认知能力、转移能力与整合能力所构成的转型能力。

4. 理论模型

综上所述，我们提出如图 3-2 所示的创业企业转型能力提升路径模型。模型以瓶颈突破为主线，在瓶颈突破方案的制订过程与行动学习的实施过程中描述了创业企业转型能力的提升路径。该理论模型揭示了瓶颈突破方案的制订为行动学习提供了正确的知识输入,行动学习的过程就是瓶颈突破方案的实施过程,方案的实施过程就是不断地解决问题与达成目标的过程,团队在解决问题与达成目标的过程中提升了认知能力、转移能力与整合能力所构成的转型能力。

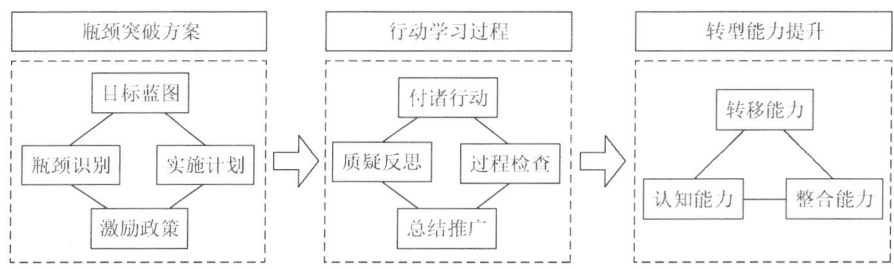

图 3-2　创业企业转型能力提升路径模型

(六) 结论与讨论

创业企业如何有效提升转型能力现有文献尚无逻辑一致的解释。本节将瓶颈理论、行动学习与转型能力的观点有机融合,运用扎根理论数据编码与探索性多案例研究方法,对瓶颈突破方案的制订过程、行动学习过程与转型能力提升进行了系统分析与归纳,得到了如下主要结论与启示。

1. 研究结论

(1) 瓶颈突破方案的制订为行动学习提供正确的知识输入。通过瓶颈识别、目标蓝图、实施计划与激励政策四个环环相扣的过程制订瓶颈突破方案,具体方法包括目标确定与分解、从价值链梳理构建充分条件、用数据来识别瓶颈、将瓶颈转化为新目标、对新目标进行结构化的逻辑分解、将新目标转化为工作任务、将工作任务分解为工作要点、将工作要点转变为具体活动、拟定 KPI、制定完成 KPI 的激励政策。

(2) 行动学习过程为瓶颈突破方案的实施提供了有力保障。通过质疑反思、付诸行动、过程检查与总结推广四个紧密相连的行动学习过程实施瓶颈突破方案,具体方法包括对目标、瓶颈、目标蓝图、实施计划与激励政策不断地质疑反思以达成团队共识,将负面效应与执行障碍化解在质疑反思之中;通过资源支持、紧盯不懈、过程督导、原因对策、点评分享和论功行赏等过程检查,有效地保障了执行过程质量;通过对计划进行修正、对转型经验与教训进行总结、对转型方法论进行复制与推广,有效地保障了知识的巩固与优化。

(3) 企业转型能力的提升路径是一个"知行合一"的过程。知:通过瓶颈识别、目标蓝图、实施计划与激励政策制订瓶颈突破方案。行：通过质疑反思、付诸行动、过程检查与总结推广四个紧密相连的行动学习过程实施方案。合：通过瓶颈突破方案的制订过程与行动学习的实施过程，实现由认知能力、转移能力与整合能力构成的转型能力提升。一：转型能力的提升，带来了转型绩效的增长。总之，转型能力在瓶颈突破方案制订与行动学习中得以提升。

2. 启示

（1）瓶颈突破而不是全面变革。转型过程中面临很多问题，如何厘清各种问题之间的因果关系和主次矛盾考验着团队的智慧和勇气，管理者必须用心去彻底了解问题症状背后的症结。三家案例企业借助创业服务导入瓶颈理论与行动学习，从年度经营目标出发，以价值链和供应链作为管理问题的结构分析工具，从企业可以有所作为和可控角度，找到制约目标达成的瓶颈，集中力量突破瓶颈，在提升个人与团队转型能力的同时，带来了转型绩效的显著改善。它与维多利亚·J. 马宾（Victoria J. Mabin）基于超过 80 个成功的应用数据表明运营和财务的显著改善是瓶颈理论应用结果的研究结论相一致，而与代工企业通过向发达国家领先客户学习和后发企业通过国际并购学习的转型能力提升路径有所不同。

（2）团队共识而不是个人英雄。转型是一种变革活动，人们担心变革会对自己的既得利益产生冲击，每次转型都是一次"变化"，每次"变化"都会对一些人的"安全感"构成威胁。要同时提升转型的动力、增加转型的压力和化解转型的阻力，需要在团队之间达成五个共识：一是目标共识，二是瓶颈共识，三是目标蓝图共识，四是实施计划共识，五是激励政策共识。与以往的培训与咨询（学用分离）不同，案例企业通过行动学习，组建跨职能团队，将学习到的理论、方法快速应用到实践中去，团队共同学习、共同制订方案、共同实施方案、共同就方案的过程控制与结果验收设定激励政策，在规定期限内集中力量突破瓶颈，以提升转型能力与业绩。它不仅验证了学习必须通过知识整合才能促进技术创新和管理创新，而且明确了知识整合的过程与方法。

（3）微转型而不是战略转型。微转型是一种渐进式转型，而不是休克疗法。案例企业没有涉及战略变革与公司治理等"政治改革"，而是围绕营销、生产与研发瓶颈突破等"经济改革"。这与"激进式变革""战略转型"有所不同，它没有进行彻底全面变革，也没有涉及组织结构大调整。创业因其资源与能力的缺乏，适宜采取持续的微创新与微转型，突破阶段性瓶颈，积小胜为大胜。

第二节　知识服务价值共创过程模型

创业企业转型升级的实质是要从资源驱动转变为创新驱动，大多数企业家意识到成功转型的关键是提升创新能力,换言之,创新能力已经成为企业转型升级的关键因素。一直以来,引进并消化吸收国外先进技术而强化研发创新,成为后发企业提升技术能力的高效途径。然而,基于领先企业技术溢出而模仿创新的后发企业能力追赶理论日益受到挑战,越来越多的研究指出知识服务是创新的桥梁,知识服务起到了生产和传播知识的作用,它提高了制造业的创新能力。不过,现有研究关于知识服务对创新的影响存在两种相悖的观点:一方认为知识服务是创新和竞争力的关键驱动力;另一方认为知识被同化后才能完全吸收且同化后的知识必须转化成组织的常规与日常工作,否则知识就难以转化为能力。造成这一悖论的根本原因是这些研究认为知识服务对企业学习起着主要作用,认为它在技术和商业技巧本地化过程中充当知识转换者、问题解决者和知识生产者的角色。

事实上,知识服务过程具有双向互动性,一方面知识服务为客户带去新的外部知识,促进了客户的技术与组织创新;另一方面知识服务自身知识得到更新,也产生了绩效的增长,更重要的是,客户参与了价值的创造过程,它是价值的共同创造者。因此,创业企业与知识服务的互动过程其实就是一个价值共创过程,从价值共创理论出发,探讨创业企业与知识服务之间如何通过价值共创来促进服务业与制造业的有机融合,能够打开知识服务与创新能力之间的"黑箱",从而为解决以上悖论提供可能。价值共创理论存在两种主导逻辑:一是基于生产者逻辑的价值共创,二是基于用户逻辑的价值共创,这是不同价值创造主体基于自身价值追求对价值共创过程的不同诠释,两种逻辑应该统一于价值共创过程之中,因为两者之间的相互依存关系是价值共创的基础,两者共同投入资源来创造价值。企业与客户为了创造各自所需的价值而投入自己的资源,通过互动和合作来实现资源交换,在为自己创造价值的同时也为对方创造价值。目前,国内学者证明了实现产品创新与管理创新的有效匹配对组织生存与发展均至关重要,产学研合作对创新能力提升有显著的正向影响,却并没有揭示出产研合作提升创新能力的过程。

国外学者虽然关注了价值共创的过程,研究情境却集中于发达国家。例如,Gummesson 和 Mele(2010)把价值共创过程分为互动和资源整合两个阶段。Ramaswamy 和 Gouillart(2010)提出价值共创的四个步骤:①明确利益相关者;②了解利益相关者的互动情况;③利益相关者相互分享体验;④利益相关者共同寻找解决问题的办法。Aarikka-Stenroos 和 Jaakkola(2012)提炼出知识密集型产业的价值共创过程框架,包括需求诊断、设计和提出解决方案、整合资源、管理价值冲突及达成目标。然而,对我国创业企业来说,一方面,面临"要素不足、效率偏低与创新乏力"三重矛盾;另一方面,缺乏世界领先的市场资源和技术资源,难以获得足够的企业特质资源来参与国际竞争。在这种情境下,创业企业与知识服务如何进行价值共创才有利于创新能力的提升,现有文献尚缺乏足够的解释力。因此,本节以一家创业服务机构和三家创业企业为研究对象,通过探索性案例研究来考察创业企业与知识服务之间通过何种价值共创过程来实现创新驱动。

一、研究设计

(一)研究方法与案例选择

凯瑟琳 M. 艾森哈特(Kathleen M. Eisenhardt)指出,探索性案例研究适用于以下情况:①对一个现象缺少深入探索;②现有理论不足以解释它;③对已研究课题需要提供新鲜观点;④无法依赖先前文献在进入田野调研前推导出命题。本节符合其适用条件,因此采用探索性案例研究方法。在案例选择方面,我们实施了"两阶段筛选"程序,首先,收集有关备选案例总体特征的各项量化资料,确定典型案例应该具备的各种标准,运用该原则意味着全部案例都能够有力地、正面地反映所要研究的对象;其次,从数量与深度上考虑,我们运用多案例分析,它能够使分析具有更好的普遍性,更适于建构理论。本节选择深圳知行信企业管理顾问有限公司(以下简称知行信)为三家创业企业提供知识服务案例:湖南先步信息股份有限公司(以下简称先步信息)、长沙凯瑞重工机械有限公司(以下简称凯瑞重工)、湖南万容科技股份有限公司(以下简称万容科技)。选择依据在于:一是三家企业都到了技术升级的关键节点,领导者均意识到产品创新管理的重要性与紧迫性;二是三家企业都属于科技创新型企业,靠技术起家并赢得市场,而产品创新管理尚处于从不规范到规范的转型过程之中;三是知行信为其提供了创业服务,帮助它们提升了创新绩效(先步信息:在设计和调试上加快了 15 天,样机设计比计划提前一周,申报国家发明专利三项,实用新型专利三项;凯瑞重工:开发时间大幅缩减,从原来 6 个月开发时间缩短到 1 个月,开发效率显著提高;万容科技:项目整体实施进度延期由原来的 1 月压缩至 1 周左右,外协外购进度及质量提升 20%,产品入库合格检验率由 76%提高至 95%,试点项目运行效果显著)。

(二)数据来源

为提高研究的信度和效度,本节根据三角测量法利用多种数据来源和数据收集技术来收集资料。对每一个样本主要以实地观察和半结构化访谈方式收集一手数据:①现场观察法,我们到现场作为独立第三方,全方位冷静旁观并做好观察记录。②一对一访谈法,提前预约调研对象,按照半结构化访谈提纲,一人访谈、一人记录并录音。根据访谈录音,分别整理了详细的访谈记录。③田野调查法,我们实际参与了研讨会与分享会等,将录音在访谈完两天之内整理成文字,以避免时间太长,对访谈内容的理解和记忆出现偏差。此外,我们还搜集了大量二手数据,包括企业内部刊物、活动方案、会议记录、小结、总结、点评等,课题组对样本企业资料进行反复审查,以确保案例分析具有一致的结构和质量。

(三)数据分析

本节围绕创业企业与知识服务之间价值共创的过程与方法,设计了半结构化访谈提纲。我们采用了数据编码和归类的方法对资料进行分析和整理,编码过程借鉴了李飞等的做法。首先,对一手及二手数据进行筛选并编码。将受访的3家企业董事长编码为C1~C3,企业高管编码为E1~E3,部门经理编码为M1~M3,咨询顾问统一编码为C0;二手数据统一编码为S1~S4。其次,通过对数据资料的初步分析,将原始数据分为共识类、共生类与共赢类三大类。最后,课题负责人检查了编码结果,并对不一致地方进行了讨论,鉴于模棱两可和意见不一致,剔除了23个条目,此时项目库中还剩余82个条目,编码过程结束。我们严格按照提高案例研究品质的策略来开展案例研究,本节在四个方面尽可能地进行了控制和检验:一是开始调研之前,制订了案例研究方案,并建立了案例研究数据库,将所有搜集到的资料都整理保存在该数据库中,可为其他研究者提供参考,提高案例研究的信度;二是通过文献回顾与预调研设计半结构化访谈提纲,来指导案例研究,以增加案例研究的外在效度;三是采用了访谈、二手数据、问卷等多元数据来源来形成三角证据链,在初步案例研究报告出来之后交给主要受访者,得到了他们对报告内容的核实和修改意见;四是采取双人双组编码方式保证了数据分析的信度。

二、研究发现

通过对搜集到的一手数据和二手数据进行整理和归类,我们对创业企业与知识服务价值共创过程进行了归纳,得到了有价值的发现。

(一)观念共识

观念共识的条目共有26条,其中12条属于创业企业通过"互动诊断"方式

"觉察"到问题的存在，14条属于创业企业通过"考察交流"方式"觉醒"到观念的改变，这说明"互动诊断"和"考察交流"是知识服务与创业企业达成观念共识的两个主要手段，"觉察"与"觉醒"是创业观念改变的两个重要阶段。

"互动诊断-觉察问题"。知行信提供了一个创新管理能力成熟度诊断表，请企业从创新规划、需求管理、团队建设与流程规范等四个方面进行评级，并根据评级结果与四级标准（不规范、有规范、有效与高效）对照发现差距和改进重点。凯瑞重工董事长张卫东说："我们以前把创新单纯理解为技术和产品的创新，缺乏研发管理的支撑，企业无法驾驭技术和产品创新；企业内部各自为战，害怕合作损害自身利益。"万容科技首席研究员李晋波谈道："'互动诊断'，让我们发现公司权责不明，跨部门协调困难、部门壁垒深厚，工作效率低下；市场和技术脱钩严重，以客户需求为导向的技术开发没有在公司形成，产品开发前期技术调研不充分，导致其产品开发的先天性不足，从而半途而废，严重浪费公司的资源。"

"考察交流-觉醒观念"。知行信组织了一个到深圳创新标杆企业的考察交流活动，活动分为参观、讲解、提问、分享等几个环节，先步信息董事长胡炎良说："深圳之行，让我们发现原来自己与标杆企业的差距还很大，深刻认识到要在公司内部树立客户价值导向的观念。只有不断关注、洞察客户的需求，企业才会基业长青。创新动力源自客户需求，只有符合客户利益才更有价值，这就要求公司每一个成员更多到第一线去接触客户、调研客户，快速反馈客户需求，并坚持不懈地改进设计、改进工艺、提升质量、优化流程、加快交付。"凯瑞重工冶金车辆所所长周浩说："对照标杆，我们的项目管理流程不甚清晰，表现为各个流程间的衔接不清楚、信息流转及交付件没有明确模板；未明确各个流程环节的角色设定，最终在项目管理流程的运行过程中，各个流程环节的责任人不清晰，流程的推动只能依靠领导的指令推进。"

（二）价值共生

价值共生的条目共有31条，其中15条属于知识服务通过"授之以鱼"的方式帮助创业企业"学习新知"，16条属于知识服务通过"授之以渔"的方式帮助创业企业"学以致用"。这说明"授之以鱼"与"授之以渔"是创业服务机构创造价值的两个重要方法，"学习新知"和"学以致用"是创业企业创造价值的两个重要阶段。

"授之以鱼-学习新知"。知行信顾问培训中讲道："企业要通过对流程现状的梳理，找到瓶颈，发挥团队的力量，制定出行之有效的流程，并召开导入流程启动会，配合试点项目，制定流程实施考核制度，使得流程得以迅速实施，提高研发效率，增进团队协作。"万容科技李晋波感悟道："集中培训极大地加深了我对产品经理的理解，明白了产品经理对公司业务的发展具有举足轻重的作用，产品经理是产品线的经营者，对品牌负责、对盈亏负责，其主要职责有三大块：产品线经营、创新前端管理、开发项目管理。"

"授之以渔—学以致用"。知行信顾问为企业产品创新流程优化提供了一些实效方法，如 PDCA 工作循环法①、技术矛盾解决方法（theory of inventive problem solving，TRIZ）、集成产品开发（integrated product development，IPD）等，以提高企业创新效率。先步信息研发部经理戴侃说："培训后，我们在计划管理方面制订了项目主计划、关键任务计划和项目周行动计划，满足了精细化的且持续有效的动态计划更新管理需求；在过程管理方面：我们从经验管理变为有方法的管理，从每周不定期的部门例会改为每周定期的项目周例会，通过每周的项目运行周报、周例会和项目看板来提高团队的专业能力。"凯瑞重工董事长谈道："产品创新是一项系统工程，需要系统的方法论支撑，必须从对创新流程的梳理开始，从市场调查、分析预测出发，确定技术攻关、产品研发项目，通过研究、试验、生产、使用跟踪、质量改进和市场开拓等诸环节协调运作。"

（三）价值共赢

价值共赢的条目共有 25 条，其中 15 条属于知识服务通过"答疑辅导"的方式帮助创业企业"执行方案"，10 条属于知识服务通过"答辩验收"的方式帮助创业企业"达成目标"。这说明"执行方案"和"达成目标"是创业企业实现价值共赢的两个重要阶段，"答疑辅导"与"答辩验收"是知识服务实现价值共赢的两个重要方法。

"答疑辅导—执行方案"。凯瑞重工周浩说："执行中遇到困惑，我们随时向知行信顾问请教，他们总能启发我们的创新思考。我们每周举行项目例会进行巡检，通过项目看板进行进度公布和警示，通过管控问题来消除执行过程中的阻力和困难，通过管控风险来监控和解决不确定的因素，并且每周形成周报表上报公司领导和职能部门负责人进行协调。"先步信息戴侃说："智能基地式控制器子项目 B 是第一个跨职能团队，在该项目的立项评审会议上，研发人员提出的计划是在 2012 年 10 月末出试样机，当时市场代表急了，按照这个进度随后的新产品上市计划将全部被打乱，而研发人员提出了一系列问题，如材料无法及时到货、项目开发难度大、生产周期长等，咨询顾问来公司指导，启发大家一起总结 10 条提高效率的办法……短短 1 个月时间，原来担心完不成的任务，提前 1 周完成。"知行

---

① PDCA 即计划（plan）、执行（do）、检查（check）、调整（action）。

信总经理成海清的辅导心得是先步信息通过采用跨职能团队，实现了"并行工程"，在原先普遍认为"不可能"的时间周期内实现了预定项目目标，通过对重大新产品项目进行严谨的需求研究、产品定义、可行性分析和决策评审，大幅提高了新产品项目成功率，认识到了"洞察"客户需求的重要性，体会到了"慢就是快"的哲学含义。

"答辩验收—达成目标"。万容科技事业部总经理周军说："随着项目逐步深入，企业开始出现一系列有形与无形的变化，从微观看会议组织的效率提高，新员工培训效率提高，员工之间、部门之间的沟通有效提升，信息流转更为顺畅；从宏观看流程管理概念的引入为团队树立了创新观念，将以往'创新就是技术部的工作'观念转变为'全员创新'观念，员工主观能动性得到提升。"以试点项目为例，应用创新流程管理模式开展的创新前端评审为项目决策提供了可靠依据，前端评审的组织工作为新产品的开发有效降低了技术开发的难度和风险，为市场开展指明了方向。采用创新流程中项目进度的控制文档制定科学可控的产品开发进度表，工作任务得到有效分解，保障了项目的持续推进。项目整体实施进度延期由原来的1个月压缩至1周左右，外协外购进度及质量提升20%，产品入库合格检验率由原来的76%提高至95%，试点项目的运行效果显著。凯瑞重工通过规范创新流程，减少了开发过程中的返工，缩短了开发周期；通过采用科学的创新前端管理方法，提高了项目可行性分析的质量，及时中止了多个没有"钱景"的新产品项目，充分认识到"正确地枪毙一个项目也是一种成功"。知行信要求企业在规定的时间内提交新产品创新项目完成绩效总结报告并集中答辩，以此作为项目评价与服务收费考量的重要依据。价值共创过程的问题条目数及引用语举例如表 3-6 所示。

表 3-6 价值共创过程的问题条目数及引用语举例

维度	创业服务	制造企业	条目数	引用语举例
观念共识	传道	互动诊断 / 觉察问题	12	"不知道如何进行有效的客户需求研究，不知道如何将收集到的客户需求信息进行整理、分类和排序，未能在新产品开发全过程了解客户需求，并及时将需求信息反馈到所开发产品。"（M3）
观念共识	传道	考察交流 / 觉醒观念	14	"我们到深圳标杆企业参观学习，发现了差距，才知自己原来是井底之蛙，认识到了自身与最佳实践企业在创新管理方面的差距，虽然概念和方法还很模糊，但是有了方向。我们真正认识到必须掌握一套系统有效的创新管理方法，工欲善其事，必先利其器。"（S2）
价值共生	授业	授之以鱼 / 学习新知	15	"产品经理设置后，技术开发开始'有的放矢'，不再闭门造车，市场和技术紧密结合。在低浓度重金属废液回收技术产品的开发过程中，由于产品经理的设置，避免了技术开发的盲目性。从客户需求着手，重点改进了产品的出水浓度、电流效率。"（C2）
价值共生	授业	授之以渔 / 学以致用	16	"逐步构建了以技术中心为载体的信息收集系统，建立了信息收集制度，改变了以前各自为政的局面，形成了良好的信息平台。"（C1）

续表

维度	创业服务	制造企业	条目数	引用语举例
价值共赢	解惑	答疑辅导	执行方案	15	"按问题清单和风险管控清单的分派要求,进行问题处理和风险管理工作,并在项目经理建立的沟通渠道(如QQ讨论组、微信群)上通报项目情况,包括技术问题、供应情况、入检情况等。"(S2)
		答辩验收	达成目标	10	"针对需改进的指标,进一步将技术指标分解细化到相应的工艺,产品开发的目标性增强,开发时间大幅缩减,从原来6个月的开发时间缩短到1个月,开发效率显著提高。"(C3)

资料来源:作者根据访谈记录整理而成

三、研究结论

(一)价值共创过程模型

本节通过对知行信为三家创业企业提供知识服务案例的研究发现,创业企业与知识服务之间存在一个"观念共识—价值共生—价值共赢"的价值共创过程模型:首先,知识服务通过"互动诊断"与"考察交流"的"言传+身教"的"传道"方式,帮助企业觉察问题与觉醒观念以达成观念共识;其次,知识服务通过"授之以鱼"与"授之以渔"的"教授+教练"的"授业"方式,帮助企业"学习新知"与"学以致用"以促成价值共生;最后,知识服务通过"答疑+答辩"的"解惑"方式,帮助创业企业通过执行方案与达成目标以实现价值共赢。此模型是基于中国文化背景的案例研究得出的结论,可能比 Aarikka-Stenroos 和 Jaakkola (2012)提出的价值共创框架更能解释中国情境下创业企业与知识服务之间的价值共创过程及方法,而且比 Gummesson 和 Mele(2010)把价值共创过程分为互动与资源整合两个阶段及 Ramaswamy 和 Gouillart(2010)提出的价值共创四步骤具有更加清晰的内在逻辑性。因为该模型不仅发现了创业企业与知识服务的价值共创过程分为"观念共识、价值共生与价值共赢"三个阶段及每个阶段具体共创过程,而且揭示了价值共创不同阶段所用的具体共创方法(图3-3)。

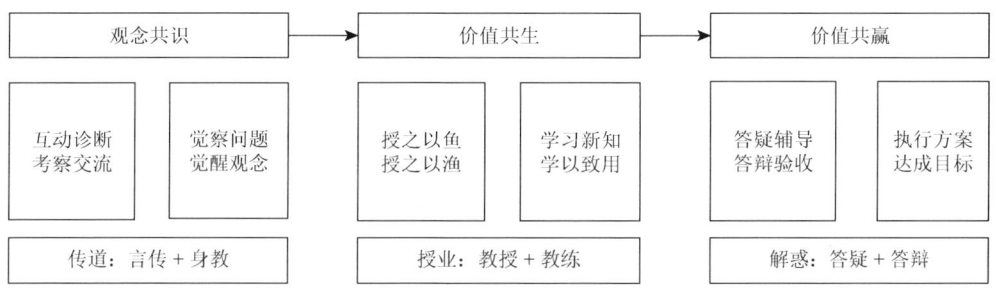

图3-3 价值共创过程模型

(二) 观念共识是基础

为了达成观念共识,创业服务机构设计了两个环节:一是"互动诊断",二是"考察交流",前者帮助企业"觉察"到问题的存在,后者帮助企业"觉醒"以产生观念的改变。创业服务机构采取"言传+身教"相结合的"传道"方式来达成双方的观念共识:只有树立正确的创新观念,才能做出正确的创新决策;只有正确的创新决策,才能带来正确的创新行动;只有正确的创新行动,才能实现创新能力与创新绩效的提升。创业服务机构在传授知识与导入方法之前,必须让创业企业意识到问题的存在,产生观念的改变,先树立正确的创新价值观,才有可能创新价值。例如,客户需求导向的创新有更高的成功概率,为客户创造价值是创新的根本目的,创新不只是企业内部的事,创新是将知识变成钱,而不是将钱变成知识。

(三) 价值共生是关键

为了实现价值共生,创业服务机构设计了两个环节:一是"授之以鱼",二是"授之以渔",前者帮助企业"学习新知",后者帮助企业"学以致用";创业服务机构采取"教授+教练"相结合的"授业"方式来促成双方的价值共生。一方面,创业服务机构以集中培训的方式"教授"了创新战略规划、创新前端管理、创新团队管理和创新流程管理四大模块知识;另一方面,创业企业将所学知识与创新实践紧密结合,制订出各自的新产品开发方案,创业服务机构以"聆听、提问、区分与回应"的"教练"方式帮助企业完善方案,务求方案能达到逻辑性、创新性与可行性之间的平衡。

(四) 价值共赢是目标

为了实现价值共赢,知识服务设计了两个环节:一是执行方案,二是达成目标,前者通过"答疑辅导"帮助企业执行方案,后者通过"答辩验收"倒逼企业完成目标;知识服务采取"答疑+答辩"相结合的"解惑"方式,来实现双方合作的价值共赢。一方面,新产品开发过程会遇到很多意想不到的困难,团队尤其是刚从技术岗位转为项目或产品经理的成员大多面临角色转换与挑战,需要更多地与他人沟通与协调等,此时,顾问通过QQ、微信、电话、视频会议、集中会诊与小组研讨等方式答疑解惑。另一方面,创业企业在"答辩验收"的鞭策下,克服困难去创造奇迹。创新关键在于行,而不在于知。创业企业与知识服务把新产品开发成功率当成共同的奋斗目标，教学相长，相得益彰。

第三节　知识服务价值共创促进创新绩效

2012年中国企业经营者问卷跟踪调查发现，大多数企业家意识到企业成功转型的关键是增强人力资本、提升创新和应变能力及变革领导力。学术界也极力倡导企业从要素驱动向创新驱动转型，然而很多创业企业面临要素不足、效率低下与创新乏力三重阻碍，转型之路知易行难。目前关于创新转型的文献研究主要集中在三个视角：一是代工企业通过网络关系构建、模仿学习、创新投入及国际化行为，实现战略创业，推动代工企业的转型升级；二是合资企业引进并消化吸收国外的成熟先进技术而强化研发与技术创新，这是提升后发企业技术能力的高效途径；三是创业企业与知识服务之间通过互动实现知识转移进而促进创新绩效，知识服务与创业企业通过信息交换及知识分享来提高价值链的整体效率。显然，代工企业与合资企业的创新转型成长路径并不适合众多创业企业。而知识服务是创新的关键驱动力，专业技术服务业对提升企业创新能力有显著作用，知识服务对经济增长有显著正向影响。

然而，对于知识服务是如何提升创新绩效的问题学术界并没有给予有足够解释力的回答。这个课题可以分解为两个子问题：①知识服务机构应该提供什么样的知识（what）？②知识服务机构应该如何提供知识（how）？因此，本节引入了价值共创理论视角，以一家知识服务机构与四家创业企业之间的互动案例为样本，采取扎根理论的数据编码方式，对知识服务如何转化为创新绩效的"黑箱"进行探索性案例研究，旨在回答"什么"和"如何"两个关键问题，进一步丰富价值共创的理论认识与实践应用。

一、文献回顾

知识服务是指那些显著依赖专门领域的专业知识、向用户提供以知识为基础的中间产品的服务，其核心业务是以技术、组织、服务、流程等创新为基础的，具有"高知识度、高技术度、高互动度、高创新度"的四高特征。知识服务创新过程具有双向互动性：一方面知识服务为客户带去新的外部知识，促进了企业技术与组织创新；另一方面知识服务自身的知识得到更新，也产生了绩效的增长。知识服务对企业和研究机构之间的知识学习、信息交流起着主要作用，它在技术和商业技巧本地化过程中充当知识转换者、问题解决者和知识生产者的角色。

基于以上对知识服务与价值共创的研究成果分析,本节认为现有文献存在以下两个问题:①知识服务机构提供什么知识才有利于创业企业的产品创新?②知识服务机构如何提供知识才有利于提升创业企业的创新绩效?它们像"黑箱"一样没有真正被打开,存在较大的研究缺口,而填补这一缺口正是创业企业从要素驱动转型为创新驱动的关键。因此,本节试图通过对"1+4"案例(1家知识服务机构+4家创业企业)进行探索性研究来寻求答案。

二、研究设计

(一)研究方法

我们对本土管理知识尚缺乏充分的归纳和总结,扎根理论研究法等归纳式案例研究方法是当前中国管理研究必要且适宜的研究工具。扎根理论方法的使命非常明确:经由质化方法来建立理论,扎根理论特别适合对微观的、以行动为导向的社会互动过程的研究。扎根理论是一种质化研究方法,其基本宗旨是在经验资料的基础上建立理论。与量化实证研究不同,研究者在进入田野调查之前并不提出理论假设,而是直接从调查资料中进行经验概括,提炼出反映社会现象的概念,进而发展范畴及范畴之间的关联,最终提升为理论。这是一种自下而上的归纳式研究方法,直接扎根于现实资料的理论便是其成果的体现。扎根理论一定要有经验证据的支持,但它的主要特点不是经验性,而在于它从经验资料中抽象出新的概念和观点,发现新的互动与组织的模式。

(二)案例选择

本节选择知行信和它服务的四家创业企业:湖南万通科技股份有限公司(以下简称万通科工)、湖南利洁生物集团股份有限公司(以下简称利洁生物)、湖南顶立科技有限公司(以下简称顶立科技)、湖南省明园蜂业有限公司(以下简称明园蜂业)作为案例。选择依据在于:①四家企业都到了技术升级的关键节点,领导者意识到产品创新管理的重要性与紧迫性;②四家企业都属于科技创新型企业,靠技术起家并赢得市场,而产品创新管理尚处于从不规范到规范的转型过程之中;③四家企业均借助知识服务导入研发管理方法进行新产品创新。

(三)资料收集

为提高案例研究的信度和效度,本节根据 Miles 和 Huberman(1994)所描述的三角测量法，利用多种数据来源和数据收集技术。对每一个样本，主要以实地观察和半结构化访谈方式收集一手数据：①现场观察法，我们到现场作为独立第三方，全方位冷静旁观转型过程，并随时做好观察记录。②一对一访谈法，提前预约调研对象，按照半结构化访谈提纲，一人访谈、一人记录并录音。课题组根据访谈录音，分别整理了详细的访谈记录。③田野调查法，我们参与了部分过程，如研讨会与分享会等。我们将录音在访谈完两天之内整理成文字，以避免时间太长，对访谈内容的理解和记忆出现偏差。此外，我们还搜集了大量二手数据，包括企业内部刊物、活动方案、会议记录、小结、总结、点评、教练日志等，对样本企业资料进行反复审查，以确保案例分析具有一致的结构和质量。

三、数据分析与研究发现

（一）单案例分析

扎根理论的主要思想体现在开放性译码、主轴性译码和选择性译码这三重译码过程中。

1. 开放性译码

开放性译码就是把搜集来的资料进行分解，针对资料里所反映的现象，不断比较其间的异同，进而为现象贴上标签，使之概念化与范畴化的过程。这个过程中，要不断提出问题，比较资料的异同，并根据逐步显现出的概念、范畴来进行理论采样，进一步搜集资料，再把新的资料与原有的资料、提炼的概念与范畴进一步比较，从而发展出主要的范畴。开放性译码遵循如下程序：原始资料→贴标签→概念化→范畴化，概念和范畴的命名有文献资料、访谈记录、研讨的结果等多重来源。根据开放性译码程序，我们借助 NVivo 软件对知行信为顶立科技提供知识服务案例进行开放性译码，如表 3-7 所示。第一步，贴标签，标记资料中与创业服务及价值共创相关的词句，并进行简化和初步提炼（译码前缀为"a"），建立了 52 个自由节点；第二步，概念化，将属于同一现象的自由节点归在同一树节点之下（译码前缀为"A"），并发展完整的概念定义这一树节点，获得了 37 个树节点；第三步，范畴化，把看似与同一现象有关的树节点聚拢成一类形成新的树节点（译码前缀为"AA"），新建 24 个树节点，原来的树节点变为二级树节点。经过这一过程，最终得到描述知行信与顶立科技之间知识服务的 52 个标签和 37 个概念及 24 个范畴。

表 3-7　顶立科技开放性译码举例

原始资料	贴标签	概念化	范畴化
知行信为顶立科技举行两天研讨会。通过集思广益，明确了要进入的主要产品领域，对产品线进行了初步规划，并列出了需要攻克的关键技术，对未来的战略方向和重点达成了共识	a1 明确产品领域	A1 产品线规划	AA1 明确新品创意方向
董事长组织研发与销售团队在全国范围内进行新产品的市场研究工作，了解客户需求、竞争者优劣势与市场潜力	a2 市场研究	A2 了解客户需求	AA2 了解目标顾客需求
知行信导入产品定义方法，帮助顶立科技将需求信息准确、完整地转化为产品功能定义	a3 产品定义	A3 新品开发顺序	AA3 确定新品开发顺序
……	……	……	……
作坊式生产，师父带徒弟，一个师父一台炉，从头做到尾，生产效率低；质量全凭师父手艺。新人难培养，产品难做精	a13 团队问题	A9 症状诊断	AA6 瓶颈识别
流程不规范，项目合作存在"部门墙"，流程不科学，项目评审出现"拍脑袋"的情况	a14 流程问题		
设计周期长、设计差错多，大量占用制造和采购时间，造成赶工与延期交货	a15 设计问题		
原因在于流程不规范，重复劳动多，设计平台化、标准化与模块化程度低	a16 分析原因	A10 症结分析	
生产、采购等部门认为新产品开发是研发部的事，其他部门只需适当配合即可。研发部认为了解客户需求是销售部的事，需求不清晰责任全在销售部。管理者认为新产品项目由老板说了算，大家按照老板要求做就行	a17 观念反思		
知行信讲解并提供了《创新流程规范化》，顶立科技召开了项目启动会，现场签订了流程规划的《实施方案任务书》	a18 流程讲解	A11 标准化与模块化设计	AA7 学以致用
在知行信的辅导下，公司建立了 Solidworks 无差错三维设计公共平台，实现零部件标准化设计、差错大幅减少	a19 设计改善		
将设备的功能和系统分解为模块，把复杂事情简单化，设立专业制造单元，生产效率与产品合格率得以大幅提高	a20 模块制造		

2. 主轴性译码

　　主轴性译码是为了发现和建立主要范畴间的各种联系，从而展现资料中各部分的有机关联。运用 Strauss 和 Corbin（1990）提出的范式模型，分析现象、条件、背景、行动/互动策略和结果之间所体现的逻辑关系。按照这个模型，研究者可以把主要范畴间的关系予以展现，于是，资料就又被组合到了一起。其中，条件是指某一现象发生的情境，行动/互动策略指针对该环境或情境所采取的管理、处理及执行的策略，结果则是指行动及互动的结果，而且某一行动/互动的结果，可能成为另一组行动/互动发生的条件。比如，开放性译码形成的明确新品创意方向、了解目标顾客需求、确定新品开发顺序等初始范畴,可以在这一范式模型下整合为一条逻辑"轴线":顶立科技在知行信的指导下,先明确新品创意方向,再了解目标顾客需求,后确定新产品开发顺序。因此,这几个范畴可以被重新整合纳入一个主范畴——"创新规划",并成为说明该主范畴的副范畴,而属于结果的降低新品创新风险、提高新品创意数量与质量等副范畴又成为其他范畴发生的条件。通过这个过程,最终将24个副范畴归纳到8个主范畴之中(表3-8)。

表3-8 顶立科技主轴性译码结果

主范畴	副范畴		
	条件	行动/互动策略	结果
创新规划	新产品开发方向和重点不明确,新产品开发路线图不明晰	明确创新的目标、方向和重点,指导日常技术和产品开发工作	降低新品创新风险
需求管理	降低新品创新风险	激发新品创意,为新品开发提供正确、完整的"输入"	提高新品创意数量与质量
团队建设	提高新品创意数量与质量	建立有效的跨职能创新团队	提高部门之间沟通和配合的效率与质量
流程规范	提高部门之间沟通和配合的效率与质量	提高工作效率和质量	提高新品投资回报率
价值共识	提高新产品投资回报率	严格执行产品创新管理方法	团队产品创新价值观达成共识
价值共享	团队产品创新价值观达成共识	使用创新方法开发新品项目	学以致用
价值共生	学以致用	验证创新方法,掌握创新方法	教学相长
价值共赢	教学相长	创业企业赢得绩效,咨询机构赢得口碑	创新绩效

3. 选择性译码

通过进一步将8个主范畴与已有理论进行对接和互动比较,可以发现创新规划、需求管理、团队建设与流程规范等反映的是知识服务的内容,因此本节将其归入知识服务这一范畴。同理,价值共识、价值共享、价值共生与价值共赢则可赋予价值共创的主范畴。基于此,我们可以得到如下故事线:知行信通过创新规划,帮助顶立科技明确创新的目标、方向和重点;通过需求管理,激发顶立科技尽可能多的新品创意,为新品开发提供正确、完整的"输入";通过团队建设,帮助顶立科技提高部门之间沟通和配合的效率与质量;通过流程规范,帮助顶立提高每个流程的工作效率和质量,降低项目风险,提升公司在新产品开发方面的投资回报率。据此,选择性译码得到的核心范畴可以表述为"创业服务机构通过价值共创的方式,提供'创新规划—需求管理—团队建设—流程规范'的研发管理知识,帮助创业企业实现创新绩效",再通过"条件—行动/互动策略—结果"的范式模型将其他范畴和这个核心范畴联系起来(图3-4)。

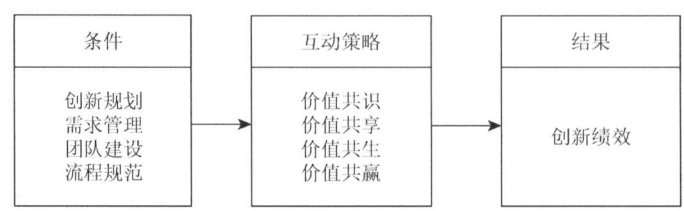

图3-4 核心范畴的范式模型(二)

(二)多案例分析

在完成了单案例分析的基础上,本节得到了描述知识服务通过价值共创实现创新转型的基本模式。由于还只是单案例分析,范畴还未能达到饱和状态,同时还存在普适性不足的问题,因此需要对其他案例进行分析。后续对三个成功案例分析的思路与顶立科技案例分析类似,即对案例资料进行开放性译码、主轴性译码与选择性译码,获得案例中蕴含的概念和范畴之间的关系,形成完整的故事线。这是一个不断比较分析的过程,已有概念和范畴会对后面的译码起到指导作用,而新发现的概念和范畴又有助于修正已有概念和范畴,从而使得归纳提炼出的概念和范畴及范畴之间的关系不断精准。本节分析第二个案例时,出现了一些新的范畴与面向;分析第三个案例时,只出现了一些新的面向,没有出现新的范畴;分析第四个案例时,既没有出现新面向也没有出现新范畴,这表明本节的编码已经达到较好的理论饱和度与效度,对多案例分析得到的新范畴与新面向如表3-9所示。

表3-9 对多案例分析得到的新范畴和新面向

案例	新范畴	新面向
明园蜂业	创新领导者	明园蜂业在活动初期积极性很高,也初见成效;但是在活动中期因为公司高层变动,多数资源投入到营销活动中,试点项目成员屡次变更,对于活动的投入欠缺,故效果欠佳
利洁生物	—	利洁生物非常善于举一反三,把学到的方法应用到生产运营系统,取得了较好的管理改善实效
万通科工	—	—

(三) 理论模型

1. 知识服务的内容

研究发现，知识服务的内容包括四个要素：一是创新规划，创业服务机构辅导企业从公司使命与愿景开始厘清创新规划是产品创新的起点，设立产品线规划的战略目标，从市场可行性、技术可行性、可制造性、可采购性、可测试性、可销售性及可服务性等多方面对新产品项目进行了系统、完整、深入的可行性研究，为公司提供了正确的项目决策评审信息；二是需求管理，创业服务机构辅导企业收集客户需求信息并对其进行整理、分类和排序，在新产品开发全过程了解客户需求，并及时将需求信息反馈到所开发产品中，创新活动都围绕创造客户价值进行，将研究开发的产品与市场结合起来；三是团队建设，创业服务机构辅导企业在市场研究过程中同时进行了产品经理的选拔与培养工作，在需求研究的基础上，指导企业组建跨职能的新产品开发团队，设置流程经理、项目经理和产品经理，通过活动的开展和深度参与，发现和挖掘出一些具有创新潜力的人才，让他们在产品经理和项目经理等各个岗位上发挥创新的模范带头作用，而领导更多地关注产品经理和项目经理等核心人才的培养；四是流程规范，创业服务机构辅导企业制定了新产品开发流程，确定了流程中的每个阶段的交付件，确定了新产品开发的立项评审、样机评审与上市评审。

2. 知识服务的过程

研究发现，知识服务的过程也就是价值共创的过程，包括四个要素：一是价值共识，创业服务机构通过"互动诊断"、案例说法与"考察交流"，帮助创业企业树立正确的创新价值观，改变过去把创新单纯理解为技术和产品的创新而没有研发管理创新匹配的局面；二是价值共享，创业服务机构通过集中培训提供研发管理的方法论，企业学以致用，在新产品创新项目管理之中运用方法论，创业服务机构在关键节点进行指点迷津，帮助企业厘清创新项目流程间衔接、信息流转及交付件、流程（子流程）的角色及责任人界定，企业高层亲自担任流程经理，有力地推动了新产品创新流程的顺利实施；三是价值共生，通过方法论的学习与实践应用，企业提高了驾驭技术和产品创新的能力，创业服务机构获得了研发创新服务的能力；四是价值共赢，随着创新管理能力的提高，案例企业取得了较好的创新绩效：万通科工在设计和调试上加快了 10 天，初样机设计比计划提前了 7 天，申报国家发明专利一项、实用新型专利两项；利洁生物项目整体实施进度延期由原来的 1.5 个月压缩至 1 周左右，外协进度及质量提升 20%，产品入库合格检验率由原来的 70%提高至 92%以上；顶立科技设计周期从 30 天缩短到 10 天，设计差错率由 12%减少到 1%，制造返工量大幅减少，交货周期从 180 天缩短到 70 天；只有明园蜂业因领导人的变更，产品创新项目未能坚持完成，这也从反面证明了创新领导者对知识服务转化为创新绩效的重要性；与此同时，创业服务机构也获得了用户口碑，相继与数家企业续签了进一步建立创新体系的服务合同。

3. 知识服务的理论模型

通过将单案例分析与多案例分析对比，我们对之前挖掘出来的范畴与面向有了更加明确的认识。为了使研究结果更具一般性，我们对这些范畴及面向进一步整合，并对范畴命名予以修正，最后得到九个主范畴。因此，我们对主范畴内含的逻辑关系更加清晰，得出"知识服务—价值共创—创新绩效"的理论模型（图 3-5）。

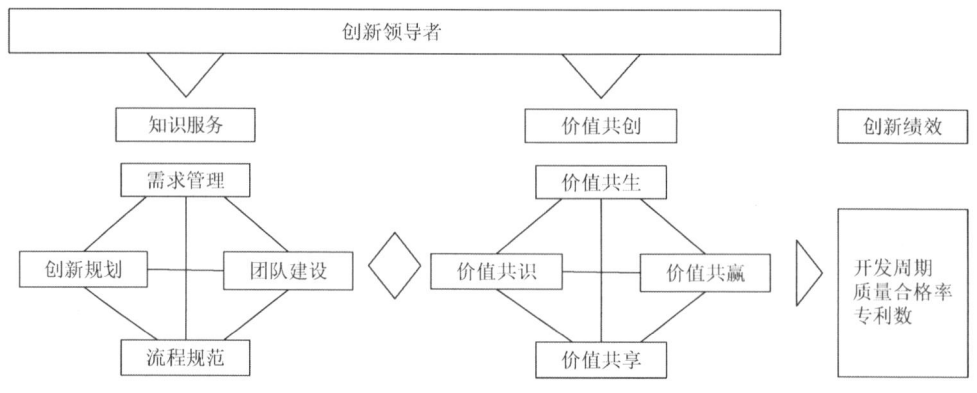

图 3-5 "知识服务—价值共创—创新绩效"的理论模型

创新领导者的强烈意愿与深度参与是知识服务转化为创新绩效的基础；知识服务的内容包括创新规划、需求管理、团队建设与流程规范四个要素，它们之间相互联系、相辅相成。

价值共创的过程包括价值共识、价值共享、价值共生与价值共赢四个阶段，它们构成价值共创的四个要素并通过共同作用将知识服务转化为创新绩效。

四、结论与讨论

如何将知识服务转化为创新绩效，现有文献对这一重要问题尚缺乏有力解释。本节从价值共创视角，整合知识服务与研发创新的主要观点，采用多案例研究方法，对知识服务的内容、价值共创的过程与创新绩效的结果进行了系统分析与归纳。我们选择一家知识服务机构与四家创业企业之间互动案例作为研究对象，运用扎根理论进行数据编码分析，发掘了创新规划、需求管理、团队建设与流程规范四个范畴构成知识服务的内容，归纳了价值共识、价值共享、价值共生与价值共赢四个范畴构成价值共创的过程（也可称之为"知识服务的过程"），多案例分析补充了创新领导者范畴及其与各范畴之间的逻辑关系，由此构建了"知识服务—价值共创—创新绩效"的理论模型。我们发现，当创业企业面临技术升级与产品创新的挑战时，借助知识服务机构提供的结构化创新知识，通过双方价值共创的过程，有利于将外部知识转化为创新绩效。

本节的理论贡献在于：一是传统的产品创新理论强调技术本身的创新，本节发现创新规划、需求管理、团队建设与流程规范等创新管理对创新绩效的影响非常大；二是现有的价值共创过程模型重视了体验、互动与资源整合的价值创造过程，却忽视了正确的价值共识与价值共享机制的设计，导致双方价值共创的观念不一致与价值共创动力不足。本节的实践贡献在于：一是知识服务机构不仅要拥有经由最佳实践总结出来的创新方法论，而且要掌握将创新方法论转化为创业企业的创新能力与创新绩效的教练技术；二是创业企业要善于将外部知识学习与内部产品创新融为一体，实现将知识转化为绩效目标。

当然，本节虽然采用了规范的多案例研究方法，但仍缺乏跨空间和跨时间的比较研究，难以提出更具普适性的理论模型，还需要跨时空的案例研究加以检验和完善，从而使研究结论更具说服力。未来的研究方向可以转向跨空间和跨时间以拓展研究的深度和广度。

第四章 创业服务平台价值共创路径

第一节 创业平台、创业者与消费者价值共创的实现路径

"双创"为创业活动提供了政策保障，但目前很多传统孵化器生存主要依赖于政府支持，存在运行效率低、服务缺乏专业性等问题，不具备内生可持续发展能力。资源是企业投入和利用无形及有形资源的总和，是企业创建和成长的基础。然而，创业者在创业过程中常常面临"资源约束"的困境，仅利用自身有限资源难以获得竞争优势。在创业过程中，创业者通过资源拼凑与资源编排为创业成功提供了有力保障，创业者借助外部资源提高了创业成功的可能性，孵化器一直被认为能为创业者提供直接或间接的资源供给，为创业者获得丰富资源提供畅通渠道。现有文献一方面肯定孵化器提供的资源对创业成功的积极影响；另一方面认为孵化器提供的资源对创业者的成功影响甚微。形成这一悖论的根本原因在于这些文献所研究的孵化器未能有效连接创业者与消费者，从而没有形成三者之间的高效互动与资源整合。事实上，创业者、孵化器与消费者之间的互动是一个资源整合过程，异质互动模式和效率直接影响资源整合的效果。

创业平台的出现为创业孵化效率的提高提供了可能，不同于以政府为主导的传统孵化器，创业平台是以企业为主导、通过互联网平台连接创业者与消费者的新型创业孵化组织。北京小米科技有限责任公司（以下简称小米）于 2013 年底组建生态链团队负责创业孵化，利用"投资＋孵化"的形式，至 2017 年已经成功完成了 89 家企业的孵化，孵化成绩突出。相较传统孵化器，为何创业平台孵化效率明显？创业平台孵化过程是否可以重新理解为价值共创过程，创业平台、创业者与消费者如何有效互动以实现价值共创？学者针对价值共创、平台与孵化器有很多颇具价值的理论成果，但研究割裂了彼此之间的有机联系。当前针对孵化器的研究仅仅围绕以创业者和孵化器为主体的互动，忽视了消费者这一重要主体的参与；价值共创理论虽然提出了主体从消费者与企业双元到多元的转变，但缺乏对创业平台、创业者与消费者三方如何互动以共创价值的研究。在实践中，小米通过平台促进创业者与消费者互动实现价值共创的成功实践为本书提供了鲜活的案例素材。基于上述思考，本节选取小米作为研究对象，运用扎根理论研究方法进行探索性案例研究，试图探究创业平台、创业者与消费者之间的价值共创过程。

一、文献回顾

（一）创业平台

平台由平台企业、互补品提供者及消费者共同遵守的规则组成，平台为促进两方或多方产品、服务、科技的交易提供了联结点。平台企业联结多群体时直接导致多边市场的形成，多边市场往往会激发网络效应。网络效应包括直接网络效应与间接网络效应，直接网络效应指的是平台对使用者的效用取决于平台使用者数量，而间接网络效应表明平台对于使用群的效用和另一个使用群的消费者数量相关。平台资源的快速配置来自开放式整合平台，平台中的群体互动将促进多主体共赢。目前学术界暂未对创业平台有清晰的定义，但对创业和平台的研究已相对成熟。狭义的创业指"从零开始创建新的企业"，广义的创业认为创业也可以在组织内部进行。本节将创业平台定义为具有平台属性特征的新型开放创业组织，它既不属于外部创业也不属于内部创业，是多方进行互动和资源整合的中心。

（二）孵化器

美国国家企业孵化器协会将孵化器定义为给创业者提供商业规划、咨询、财务支持和设备的组织。孵化器是能提供初创企业运营的基础设施及各类增值服务的创业服务机构，其目的是提高中小型科技企业的成活率。孵化器能给创业者提供一系列服务和资源，如物质设施、商业服务、专业知识综合支持网络，除此之外，孵化器可在孵化过程中帮助创业主体加强网络关系。虽然孵化器为创业者提供了众多服务，但创业者需要克服障碍时，极少孵化器能够提供恰当的帮助，同时，创业者并不认为孵化器提供的培训、训练、社交是非常重要资源，创业者在孵化器提供的各种组织训练和培训项目中参与感极低。孵化器中的互动包括孵化器与创业者的互动和创业者间的互动，孵化器在与孵化企业互动过程中能进行有效监控及传递资源，促进创业成功，创业者间的互动能促进信息和资源共享。互动为被孵企业带来了资源供给，但异质化的互动模式和效率对资源转化有不同的影响。资源整合是网络资源转化为绩效的重要行为，初创企业有效组合、配置和利用资源有利于实现价值创造。基于互联网的发展，虚拟孵化器的出现克服了传统孵化器时间、空间等方面的限制，孵化能力突出。

（三）研究评述

上述文献分别对价值共创、平台与创业平台、孵化器进行了相关研究，为我们提供了有益的研究基础与借鉴。然而，当前研究割裂了彼此之间的有机联系。可喜的是，目前已有部分文献对以上话题进行研究融合。价值共创、平台及孵化器的主体共同具有生态系统进化趋势，Lusch 等表示价值共创参与者正在由双主体向生态系统复杂主体转化，其主体应包含其他一切利益相关者而不只是企业和消费者；成百上千的企业加入平台是平台生态系统进化的原因，而生态系统演化遵循"产品—平台—生态系统"的发展路径。戴小园基于生态学和生态系统理论，结合科技孵化器孵化网络知识，构建了科技孵化器生态系统模型。当前对价值共创及孵化过程研究强调了互动和资源整合，价值共创中互动是资源整合必不可少的前提条件，创业者和孵化器之间的互动合作是资源整合过程。即便如此，现有文献尚未针对创业平台、创业者与消费者之间的互动与资源整合过程进行深入研究。为此，本节以小米为研究对象，运用扎根理论方法，试图探究创业平台、创业者与消费者之间的价值共创过程。

二、研究设计

（一）方法选择

创业平台价值共创有机整合的相关理论成果非常缺乏，尚不能有效解释实践中出现的新型创业活动。Eisenhardt 提出，当现有理论无法对现象进行合理解释的时候，使用扎根理论的研究方法是极佳选择。因此，本节运用扎根理论方法进行归纳式探索，试图解释实践中的新型创业活动现象。虽然扎根理论的精髓在于放下预设避免先入为主的影响，从现象客观地提升到理论，但是扎根理论并不排斥文献研究，关键是在进入研究情境时，研究者必须放下成见，带着"无知"的心灵进行深入观察和研究实践，从实践中提出和构建理论。本节将按照贾旭东归纳的扎根研究范式即"问题涌现—数据收集—数据处理—理论初构"四个阶段进行理论框架搭建。

（二）案例选取

基于案例对象选择的典型性原则，本节选取小米为研究对象。小米的典型特征和研究问题十分契合，小米是国内较早利用孵化形式支持创业者创业的组织，又是创业孵化卓有成效的引领者，研究小米、创业者与消费者的互动能够比较全面地体现三者价值共创全过程。小米成立于 2010 年 4 月，是一家专注于智能硬件和电子产品研发的移动互联网公司。小米在发展前期借助互联网风口取得了丰硕成果，为了不错过物联网机遇，小米于 2013 年底成立小米生态链部门，利用

"投资+孵化"的形式布局物联网,帮助创业者创办企业。小米生态链是小米投资孵化的一批创业企业的总称,其生产的产品对外品牌为"MIJIA",中文名为"米家"。截至2017年3月,小米创业孵化企业达到77家,其发展历程及关键事件如图4-1所示。

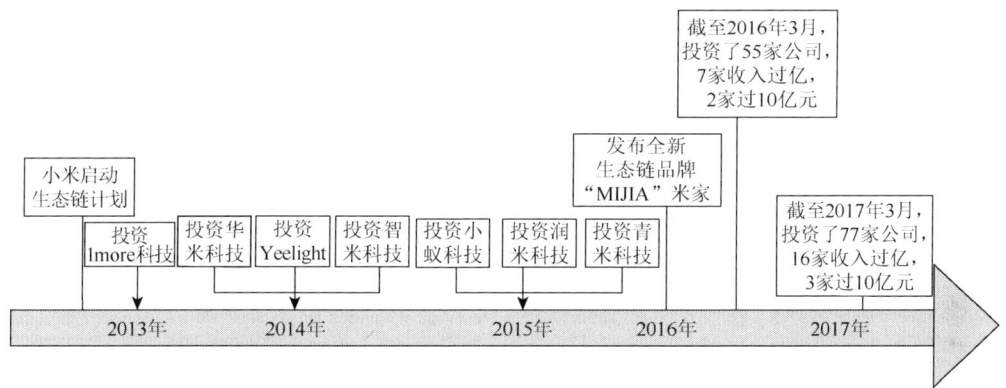

图4-1 小米生态链发展历程及关键事件

1more科技为万魔声学股份有限公司,以下简称1more科技;华米科技为华米(北京)信息科技有限公司,以下简称华米科技;Yeelight为青岛亿联客信息技术有限公司,以下简称Yeelight;智米科技为北京智米科技有限公司,以下简称智米科技;小蚁科技为上海小蚁科技有限公司,以下简称小蚁科技;润米科技为上海润米科技有限公司,以下简称润米科技;青米科技为青米(北京)科技有限公司,以下简称青米科技

(三)数据收集

本节的数据收集阶段包括前期资料收集和后期访谈阶段,总体调研阶段为2014年6月至2017年12月。课题组前期二手资料的收集包括以下几个途径:①小米及小米生态链官网;②小米及小米生态链的社交平台,如贴吧社区、微博、论坛等;③小米及相关负责人在公开场合接受的采访及演讲等;④小米的公开出版物,如《小米生态链战地笔记》《参与感:小米口碑营销内部手册》等;⑤中国知网、维普、万方等全文数据库,有关小米创业平台的论文或评论等。二手数据的获得是制定半结构化访谈的基础,课题组在根据二手数据制定完成结构化访谈提纲后,于2017年8月对小米进行了实地调研。收集的一手资料包括:①小米及部分创业者高管和项目负责人的访谈记录;②小米及其创业平台员工的访谈记录;③小米消费者的访谈记录;④小米提供的内部非公开资料,如小米生态链闭门会的内部刊物《饭米粒》等。为提高案例研究的信度和效度,本节严格遵循 Miles 和 Huberman(1994)的三角测量法,利用多种数据来源和数据收集技术来搜集样本资料。课题组成员对所有的一手和二手资料

进行了分解和归类,将所有涉及研究问题的资料提炼出来,论证理论研究部分所提出的问题。

三、案例分析

(一)开放性译码

开放性译码是将原始资料通过反复对比、归纳和整合从而概念化和范畴化的过程。其中,概念化指的是将资料进行初步归纳和整理分类,而范畴化指的是将相似概念归集为同一类别。本节的原始资料主要来自小米对外权威资料及内部资料,作者将资料中与价值共创相关的词句严格依照开放性编码的流程进行编码,即遵循原始资料→贴标签→概念化→范畴化的流程,研究中的标签、概念和范畴的命名均来自文献资料、访谈记录等。第一步,贴标签,对收集到的原始资料进行初步处理,用(aX)标注,共建立了64个节点。第二步,概念化,将已初步提炼的标签进行归类、抽象,将其概念化,用(AX)标注,共建立了40个节点。第三步,范畴化,对得到的概念进一步地提炼和归类,逐一范畴化,用(AAX)标注。经过对原始资料的反复处理和分析,得到了64个标签和40个概念及15个范畴。本节借助NVivo软件对小米进行了开放性译码,译码及其典型证据如表4-1所示。

表4-1 小米开放性译码举例

原始资料	贴标签	概念化	范畴化
小米总裁雷军一直对外强调小米价值观,吸引了相同价值观的创业者和消费者	a1 价值观吸引	A5 交流	AA1 互动
与其他投资人只关注财务数字不同,小米关注产品本身,小米对产品的关注给予了创业者高度的安全感和信心	a2 方法论复制		
小米的使命是"让全球每个人都能享受科技带来的美好生活",为民众提供低价质优的科技产品,这与人民日益增长的美好生活需要一致	a3 使命愿景一致		
小米的高信誉为创业者提供了供应链背书,最大程度降低了产品的开发成本	a8 供应链资源提供	A6 交换	
小米对创业者中符合小米品牌要求、通过小米公司内测的产品,开放"米家"和"小米"两种品牌	a9 品牌资源开放		
小米对创业者开放了四大销售渠道,包括PC端的小米网、手机App(application,应用程序)上的小米商城、米家商城和线下店面小米之家	a10 渠道资源连接		
产品由生态孵化部门进行设计、定义,小米负责供应链,创业者专注产品研发,消费者提供使用反馈	a16 新产品开发	A7 交互	

续表

原始资料	贴标签	概念化	范畴化
创业者的产品开发完成后在小米进行线上和线下推广，消费者也自发加入了产品营销的队伍	a17 品牌营销	A7 交互	AA1 互动
小米表示，占股而不控股的方式能够充分调动创业者积极性，保持团队生猛	a18 机制设计		
生态孵化企业新品的陆续研发完成，为小米制造市场热点，使小米整体保持了高速增长；为消费者提供了物美价廉的智能产品，满足了消费者需要	a26 利益共同体	A8 交融	
创业者参与到小米的战略布局，帮助小米进入了新领域；小米又通过开放资源平台，帮助了创业者迅速成长	a27 事业共同体		
我们本身对创业者持开放态度，因为无论是做成功的小米品牌产品抑或是做大独立品牌，小米都是受益者	a28 命运共同体		
平台资源的提供可破解初创企业资源匮乏的难题	a32 平台资源识别	A11 资源识别	AA6 资源整合
小米意识到自身可借助"投资+孵化"方式获得优秀创业者资源，创业者参与能助力小米以最快的速度布局物联网市场	a33 创业者资源识别		
小米与创业者明确了合作过程中消费者资源的重要性，像小米手机取得的成功一样，消费者全程参与产品价值创造	a34 消费者资源识别		
畅通的渠道为消费者资源获取提供了可能，消费者资源的获取主要通过互联网连接	a40 资源线上获取	A12 资源获取	
创业者所需的资源将通过小米生态管理团队指定部门连接	a41 资源线下获取		
供应链团队负责 89 家创业企业材料集中采购，获得了供应商资源的最低价格，提高产品利润；国际分销团队负责掌握不同国家法律、消费特征帮该统一扩展国际市场，提高销售效率	a45 现有资源使用	A13 资源利用	
除了已有资源，小米搭建新资源库，如 2016 年米筹上线，小米与新希望集团有限公司合作成立的银行解决了创业者资金短缺问题	a46 新建资源应用		
生态孵化的产品吸引了众多其他品牌手机的消费者，消费者扩充了小米手机潜在客户群体	a52 资源反哺	A14 资源转化	
生态孵化的创业者之间的资源有效激活，实现协同互助	a53 资源激活		

（二）主轴性译码

主轴性译码是通过"条件/原因→行动/互动策略→结果"三个维度反复对比资料识别范畴之间逻辑关系的过程。根据模型，研究者将主要范畴间的关系依照逻辑予以展现，资料在不断对比中又糅合到了一起。条件/原因是指某一现象发生的情境，行动/互动策略指针对该环境或情境所采取的管理/处理及执行的策略，结果则是指行动及互动的结果，而且某一行动/互动的结果，可能成为另一组行动/互动发生的一些逻辑条件。在循环比对案例资料的基础上，本书识别出了范畴之间的逻辑关系，归纳提炼出了反映逻辑关系的四个新范畴，即价值共识、价值共享、价值共生、价值共赢。新范畴是概括程度和抽象层次更高的范畴，称为主范畴；以前的多个范畴起到逻辑支持作用，称为支持范畴或副范畴，副范畴是主范畴的结果也是下一范畴发生的条件，如价值共识的副范畴资源识别是结果又是下一主范畴价值共享的条件，其具体主轴性译码过程及其结果如表4-2所示。

表 4-2 主轴性译码过程及其结果

主范畴	条件/原因	行动/互动策略	结果
价值共识	战略需要	交流（价值观、方法论、使命愿景）	资源识别
价值共享	资源识别	交换（供应链资源提供、品牌资源开发、渠道资源连接）	资源获取
价值共生	资源获取	交互（新产品开发、品牌营销、机制设计）	资源利用
价值共赢	资源利用	交融（利益共同体、事业共同体、命运共同体）	资源转化

（三）选择性译码

选择性译码的主要目的在于找出核心范畴，核心范畴能够将其他范畴系统地联系起来，形成以此为中心的相互支持的逻辑关系，其逻辑关系（也称为故事线）可以解释整个研究的内涵，即形成了扎根理论。通过深入将四个主范畴与现有理论的对比，可以将交流和资源识别归入价值共识主范畴，将交换和资源获取赋予价值共享的主范畴，将交互和资源利用给予价值共生的主范畴，将交融和资源转换授予价值共赢的主范畴，价值共识、价值共享、价值共生和价值共赢可赋予价值共创的核心范畴。基于此，我们得到如下故事线：小米与创业者及消费者之间，通过交流完成了资源识别，实现了价值共识；通过交换完成了资源获取，实现了价值共享；利用交互完成了资源利用，实现了价值共生；经过交融完成了资源转化，实现了价值共赢。据此，选择性译码得到的核心范畴可以表述为"价值共创经过'价值共识—价值共享—价值共生—价值共赢'的四阶段过程"（图4-2）。

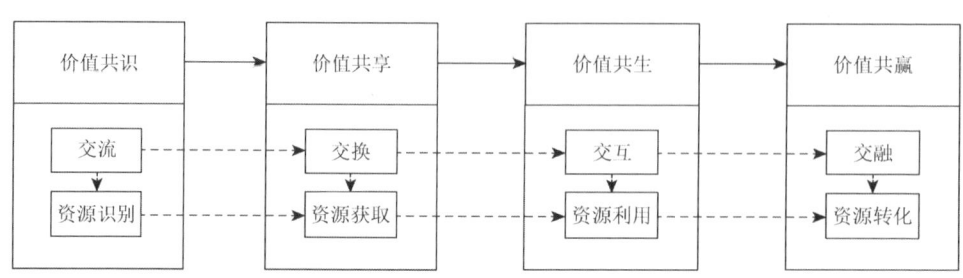

图 4-2 小米核心范畴的范式模型

四、研究发现

（一）价值共创过程

1. 价值共识

交流是互动的第一阶段，指的是基于自身持有的价值观、方法论、使命愿景，多方进行信息沟通的过程。具体包括：①价值观吸引。小米总裁雷军一直对外强调其价值观，即真诚和热爱。小米价值观吸引了价值观一致的创业者，1more科技总裁谢冠宏表示："我们一直赞同雷总强调的小米价值观，我们一定会坚持高品质、低毛利的要求，用最少关节和最高效率，提供给消费者买得起的高品质产品。"同时，在小米布局生态链之前，前期小米手机的热销已经积累了大量与小米价值观一致的小米品牌粉丝即"米粉"，他们大多是17～35岁的理工男，活跃用户达1.8亿～2亿人。②方法论复制。通过交流，创业者感受到了小米与其他创业平台的显著差异，小米不只是资金的提供方，更是优质产品的价值共创者。Yeelight创始人姜兆宁提到："与其他投资人谈钱、谈估值、谈股份不同的是，小米关注的是产品本身，小米对产品技术、功能、数据、趋势更感兴趣。"创业者和小米方法论达成一致是高效利用小米资源的前提，也是合作达成的必要条件。③使命愿景一致。小米的使命是"让全球每个人都能享受科技带来的美好生活"，以亲民的价格为普通民众提供足够优秀的科技产品，这与人民日益增长的美好生活需要高度一致。雷军在2017年企业年会上表示，从诞生之日起小米就怀有成为伟大公司的梦想，相比追求利润，小米选择追求产品体验；相比渠道层层加价，小米选择靠真材实料、定价厚道赢得人心。

资源识别是指根据自身资源禀赋，对企业创业所需资源进行分析、确认，并最终确定企业所需资源的过程。资源识别过程是资源整合过程的起点，关系到资源整合的成败。具体包括：①平台资源识别。创业者在初期常常面临着资源缺乏的困境。例如，Yeelight由于生产规模小，产品质量难以保证；由于缺乏硬件经验，品控问题频出；团队成员是技术出身，企业管理能力缺乏，硬件创业之路异常艰难，而小米资源的提供可破解初创企业资源匮乏的难题。②创业者资源识别。小米识别了创业者所需的创业资源，小米意识到自身可借助"投资＋孵化"的方式获得优秀创业者资源，创业者参与能助力小米以最快的速度布局物联网市场。③消费者资源识别。消费者的参与是前期小米手机口碑与销量实现的保证，以此为基础，小米与创业者明确了合作过程中消费者资源的重要性，包括消费者资源中的人力资源、关系资源、经济资源和心理资源等。

2. 价值共享

交换是互动的第二阶段，指的是基于自身拥有的资源，主体间利用各种方式进行资源互换的过程。具体包括：①供应链资源提供。小米在前期手机开发阶段成功打通了产品供应链，在生态链公司研发产品过程中，小米发挥自身产业整合的能力，以小米的高信誉为生态链公司提供了供应链背书，最大程度降低了产品的开发成本。②品牌资源开放。小米对创业者中符合小米品牌要求，通过内测的产品，开放了"米家"和"小米"两种品牌。其中，对以智能家居、消费类硬件为主和以做"生活中的艺术品"为方向的产品开放"米家"品牌；对科技类、极客类相关的产品开放"小米"品牌。③渠道资源连接。小米对生态链中获准使用"米家"和"小米"品牌的产品，开放了四大渠道，包括PC端的小米网、手机App上的小米商城、米家商城和线下店面小米之家。在顶尖的电商平台之中，小米电商在全球排名前十，小米电商拥有品类少、销售额却极高的自品牌产品，其产品的消费者关注度远远高于其他电商平台，小米为生态链平台提供了高流量、高关注度的销售渠道。

资源获取是指在确认并识别资源的基础上，利用其他资源或途径得到所需资源并使之为创业者服务的过程。资源是新企业创建、成长和扩张的基础，新企业最终实现价值创造的必要条件就是占有和获得关键资源。具体包括：①资源线上获取。畅通的渠道为消费者的资源获取提供了可能，消费者资源的获取主要通过互联网连接，如创业者华米科技，开通了华米官方微博、小米社区华米分区、小米手环贴吧等渠道，小米及创业者获得了消费者资源中的人力资源、关系资源、经济资源和心理资源等。②资源线下获取。创业者所需的资源将通过小米指定部门连接，创业平台由超过200人组成，包括ID设计、集中采购、品质控制、智能家庭等支撑部门和投资角色组成，分别负责不同类型资源需求沟通工作。

3. 价值共生

交互是互动的第三阶段，指的是在资源交换完成后，参与对象进行的高强度、高频率的价值创造过程。具体包括：①新产品开发。新产品开发的过程是新产品项目从概念到实现市场销售的过程，包括产品的构思、设计、测试、投产等环节。新产品由小米、创业者与消费者进行交互式共同开发。以Yeelight产品为例，小米设计总监李宁宁负责产品设计，小米产品规划总监孙鹏帮助定义产品，小米为Yeelight打通供应链，Yeelight团队则专注于产品研发，消费者通过小米新品公测平台——酷玩帮负责参与公测、使用、评测、反馈等，完善即将投放市场的小米产品。②品牌营销。产品开发完成后，产品在小米发布会进行线下推广传播，并同步在小米各大销售门户网站、App 进行线上销售。同时，由于高性价比的小米"米家"产品在消费者中建立了良好口碑，消费者自发加入了产品营销的队伍，向身边的人推荐小米"米家"产品，免费为小米生态链做广告和推广。③机制设计。有效的机制是持续性价值创造的前提，而机制设计体现在小米对创业者的投资机制和消费者的互动机制两方面。一方面，小米和创业者的关系要求是始终占股不控股，由创业团队把控公司的主要方向，充分调动了创业者积极性，保持团队生猛；另一方面，小米重视消费者互动机制，消费者通过互联网发布的产品完善建议能够被合理采纳。

资源利用指的是利用所获取的并经过匹配的资源，在市场上形成一定的能力，通过发挥资源与能力的作用生产出产品或提供服务为客户创造价值的过程。具体包括：①现有资源使用。小米构建资源平台，使创业者充分利用现有资源，如小米供应链团队负责 89 家创业企业材料的集中采购，帮助创业者获得供应商资源的最低价格，提高产品利润；国际分销团队负责掌握不同国家法律、消费特征，帮助创业者统一扩展国际市场，提高销售效率。②新建资源应用。除了已有资源，小米搭建新资源库，如 2016 年米筹上线，小米与新希望集团有限公司成立的银行开始运行，解决了创业者资金短缺的问题；在小米众筹 App 开放"米家"产品众筹界面，帮助创业者预测产品前景，提供消费者反馈信息。

4. 价值共赢

交融是互动的最后阶段，指的是各主体实现交汇融合的过程，在此阶段主体间互为利益共同体、事业共同体和命运共同体。具体包括：①利益共同体。小米和小米生态链实现了利益共赢，创业者新品的陆续研发完成，使小米整体保持了高速增长。比如，小米"米家"产品销售额在 2015 年实现了同比 2.2 倍的增长，为小米贡献了巨额收入。企业与消费者实现了利益共赢，小米生态链和小米为消费者提供了物美价廉的智能产品，让消费者感受到了智能家居给生活带来的便利。②事业共同体。由于抢占市场和生存的需要，小米和创业者互为事业共同体。创业者参与小米的战略布局，帮助小米进入了新领域。小米又通过开放资源平台，帮助了创业者迅速成长。同时，优质的产品吸引"米粉"成为专业的小米产品推销员，他们以售卖小米产品和传播价值观为事业，是"小米军团"的隐形销售队伍，与公司同为事业共同体。③命运共同体。小米和创业者互为命运共同体。部分创业者后期发布了自有品牌，如 1more 推出了旗舰三单元圈铁耳机、华米科技针对高端市场推出了 Amazfit 手环、江苏紫米电子技术有限公司（以下简称紫米）推出了自有品牌的移动电源等。小米赞同创业者的尝试和扩张，小米负责人刘德表示："我们对创业者持开放态度，因为无论是做成功的小米品牌产品抑或是做大独立品牌，小米都是受益者。"同时，消费者参与了整个产品研发和使用阶段，有充足的参与感和归属感，他们不再是被动接受者而是创业者的伙伴、朋友，情感共鸣使消费者成为企业命运共同体。

资源转化指的是在资源充分利用基础上，主体之间资源相互转化实现协同的过程。具体包括：①资源激活。创业者之间的资源得到有效激活，如 Yeelight 智能灯泡的升级借助于华米科技的手环智能系统；纳恩博（北京）科技有限公司等其他生态链兄弟公司的电池业务来自紫米的支持；深圳绿米联创科技有限公司的智能家居控制器增加了 Yeelight 遥控开灯按钮等，创业者资源得到激活并实现协同转化。②资源反哺。创业者为小米聚集了客户资源和品牌热度。2015 年统计结果显示，"米家"产品使用者中只有 1/3 是小米手机消费者，"米家"产品的成功吸引了其他品牌手机消费者，同时，"米家"产品的消费者帮助小米消费者群完成了升级过程；"米家"产品的成功研发使小米整体上保持了高速增长，制造了市场热点，保持了小米的品牌热度。

（二）价值共创的过程模型

本节通过对小米的案例研究发现，创业平台、创业者和消费者之间存在一个"价值共识—价值共享—价值共生—价值共赢"的价值共创四阶段过程模型（图 4-3）：首先，通过交流，创业平台、创业者和消费者识别了彼此的资源，实现了价值共识；其次，通过交换，三者成功获取对方资源，达成了价值共享；再次，通过反复性的交互过程，各自资源实现了有效利用，完成了价值共生；最后，创业平台、创业者和消费者实现交融，资源得到了激活转化，实现了价值

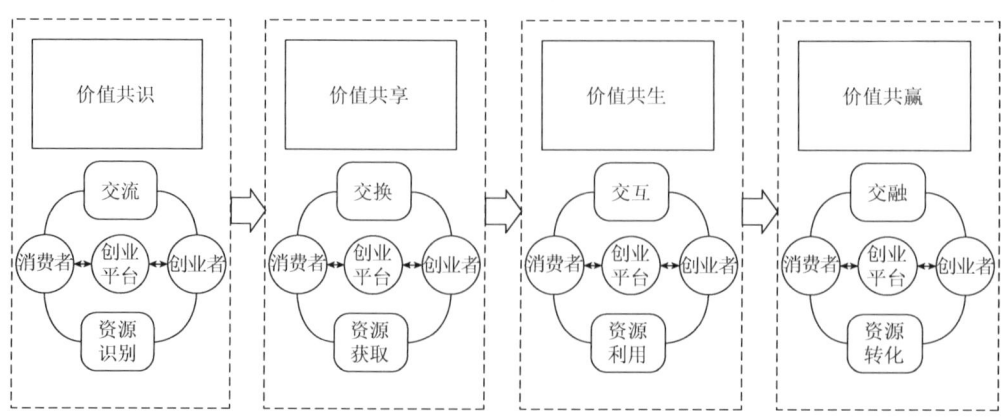

图 4-3 创业平台、创业者与消费者价值共创四阶段过程模型

共赢。相对于 Aarikka-Stenroos 和 Jaakkola（2012）根据西方实践描述的价值共创框架，此模型是基于中国文化背景、互联网环境与创业孵化情境得出的结论，更能解释创业平台、创业者与消费者之间的价值共创过程。同时，相比于 Gummesson 和 Mele（2010）提出价值共创过程由互动和资源整合两阶段组成，此模型更明确和具体，不仅解释了价值共创的"价值共识—价值共享—价值共生—价值共赢"四个阶段，还对每个阶段价值共创中的互动和资源整合的内容与形式进行了细化。

五、结论与讨论

创业平台、创业者和消费者之间如何进行价值共创？现有文献对这一疑问尚缺乏有力解释。本节采用单案例探索性研究方法，对价值共创的具体过程进行了系统分析和归纳。研究选择了小米、创业者和消费者之间的互动案例作为研究对象，运用扎根理论进行数据编码分析，识别了互动过程即交流、交换、交互与交融四个阶段，资源整合阶段分为资源识别、资源获取、资源利用与资源转化四个步骤，并将互动和资源整合过程分别对应为价值共识、价值共享、价值共生与价值共赢的行动和结果，由此构建了价值共创的过程模型。

本节的理论贡献在于：首先，现有文献对价值共创过程中的创业平台、创业者与消费者多主体互动过程模型鲜有研究，关于孵化主体的互动研究也仅局限于创业者和孵化主体。本节将消费者考虑到创业互动过程中，用价值共创视角对三者创业绩效的实现过程予以说明。其次，对价值共创过程进行了阶段划分及修正，回应了价值共创过程中的互动和资源整合阶段，并分别将互动和资源整合进行了阶段细分。本节的实践贡献在于：首先，创业绩效的实现离不开创业平台、创业者和消费者的全程参与，创业平台作为平台搭建者，必须履行连接创业者和消费者的义务，实现三者的畅通连接。其次，创业者在创业过程中只有主动加强与创业平台和消费者的联系，才能有效利用平台资源，实现创业绩效。

本节是基于单案例的探索性分析，结论存在一定的局限性，未来可通过多案例研究加以检验和完善，以增加逻辑复制与差异化复制的可能性。同时，本节只研究了多主体价值共创的过程，未对多主体价值共创的前因变量及中介变量进行探究，后续可进一步对其机制进行探究。

第二节 电商服务平台生态价值共创路径

传统环境下创业孵化器利用外部网络为创业者获取潜在客户、供应商、合作伙伴和投资者,由于缺少互联网平台支持,难以提供有效的创业服务。互联网颠覆了以往的商业模式,电商平台为供需双方提供了价值创造与价值传递的场所。平台模式的基本特征是双边市场和网络效应。平台通过聚集机制和匹配机制实现交易价值,平台领导制定策略引导双边市场资源聚集,规范市场秩序。电子商务的兴起促进了电子商务创业发展,网络服务能力成为影响创业绩效高低的主要因素。

我国把"双创"作为国家战略,提出要借鉴新型创业服务模式,构建创业生态系统。创业生态系统概念最初基于创业教育提出,是指通过个人、企业和社会有效组合来优化创业环境。然而,现有文献主要关注了创业型大学或区域如何构建创业生态系统等,对于互联网环境下以电商平台为主导的创业生态系统演化过程研究较少。因此,对互联网环境下的创业生态系统构建研究很有必要。生态系统的构成是不同要素为了实现共赢,互相补充、共同合作实现资源合理分配和共享的过程,通过共同创造价值来维护生态系统的发展,要素不再是独立存在,而是相互依存。同时,生态系统并不是几个主体简单组合,而是通过复杂方式相互作用,不同主体间相互作用的结果是共同创造价值的结果。互联网时代在电子商务平台上已经涌现出大批创业者,其面临的创业环境与传统市场环境差异较大,对满足创业需求的创业服务也有所不同。那么,互联网环境下的创业生态系统如何构建?有哪些参与主体?基于互联网平台的商业模式,不同主体之间如何相互作用成为统一整体?因此,基于电子商务平台企业和创业企业的案例研究,本节试图从价值共创视角探索电子商务环境下服务生态系统的演化过程。

一、文献回顾

(一)创业生态系统

Aldrich(1990)最早开始从生态学视角分析创业行为。Tan 和 Peng(2003)、Carrol 和 Khessina(2005)研究了不同组织和社会人群对创业过程的影响。2000 年,美国加利福尼亚大学成立 QB3(The UC Santa Cruz Home of the California Institute for Quantitative Biosciences,加州大学圣克鲁斯分校加州生物科学研究所)孵化器,通过大学实验室降低创新产业化风险,并为大学与商业机构构建资本桥梁,由创业导师帮助学生完成创业计划,最终构建起依托大学进行研究并获得政府资助、科技型初创企业把这些技术实现产业化和商业化的一整套创业生态系统。2005 年,安吉拉·顿纳姆(Angela Dunnham)基于麻省理工学院对创业教育的发展,描述了创业生态系统的总体框架。2010 年,百森商学院的伊森伯格(Isenberg)

考虑建立国家/地区的创业生态系统,构建出包括六个方面的基本框架。2011年,美国政府在《美国创新战略:确保国内经济增长与繁荣》中提出要在全美范围内支持区域创业生态系统建设。2012年底,美国创业公司基因组和西班牙电信公司发布《全球城市创业生态系统报告2012》公布全球20个优秀创业生态系统的城市和地区排名。

国内对创业生态系统的研究起步较晚,罗亚非等运用生态学的竞争模型探讨集群不同发展阶段与创业的关系。刘林青等以麻省理工学院为例研究如何构建以创业型大学为主导的创业生态系统。边伟军等以青岛创业园为例研究科技创业企业生态群落孵化模式,构建了创业生态系统结构。林嵩给出创业生态系统概念并研究其运行机制。赵涛等从生态学视角研究了区域科技创业生态系统的结构模式和功能机制,并构建出系统评价指标体系。

(二)研究述评

综上所述,国内外学者对创业生态系统进行了有益探索,创业理论与生态学理论相结合是创业研究方面的突破,但创业生态系统研究主要关注了创业教育生态型系统、创业环境,鼓励不同地区构建区域服务生态系统,对于互联网环境下特别是基于电商平台的创业生态系统研究比较少。另外,对于创业生态系统构建问题研究存在不足,大多数学者提出创业生态系统的构成主体,并没有深刻指出如何整合不同要素构建成一个生态系统,伊森伯格指出创业生态系统构建并不是简单的组合,他们之间存在复杂的相互关系。同时,构建阶段是一个动态的过程,不是一蹴而就的,而是分阶段一步步完善,现有研究并没有探讨构建的过程,但指出在实践中深刻了解演化过程能更好地指导创业生态系统的构建思路和决策。价值共创的研究多集中在企业与消费者之间和营销领域的消费者体验等方面,还未延伸至生态系统,并且多数的价值共创研究都是基于传统市场环境,对于网络环境下的价值共创研究较少,事实上,网络环境下更容易创造价值共创的机会,因为网络更加注重互动和体验,并且系统中不同构成要素之间是在实践价值共创的过程,但这并没有引起广泛关注。虽然有学者将价值共创概念引入商业生态系统中,但创业生态系统概念与价值共创概念相结合的研究较少。互联网提供了大量创业机会,创业数量增多,因此构建创业生态系统对于提高创业绩效很重要,而这需要解决的是如何利用优越的外部环境来打造健康的创业生态系统,同时需要各个构成主体发挥自身的最大价值保证创业生态系统的健康发展,在相互作用下共同打造生态系统。因此,本节从价值共创的视角来讨论,在互联网环境下,电子商务平台型的企业如何构建创业生态系统并维持其发展。

(三)问题界定与分析框架

规范的案例研究需要对所研究的问题进行详细的界定,以指导案例研究的进行、数据收集和思路。根据构建的研究框架,本节需要研究的问题主要包括以下三个方面:①互联网环境下,创业生态系统参与主体有哪些?他们在服务生态系统中的角色是什么?②创业生态系统的构建整合了哪些资源?提供了哪些创业服务?③不同构建阶段的构建机制是什么?如何维护创业生态系统的发展?按照不同的主体对这些问题进行分解,最后得出以下问题(表4-3),这些问题都是创业生态系统演化过程中需要解决的问题。

表4-3 创业生态系统演化过程的具体分析问题

发展阶段	具体问题
核心层	主体:①是否有创业需求;②企业是否需要平台提供资源服务;③平台提供的服务是否帮助企业获得价值;④企业是否为平台创造价值;⑤平台是否了解用户需求
	要素:①平台是否拥有技术、人才、市场等相关资源;②平台是否整合了相关资源;③平台是否提供了可以满足创业需求的服务产品;④服务产品是否满足用户需求;⑤平台如何规范双边市场
	机制:①平台是否制定规范性政策;②是否创造了价值;③是否分享了价值
扩展层	主体:①初创企业需求是否有所改变;②平台是否开放;③平台连接了哪些服务提供商;④不同主体之间是否存在矛盾
	要素:①平台有哪些创新;②平台有哪些资源不足;③平台如何吸引第三方服务商;④平台如何整合资源解决问题
	机制:①网络系统中的问题是否得到解决;②不同主体之间如何协调关系;③价值如何增值;④构建的网络秩序是否稳定
相关层	主体:①平台是否具有核心竞争力;②企业需求有哪些变化;③平台是否满足初创企业需求;④生态系统中增加了哪些主体
	要素:①基于何种动机选择战略合作对象;②平台如何确保生态系统内的竞争合作;③平台是否提供多样化服务满足不同用户需求;④平台如何完善构建的创业环境;⑤平台如何推动规模化发展
	机制:①如何确保不同主体在生态系统中互利共赢;②如何提高创业生态系统影响力;③如何保障创业生态系统的持续稳定发展

综上,创业生态系统构建涵盖价值共创过程,对提供创业服务有重要意义,在互联环境下营造良好的创业环境、构建创业生态系统很有必要。现有的研究并没有延伸至互联网环境领域,未对具体演化过程进行深入探讨,并且缺乏与其他理论的结合。

本节试图采用案例研究方法,选择淘宝网与三家淘品牌为案例研究对象,对其构建的创业生态系统过程进行探索性案例研究,旨在回答电商平台如何构建创业生态系统这一问题。针对平台、价值共创及创业生态系统理论,本节构建的理论分析框架如图4-4所示。

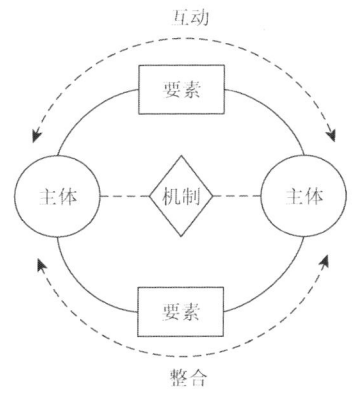

图 4-4　创业生态系统理论分析框架

二、研究设计

(一) 研究方法

案例研究方法是组织管理学研究的基本方法之一,一般适用于回答"是什么""为什么""怎么样"的问题;案例研究通过分析和理解对案例对象进行的事实性、准确性的描述,以掌握案例动态发展的互动历程和所处不同情景下的发展脉络,对研究观点形成全面性、整体性的把握。本节试图探讨电商平台创业生态系统的构建问题,回答"怎么样"的问题,同时,本节研究的创业生态系统有一个动态的发展过程。案例研究能够展现事件的动态过程,深入揭示过程的变化特征,因此选择案例研究的方法。

(二) 案例选择

Yin(2009)强调案例研究中拥有典型或极端情形的案例对象更为合适做单案例研究。通过甄别,本节选择淘宝网作为案例研究的对象,探讨淘宝网与其他利益相关者之间的相互关系如何推动创业生态系统发展。淘宝网经过多年的发展,培养了良好的创业环境,提供了大量就业机会,相比国内其他电商平台具有一定的典型性,同时随着公司的上市大量资料数据公开,有助于案例研究数据收集。另外,本节主要探讨平台搭建者与利益相关者之间的互动关系,淘宝网连接双边市场,其数量多、规模大,为了研究的便捷性和可行性,本节以淘宝网与三家淘品牌为例做"1+3"的案例研究,通过对比不同细分市场的淘品牌发展周期及对平台客户的影响力、自身的典型性等,选择了裂帛服饰旗舰店(以下简称裂帛)、御泥坊旗舰店(以下简称御泥坊)和伊米妮旗舰店(以下简称伊米妮)为三个重点研究对象。

(三)数据来源

本节选择一手和二手数据作为数据来源。一手数据来源有三种(表4-4)。

表4-4 一手数据采集路径展示

数据来源	调查内容
一对一访谈法	一对一访谈三家淘品牌员工,利用电子邮件或QQ访谈伊米妮客服人员、御泥坊推广人员和裂帛的用户运营专员
网络社区访谈法	观察淘宝电商日常工作活动、与平台的互动,参与创业沙龙讨论,听取创业者关于电商平台创业的感想
田野调查法	课题组成员曾在淘宝网上有五年的开店经历,了解相关淘宝卖家服务流程,并经过亲身经历,记录每一次卖家服务使用的效果,写出体验心得,评价创业服务。课题组成员从消费者角度参与了淘宝网相关模块的使用过程,从买方角度评价卖方和平台提供的服务

一手数据来源包括:①一对一访谈法。提前预约调研对象,如淘宝员工、淘品牌负责人等,按照半结构化访谈提纲(主要包括:有哪些需求?平台提供哪些资源?创造什么价值?),课题组一人负责访谈,一人负责记录并录音,再根据访谈录音整理详细的访谈记录。②网络社区访谈法。在淘宝论坛上参与"卖家交流""小二面对面""创业先锋"等,从知乎、豆瓣等第三方互动社区,通过大量的发帖、看帖和跟帖与不同参与者交流。③田野调查法。作为消费者参与从搜索、购物、订单、支付等过程,了解淘宝平台提供的各类服务。二手数据来源包括:①发表的关于阿里巴巴和淘宝网的相关文献,以及从行业或专题材料中选取的文章;②外界出版的关于淘宝网的书籍;③阿里巴巴及淘宝网官方网站上关于电商创业的资讯、报道。

(四)数据分析

本节主要采用数据编码和归类的方式,对访谈资料由两位以上成员进行编码,一位进行录音与文本听译转换,另一位负责整理校对,确保编码的准确性。本节将淘宝网的一手数据编码为P1,二手数据编码为P2,创业企业一手数据编码为E1,二手数据编码为E2。首先,梳理案例企业发展历程中不同事件,对一手数据二手数据进行综合验证和交叉验证;其次,对案例进行分析,描述案例企业核心层、扩展层、相关层三个阶段,并对这三个阶段进行比较分析,与现有文献对照,借助图表框架挖掘潜在规律;最后,与文献对话,补充数据使理论达到饱和,在这个反复重叠的过程让理论得到论证。

在研究中为了让研究的过程和结果可信有效,Miles 和 Huberman(1994)设计出三角测量法进行数据处理。本节采用如下做法:在开始调研之前制订案例研究方案，并建立案例研究数据库，将收集到的数据都整理保存在数据库中，通过文献回顾构建理论框架，用来指导案例研究，增加案例研究的外部效度。随后运用访谈、二手数据、观察法等多元数据来源形成三角证据链，在初步案例研究报告出来后交给受访者，让他们对报告内容进行核实并提出修改意见。

三、研究发现

通过对案例资料的编码与数据分析发现，淘宝平台创业生态系统构建阶段分为核心层、扩展层和相关层三个阶段，不同阶段主体、要素、机制都呈现不同特点。

（一）核心层构建阶段

1. 关键需求

淘宝网是一个 C2C 电商平台，是为买卖双方提供服务的，因此在淘宝创业生态系统构建中，卖家即初创企业成为重要参与者。出于好奇、商业头脑、消磨业余时间等目的，涌现出一批卖家会员在淘宝网上简单销售商品。在构建初期，平台处于探索阶段，基于现有经验对市场和用户了解不够，需要与用户互动并在互动过程中不断推陈出新，完善自身的创业环境。淘宝倡导客户第一的企业文化，鼓励员工提供更好的服务、更加注重用户体验。初创企业的需求主要集中在产品宣传推广销售、吸引买方购买等方面。戴跃锋谈到御泥坊最初创业时说，网络渠道也是其销售渠道，但效果很不好，酒香也怕巷子深，产品缺少品牌知名度和匹配的营销手法，做起来不容易。

2. 核心服务

平台中不同需求的满足是通过推出不同服务产品实现的。因为在互联网虚拟性质用户的购买欲望转化为购买决策过程中买卖双方会由不信任变成信任，平台整合积累的团队和技术优势基于国内消费者购买时的议价习惯推出阿里旺旺，研究 PayPal 的支付方式，结合自身技术创新出"担保交易"的模块，让第三方托管资金。建立交易双方互评的信用机制，根据不同的标准设立不同的等级。在中小型网站上推广广告，带来流量和交易量迅速上涨，利于卖方用户产品推广，降低推广费用，更加注重产品研发，满足用户的推广需求，创业服务的满足激发平台的规模效应。

3. 构建机制

平台提出其价值主张后开始构建双边市场，为不同主体之间的联系创造机遇，采用免费的策略构建低成本创业条件，为创业者提供大量创业机会，创业者识别平台提供的创业机会实现创业理想，不同类型的创业者在平台聚集。与用户互动了解需求，听取意见，培育买方市场，把握互联网发展趋势下消费者的消费方式，注重用户体验，不断完善服务吸引买家在平台聚集，培育消费市场，激发同边和跨边网络效应。参与者资源以平台为核心聚集，促进平台知名度的提升，开发设计服务产品满足用户需求，因此，在构建创业生态系统初期的构建机制是资源汇集机制。核心层构建阶段的典型证据如表 4-5 所示。

表 4-5　核心层构建阶段的典型证据

阶段	主体	要素	条目数	引用语举例
核心层构建阶段	平台	需求	5	Ebay 平台和阿里巴巴几乎一样，它有可能做 B2B（business-to-business，企业对企业电子商务），那我们也可以开始做 C2C（P1）
		人才技术	7	组建了优秀的领导团队，拥有较强的学习能力和创新能力（P1）
		服务产品	11	淘宝平台提供信用评级制度，采用支付宝支付确保交易安全（P2）
	创业企业	市场推广	13	产品没有品牌知名度和营销手法，肯定做不起来（E2）
		市场流量	15	从宏观上说淘宝平台提供了所需的流量（E1）
		品牌信誉	9	淘宝店在几年后就升级为钻石等级，实现了销量的大幅提升（E1）

（二）扩展层构建阶段

1. 关键需求

平台搭建的双边市场规模不断扩大，卖方数量增多，提供产品的同质化程度高，有一定用户积累的卖家不再单纯追求销售数量，而是注重提供差异化的产品和服务，强调产品质量和品牌。买方可供选择的对象增多要求卖家店面装潢、产品展示、客户服务、快递配送等方面差异化优势要明显。需求变动促进平台与卖方之间互动以提供更丰富的卖方服务平台，帮助实现买方用户需求的满足。御泥坊在化妆品电子商务市场上了解到同质化时代需要细分市场，必须在产品设计或功效上实现产品异质化。消费者认为国内产品假货太多，不太相信本土品牌，并且现在网购方便，可以购买更好的产品。御泥坊了解到需要在提升自己的品牌形象同时转变消费者的固有认知。通过参加平台推出的活动，运用资源提升品牌知名度，实现双方的互利共赢。

2. 核心服务

2008 年淘宝平台启动"大淘宝战略"，目的是整合淘宝网相关资源将其打造为在全球范围内最大的电商生态体系,提供更好的电商服务。平台引进社区、论坛等方便用户的交流和共同发展,加强买卖双方的沟通,更快发现买方市场需求后卖方能完善自身产品或服务,宣传产品导入流量等。淘宝网基于团购模式推出聚划算,通过超大的品牌曝光引爆店铺的流量和销量,推动店铺的快速成长,多数淘品牌开始与聚划算合作,让团购成为新品的主力推广渠道。第三方服务提供商专注提供管理信息化的解决方案,有些提供经验技术业务等方面的系统支持,专注用户需求提供个性化解决方案,整合不同资源满足创业服务需求,实现价值在网络中的传递。

3. 构建机制

在构建创业生态系统过程中,平台逐渐汇集更多主体。资源的聚集便于用户创造更多的价值。平台和与其直接联结的主体之间利用工具性资源或操纵性资源实现优势互补,平台为用户提供流量,用户帮助平台获取收入,双方互利共赢。平台进行技术上的改进,提高系统的兼容性,聚集第三方服务商参与用户的互动并为其提供个性化的解决方案,解决创业企业问题的同时也能实现服务商获利,共同分享平台汇集的资源。不同主体拥有的资源和创造的价值不是只停留在主体内部,而是在不同主体联结成的网络结构中进行传递和分享,平台将相关服务打包给第三方,实现与其他主体分享价值,降低成本多方共赢,避免市场秩序混乱,生态系统走向衰退。扩展层构建阶段的典型证据如表 4-6 所示。

表 4-6 扩展层构建阶段的典型证据

阶段	主体	要素	条目数	引用语举例
扩展层构建阶段	平台	需求	6	消费者购买产品时更看重品牌了(P1)
		方案	11	卖方使用的一些插件或是仓库发货系统都是第三方提供的(P2)
		服务产品	13	聚划算给卖方带来大量流量,有利于产品推广(P2)
	创业企业	品牌信誉	9	提高品牌形象和转变消费者对国产化妆品的固有认知(E1)
		平台流量	7	淘宝网是最有力的支持,我可以借淘宝网提升自己的影响力(E2)
		需求匹配	11	我们业绩高了,平台抽取的收入也就更多了(E1)

(三) 相关层构建阶段

1. 关键需求

在平台搭建的多边市场中,参与主体数量增多,卖方市场竞争压力加大,差异化、质量高的品牌商品和店家的品牌、信誉、服务等成为消费者购买决策中的综合考虑因素。创业企业培养差异化的竞争优势才能实现更好的发展，淘品牌认识到要更加注重用户体验，要提高自身服务素养为用户营造更好的消费体验。通过与用户建立信任为平台集聚大量人气，为淘品牌赢得高销量奠定基础。创业企业用户的形象在消费者心中提升也能影响平台的形象。

2. 核心服务

随着淘宝网业务量的增加，淘宝网开始与银行、政府开展深度业务合作，共同为用户提供便利，淘宝网与基金公司共同推出基金销售服务，确保用户的资金安全。阿里小贷将金融服务产品推广到淘宝网，银行也从传统业务发展到线上业务，实现小微企业无抵押、无担保融资，解决资金问题。利用国家政策的扶持开始农村与电子商务联结，让线下逐渐形成淘宝村，依托电商生态系统，逐渐形成了大规模商业集群，实现协同发展，解决农村经济发展落后问题。

3. 构建机制

平台若一直按照相同的模式来发展会发现，市场需求是不断变化的，而相同的服务容易导致用户的不满意及其他平台寻找差异化竞争优势，从而影响整个生态系统的发展。在不断发展过程中平台对整个生态系统要进行不断调节，选择细分平台服务领域，并对不同细分系统采取不同的政策和约束条件，优胜劣汰，便于对其管理，避免恶性竞争，维护不同主体的利益。不同参与者会基于变化自身做出相应的调整来适应系统的发展，不仅仅是为了能在系统中生存发展，更重要的是依附于这个系统就要共同帮助整合系统实现更持续稳定的发展。相关层构建阶段的典型证据如表 4-7 所示。

表 4-7 相关层构建阶段的典型证据

阶段	主体	要素	条目	引用语举例
相关层构建阶段	平台	需求	7	更加注重服务体验，逐步成立公司（P2）
		市场	5	我们将淘宝网一分为三，划分不同细分市场（P1）
		服务产品	8	主动给卖家提供防伪商标，重点扶持一些卖家（P2）
	创业企业	差异需求	8	同质化需要细分市场，在产品设计或功效上实现产品异质化（E2）
		扶持政策	11	淘宝网对淘品牌有扶持政策，会赠送一些流量（E1）
		需求匹配	15	"双十一""双十二"获得巨大成功，品牌影响力提高（E2）

通过案例分析发现，互联网环境下电商服务平台生态系统构建遵循"线—面—体"的规律，"线"即核心层构建阶段，以平台为核心，连接双边市场，形成简

单的创业环境;"面"即扩展层构建阶段,平台逐步开放吸引更多第三方加入,扩展主体种类,形成网络结构,不同连接点推动资源信息的传递与分享,提供更多的创业服务;"体"即相关层构建阶段,打造线上服务并向线下延伸,利用线上影响力实现区域化发展,互相补充,互相合作,打造"小前端、大平台、富生态"的创业环境,从而搭建起有机互动的创业生态系统。核心层构建阶段的参与者是平台和初创企业,构建要素为需求、人才、技术、经验和市场等,以资源汇集机制为主;扩展层构建阶段的参与者增加了第三方服务商和战略合作方,构建要素以品牌需求为主,加入方案联结第三方与用户之间的合作,以价值创造分享机制为主;相关层构建阶段的参与者增加了金融机构与政府部门,构建要素以差异化需求为主、以资金和政策实现主体间的强弱联系,以系统调节配置机制为主,表 4-8 总结了电商平台创业生态系统构建全过程。

表 4-8 电商平台创业生态系统构建全过程

项目	核心层构建阶段	扩展层构建阶段	相关层构建阶段
构建特征	参与者之间达成共识,电商平台搭建双边市场,对接关键需求与核心服务,连"线"	吸引更多服务主体加入,不同主体之间存在强弱联系,实现信息分享和资源共享,扩"面"	与不同利益相关者实现战略合作,扩大服务范围,拓展服务渠道,由线上发展到线下,形"体"
演化过程	(图示)	(图示)	(图示)

四、结论与启示

本节采用案例研究方法,以淘宝网与淘品牌之间的动态互动为研究对象,对创业生态系统的演化过程进行探索性研究,得出如下研究结论。

(1)平台创业生态系统的演化过程主要经过核心层、扩展层、相关层三个阶段。核心层搭建双边市场,需求传递和资源整合,构建服务市场;扩展层第三方服务提供商为其提供解决方案,服务提供主体走向多元化;相关层划分不同的细分市场来满足创业用户的需求,挖掘线下市场潜力,形成产业集群,这类似于学者所构建的商业生态系统结构。

(2)从参与者来看,平台型创业生态系统以平台为核心,联结初创企业和消费者，形成双边市场，融合其他提供创业服务的第三方机构。政府、银行、大学、社区等在规模扩大后也成为创业生态系统的构成部分，不同参与者在创业生态系统中扮演不同的角色。

（3）从构建要素来看，不同发展阶段，创业生态系统中不同主体通过不同要素建立联系。参与者之间基于不同的需求整合相关资源提供服务产品，实现各个主体之间的价值创造并在搭建的网络中实现价值共享，从而扩大创业生态系统中的主体数量，推动创业生态系统的发展完善。需求、人才、技术、经验、市场、方案、资金、政策等是电商平台创业生态系统构建要素。

（4）从构建机制来看，创业生态系统的构建是通过政策激励、互动引导、需求满足实现资源在平台汇集；资源传递创造价值，平台开放实现共享；调整规则规范秩序，主体适应系统发展。

淘宝网创业生态系统演化过程为平台生态系统的构建提供了一些新的线索，特别是从无到有的发展阶段的过程为生态系统的构建提供了一些思考，对其他电商平台构建生态系统有一些借鉴意义：①电商平台发挥核心优势，建立平等开放的平台；②平台核心需要整合更多资源，扩展提供的服务产品；③创业生态系统中的不同参与者要发挥自身优势保障生态系统的动态发展；④平台需要建立构建准则和激励机制引导创业生态系统的发展。

第三节　创业服务平台生态构建路径

国务院提出依法设立国家中小企业发展基金，中央财政安排资金150亿元，到2015年，支持建立和完善4000个为小型微型企业服务的公共服务平台，重点培育认定500个国家中小企业公共服务示范平台。在此大背景下，各地纷纷成立创业服务平台，然而，很多创业服务平台存在较大的行政色彩，并不完全适合创业企业的需求。我国在创业服务机构、服务产品与服务体系建设方面取得了一定的成效，然而，很多创业服务机构属于有正式编制的事业单位，服务市场发育不完善，许多应由市场做的事仍由政府包办，很难满足多样化的创业需求。

国家把建设创业服务平台作为转方式调结构的战略举措，各地政府基本上都在"摸着石头过河"，创业服务平台却缺乏"为顾客创造价值"这个安身立命之本。为了提高政府资金的使用效益与扶持政策的执行效率，真正让创业服务平台成为帮助创业企业的重要支撑条件，着力构建多方共赢的创业生态系统已经成为重要而又紧迫的战略任务。

因此，本节将基于平台战略、商业生态系统与价值共创理论，通过探索性案例研究回答创业服务平台建设的核心问题：如何促进参与者之间的价值共创。

一、文献回顾

（一）平台战略

政府应该着力推进平台建设的专业化和网络化，提高创业服务平台效率，创业服务平台建设重在造血，创新创业服务模式，打造创业生态系统，美国通过立法与政策等间接方式给创业企业的创新创业创造了一个良好的外部环境。平台正成为引领新经济时代的重要经济体，双方（或多方）在一个平台上互动，这种互动受到特定的网络效应的影响，其突出表现在：平台上卖方越多，对买方的吸引力越大；同样，卖方在考虑是否使用这个平台的时候，平台上买方越多，对卖方的吸引力也越大。平台竞争的关键在于其延展性与规模性，Fumihik 认为要厘清平台商业模式的要素与要素之间的关系，陈威如、余卓轩提出平台战略的构成包括两个条件：双边市场和网络效应。

（二）商业生态系统

Moore（1993）首次提出商业生态系统概念，认为"商业生态系统是一种由客户、供应商、主要生产商、投资商、贸易合作伙伴、标准制定机构、工会、政府、社会公共服务机构和其他利益相关者等具有一定利益关系的组织或群体构成的动态结构系统"。每一个成熟的商业生态系统，都有一个领导型企业，它和所有系统成员一起集中思考，探索整个系统发展的道路。商业生态系统形成的起点是核心产品与服务的出现，核心产品与服务满足顾客的关键需求。围绕核心产品与服务，向右延伸是销售渠道、产品与服务的补充供应商，这一环节形成了销售，从而形成了利润；向左延伸是直接供应商，这一环节是核心产品品质得以保证的前提，因此，三者共同构成了商业生态系统的核心商业圈。供应商的供应商、顾客的顾客构成了一个以核心产品与服务为中心的链条，被称为扩展企业。这样，扩展企业、为扩展企业服务的机构、风险投资及政府构成了内在关系纵横交错的商业生态系统。商业生态系统中包含着横向、纵向和斜向的价值链，商业生态系统内的企业之间优势互补、资源共享、风险共担，共同维护生态系统的运行。生态学中生态位理论、共生理论、协同进化理论等可用来分析商业生态系统的发展。Iansiti 和 Richards（2006）分析了商业生态系统中企业角色和战略行为，平台在商业生态系统中占据中心位置，为系统成员提供共享资产，创造价值并分享价值。斯坦福大学谢德荪（2012）认为，地区转型要建立持续创新的生态系统，关键在于建立平台，通过源创新促使金融生态系统与创新生态系统互动。

(三)文献述评与理论框架

综上所述,当前有关创业服务平台的研究和实践取得了一定的进展,但有一个核心问题未得到重视与研究:如何促进参与者之间的价值共创。国家政策导向要从培育服务体系向加快创业服务平台建设转变,必须解决制约创业服务平台建设的瓶颈:创业企业与创业服务机构之间缺乏价值共创机制,以致长期以来未能形成具有双边市场与网络效应的服务平台生态系统。因此,创业服务平台建设的终极目标是构建多方共赢的创业生态系统,这隐含了一个基本假设:创业服务平台要将自己定位为创业生态系统的构建者与维护者,通过价值共创机制让多方能更好地创造价值,只有这样才能有效整合创业企业与创业服务机构,形成良性互动。现有研究思路与实践探索往往把创业服务平台当成创业企业服务产品的提供商之一,与创业服务机构存在潜在的利益冲突,创业服务平台进入其所创立的市场,既当运动员,又当裁判员,这将引起创业服务机构极大的不信任,并将彻底损伤创业服务平台所具有的公信力与独立性。创业服务平台没有站在服务平台生态系统构建者立场做"开放承诺"与"行动表示",使得创业服务平台未能有效地培育创业服务机构的集聚与成长,导致创业服务平台的服务能力远不能满足创业企业的多样化需求。商业生态系统形成的起点是核心产品与服务的出现及其能满足顾客的关键需求,商业生态系统是指一群相互联结,共同创造价值与分享价值的企业。创业服务平台的领导者宜在创业企业的关键需求与创业服务机构的核心服务之间建立起价值共创的机制,形成双边市场和网络效应,实现创业服务平台的延展性与规模性。

二、研究设计

(一)研究方法与案例选择

本节采取单案例探索性研究方法,并在单案例研究情境中嵌入多个分析单元(创业服务平台、创业服务机构、创业企业与政府等),以便对生态系统构建各方进行较全面的分析与比较。首先,本节旨在回答创业服务平台生态系统的构建路径,属于"如何"问题的范畴,本节关注的是利益相关者之间的价值共创,是一个动态的互动过程,因此适合于采用案例研究法。其次,本节着眼于创业生态系统的进化路径的有效方法。本节研究视角是以平台领导者的立场,研究如何构建创业服务机构、创业企业与政府等多方共赢的服务平台生态系统。我们遵循理论抽样原则,选取长服平台构建案例进行研究,选择依据在于:①长服平台建设采取"政府扶持平台—平台整合中介—中介服务企业—企业受益发展"的思路，经过多年的实践探索已经取得了较好的效果，引发了国家级媒体的专题报道与全国同行的考察学习；②全国各地政府主导的创业服务中心运行效率与效益欠佳，急需理论指导，以推动创业服务平台建设的创新转型；③原有的创业服务体系建设的理论无法有效解释其现象，本节尝试为创业服务平台建设的实践提供更有力的理论解释。

（二）数据收集与分析

1. 数据收集

本节采用了三角测量法，即各类资料均通过三种以上的方式收集，包括：①现场观察法。我们到现场作为独立第三方，全方位冷静旁观转型过程，并随时做好观察记录。②一对一访谈法。提前预约调研对象，按照半结构化访谈提纲，一人访谈、一人记录并录音。课题组根据访谈录音，分别整理了详细的访谈记录。③田野调查法。我们实际参与了部分转型过程，如研讨会与分享会等。我们将录音在访谈完两天之内整理成文字，以避免时间太长，对访谈内容的理解和记忆出现偏差。详细的一手资料采集路径见表4-9。此外，我们还搜集了大量二手资料，包括：企业提供的内部资料，如内部刊物、对外宣传资料和视频、领导讲话、工作总结、活动方案、工作流程与标准等；企业制作的方案、会议记录、小结、总结、点评、督导日记、教练日记、辅导记录等；企业网站及媒体报道。在数据收集过程中，对样本企业资料进行反复审查，以确保案例具有一致的结构和质量。

表4-9 一手资料采集路径

数据类型	调查内容
现场观察法	参与集训营2次，共计6天，每天7小时，一共42个小时（内容是瓶颈突破、行动学习、营销瓶颈、产品创新）；参与转型动员大会1次（内容是意义、方法、思路与政策）；参与顾问到企业现场工作3次，共9小时，记录和观察顾问的知识导入方法
一对一访谈法	长服平台（董事长3小时、主任5小时、运营总监2小时、项目经理2小时）、长沙市工业和信息化委员会（主任2小时、副主任3小时、创业企业处处长4小时）、创业企业（董事长1小时、总经理2小时、营销总监1小时、生产总监30分钟、销售经理1.5小时）；创业服务机构（首席顾问3小时、总经理3.5小时、咨询顾问3小时）
田野调查法	参与研讨会3次，共6小时；参与总结会2次，共5小时；参与点评分享会3次，共7.5小时；参与过程监督5次，计3小时；参与绩效考评2次，共6小时

2. 数据分析

本节的数据分析根据三个步骤进行：首先，以一手资料为主要案例信息，以企业内部刊物、领导讲话、工作总结、活动方案、会议记录、总结、督导日记等二手资料为信息补充，按照案例信息发生时序进行重新整理。初始的案例数据共计 26 万多字，经过整理后的有效案例信息近 5 万字。其次，基于经过时序整理后的案例信息，识别创业服务平台构建过程中的里程碑事件及相关背景数据，里程碑事件由研究者结合半结构化访谈与参与者观察所获得的信息确认，对不确定的信息，研究者进行了电话和邮件回访。最后，基于服务生态系统构建的理论分析框架对确认后的里程碑事件进行内容分析，并不断将形成的研究发现与现有商业生态系统构建和平台战略研究进行对比，寻找相同点和差异点，发现潜在的联系。

3. 保证信度与效度的研究策略

案例研究是一项实证研究，通常运用构念效度、信度、内部效度和外部效度来评价案例研究的品质。我们严格按照提高案例研究品质的策略来开展案例研究。本节在这四个方面尽可能地进行了控制和检验（表 4-10）。我们在开始调研之前，制订了案例研究方案，并建立了案例研究数据库，将所有搜集到的资料都整理保存在该数据库中，可以为其他研究者提供参考，提高案例研究的信度。通过文献回顾构建出理论框架，来指导案例研究，这样可以增加案例研究的外部效度。采用了访谈、二手资料、问卷等多元数据来源来形成三角证据链，在初步案例研究报告出来之后交给案例企业主要受访者，得到了他们对报告内容的核实和修改意见。此外，在编码过程中，采取双人双组编码方式保证了数据分析信度。

表 4-10 实现效度和信度指标的研究策略

测评指标	案例研究策略	应用阶段
信度：研究可复制	采用案例研究草案：事先制订了详细的研究计划	资料收集
	建立案例研究数据库：他人研究会得到相同结果	资料收集
外部效度：结论普适性	用理论指导案例研究：在文献回顾基础上建立理论分析框架	研究设计
	通过复制方法进行多案例研究	研究设计
构念效度：证据支持研究结论	多元证据来源：访谈、二手资料、问卷等取得一致结果	资料收集
	形成三角证据链：原始数据—语句鉴别—专业术语—理论要素—理论模型	资料收集
	证据提供者对案例报告核实：得到案例样本对报告的认可	撰写报告
内部效度：构造有效的测量工具	进行模式匹配：理论框架和研究结果得出的模型基本相符	证据分析
	尝试进行某种解释：按照逻辑结构分层进行了说明	证据分析
	分析与之对立的竞争性解释：尚没有进行	证据分析
	适用逻辑模型：创业企业和创业服务平台生态系统构建模型	证据分析

三、案例描述

（一）长服平台简介

长服平台成立于 2008 年 4 月，属于民营投资的社会组织，定位为中小微企业的创立、成长和发展提供综合协调、创业辅导、管理咨询、投资融资、人才引进、人员培训、经济信息、市场开拓、信用评价、产权交易、技术支持、对外合作、展览展销和法律咨询等社会服务；按照"构筑服务平台，整合社会资源"的方式，引导中小微服务机构为创业企业提供优质服务，衷心秉承"聚环宇财智，助企业腾飞"的使命，树立"成己为人，成人达己"的理念。通过多年的创新实践积累，长服平台初步形成了创业服务机构与创业企业的双边市场，在融资服务、管理升级、技术创新等服务方面取得了令人瞩目的成绩，一方面培育了创业服务机构，另一方面促进了创业企业的转型。它相继被授予"湖南省中小企业核心服务机构"、"湖南省非公有制经济服务先进单位"、湖南省"中小企业服务年"活动先进单位和国家中小企业服务示范平台等。2013 年 12 月 21 日，《经济日报》以"长沙中小企业赢得'满园春色'"为题报道；2014 年 1 月 20 日，《中国经营报》E3 版以"'长沙模式'：政府为中小微企业购买服务"为题进行了整版专题报道；2012 年 3 月，湖南省经济和信息化委员会在全省全面推广"突破瓶颈"管理升级服务模式；2012 年 12 月 20 日，东莞市创业服务机构素质提升班在长沙举行；2013 年 9 月 23 日，由南宁市工业和信息化委员会副主任魏喜进带队来到长沙学习考察帮助企业服务模式；2013 年 12 月 26 日，山东省济宁市中小企业局来长沙学习取经长服平台建设经验；2014 年 3 月 4 日，柳州市工业和信息化委员会来长沙考察学习长服平台运行机制与服务创业的经验。

（二）长服平台发展历程

一个商业生态系统的建立需要经历四个独立的阶段：开拓、扩展、领导和更新，每个阶段的主题不同，企业间的关系及其战略也随之变化。开拓阶段重点在创造新的价值活动，形成关键的产品和服务；扩展阶段主要是建立核心团队，进入特定的小生态环境，巩固系统的边界；进入领导阶段，系统成员更需要协同发展，此时"规则"起主导作用，权威者和外来者相互竞争；进入更新阶段，必须要寻找新方法，为旧秩序注入新观念，用其他替代物来延续和其他生态系统的竞争。本案例根据数据分析，将长服平台生态系统建设划分为试点阶段、连线阶段、扩面阶段与形体阶段，目前尚处在第三个阶段。

1. 试点阶段

2008 年，成立之初的长服平台从调研中发现，创业企业有两大关键需求——资金硬需求和管理软需求，长服平台提供的"产品"必须具有两大功能：一是"造血功能"解决管理瓶颈；二是"输血功能"解决资金瓶颈。解决管理瓶颈是锦上添花，见效太慢；解决资金瓶颈是雪中送炭，立竿见影。服务创业企业，应先从"输血"入手。创业企业融资难的问题具有时间性和季节性的特点，面临短期资金压力时，尤其在还旧贷新的阶段和采购大宗原材料的时候，过桥资金需求是每个企业的刚性需求。企业资金周转困难，或压供应商资金，或借高利贷，严重影响了创业企业的正常发展。然而很多企业的资金短缺与宽裕往往是不平衡的，有时出现短缺，有时出现宽裕。企业并不是一年 365 天都缺钱，只是在还贷或原料采购等关键时刻才出现周转不灵，资金宽裕时又造成资金的闲置。

在长沙市工业和信息化委员会的财政支持下，以"政府引导、企业互助"为原则，长服平台成立了"长沙市中小企业应急互助基金"。该基金的总体架构为：以政府支持、政策引导为前提，以整合资源为重点，以机构加盟、企业入会、构建联盟为支撑，全面构建信用促进体系、联盟组织体系、资金风险控制体系。通过成立一个信用组织（长沙市成长型企业发展促进会）、设立一个风控中心（长沙市应急互助资金监管中心）、创建一个服务网站（长沙市中小企业融资服务网），逐步构建一个完善的中小企业应急互助资金服务平台。由于该模式的创新性与实效性，长服平台主任还作为全国中小企业服务中心的代表，出席工业和信息化部举办的中国中小企业融资论坛，在会上做了"应急互助资金：长沙中小企业的速效救心丸"的主题报告；2009 年 12 月 16 日，星辰在线以"中小企业的'速效救心丸'"为题对"应急互助资金"做了专题报道，如表 4-11 所示。

表 4-11　试点阶段

关键需求	核心服务			价值共创	价值共享	证据示例
	服务机构	服务平台	政府部门		缓解融资难 盘活闲置资金	应急互助资金成为中小企业短期融资的及时雨，长服平台的凝聚力得以增强
创业企业 短期融资	智力支持	运营管理	财政支持	要素对接	平台集聚人气 政府改善融资环境	

2. 连线阶段

尽管应急互助基金对创业企业融资难有了一定的缓解，然而只解决"输血"是难以为继的，必须从根本上解决"造血"，否则短期融资风险难以从源头控制。因为很多创业企业明显感觉向上发展吃力，管理改善已经变成重要紧急事情。如何变"输血"为"造血",长沙市工业和信息化委员会一直没有找到解决方案,曾采取"请进来"与"走出去"相结合方式,为创业企业提供管理培训与考察学习服务,却没能解决观念问题,也没能解决团队执行问题,创业企业学习时心动,回去却不知怎么行动,知识无法有效地转化为能力和绩效。

在连线阶段,长服平台按照四步走流程开展工作:首先,公益诊断,挖掘共性需求。在政府"买单"的前提下,长服平台整合创业服务机构,花了两个月时间,深入40家企业从整个价值链全面调研诊断,真实了解创业企业管理改善的共性需求,为公共服务产品的适应性开发提供明确的方向。创业服务机构用数据、事实和逻辑归纳出创业企业管理共性问题:目标分解不到位、观念障碍、销售增长乏力、生产交付不及时等。其次,协同创新,研发公共产品。以有效满足创业企业共性需求为创新起点,在原有咨询产品的基础上,政府、长服平台、中小企业与创业服务机构协同创新,研发出适合创业企业需求的公共服务产品。再次,六步PK,聚焦瓶颈突破。以客户需求为中心,一切从创业企业年度经营目标出发,从价值链梳理入手构建充分条件,找准瓶颈,把瓶颈作为目标蓝图来分解,将企业有限资源集中于瓶颈突破,局部瓶颈快速突破带动系统整体改善,同时通过跨职能团队组建与项目实施,在互动反思、团队学习、凝聚共识与目标达成过程中,实现团队合作与成长。最后,全程督导,控制服务过程。只有控制过程质量才能保证结果的达成。通过前期深入企业调研预评估,设计六步PK流程控制,到PDCA循环。其中,设计了作业、考试、讲评会、督导,执行中半个月一次项目阶段性总结与辅导,及时发现问题并进行改进与优化,有效地保证了目标达成,如表4-12所示。

表 4-12 连线阶段

关键需求	核心服务			价值共创	价值共享	证据示例
创业企业	创业服务机构	服务平台	政府部门			圣得西招商部2010年3~8月签约新店72家,9~12月实际签约145家(包含总代3家),是3~8月的2倍
生产 营销 供应链	生产瓶颈突破 营销瓶颈突破 供应瓶颈突破	组织 协调 推广	购买 评价	效率提升	管理绩效	

3. 扩面阶段

在扩面阶段,创业企业通过生产、营销与供应链的瓶颈突破,管理效率得以较大幅度的提升。然而,中低端产品处在竞争激烈的"红海"市场之中,受产品竞争乏力与市场相对饱和的双重挑战,急需通过创新来实现转型升级。因此,在扩面阶段,长服平台再次整合深圳等一线城市的知识服务机构,以政府购买公共服务为手段,帮助企业在新产品开发、商业模式与组织结构等方面进行协同创新。

以新产品开发服务为例,协同创新包括三个层面的协同:一是企业与各参与方之间的协同。企业作为创新主体,学习基于最佳实践的创新方法,提升创新管理能力,"多、快、好、省"地开发新产品。长沙市工业和信息化委员会向社会力量购买创新服务,对于表现优秀的企业加大扶植力度。长服平台负责活动的日常管理工作。知行信作为创新服务机构,帮助企业掌握创新方法,提升创新能力,改善创新绩效。湖南省科学技术信息研究所作为信息服务机构,帮助企业掌握信息收集方法,并为企业提供相关信息情报服务。协同各方既有明确的分工和职责,又密切配合,共同帮助企业改善创新绩效。二是企业内部各部门之间的协同。创新不只是研发部的事,创新是全公司的事。只有公司的市场、研发、生产、销售、服务、财务及行政人事等各个职能部门之间紧密配合,企业的创新才能加快进度,保证质量。协同创新示范活动的一个重要目标就是要打破"部门墙",让企业的各个职能部门充分协同起来。三是创新项目团队成员之间的协同。创新目标最终是通过项目团队成员的紧密配合实现的。知行信帮助企业建立"跨职能项目团队",让各个职能部门代表均参与其中,尽可能将部门之间的协同变成项目团队成员之间的协同,以充分降低协调成本,提升沟通质量,又快又好地完成创新项目。协同创新的最高境界是"忘记跨职能",各团队成员浑然一体。这三个层面协同是一层服务一层:各参与方协同服务企业,各职能部门协同服务创新项目团队,创新项目团队协同服务企业的最终用户,如表4-13所示。

表4-13 扩面阶段

关键需求	核心服务			价值共创	价值共享	证据示例
创业企业	服务机构	服务平台	政府部门	创新驱动	创新绩效	顶立科技设计周期从30天缩短到10天,设计差错率由12%减少到1%,交货周期从180天缩短到70天
研发模式	产品创新 商业模式创新 组织创新	组织协调推广	购买服务			

四、研究发现

从长服平台发展历程来看,具有典型的"市场有效+政府有为"有机融合的特征,经历了试点、连线、扩面三个阶段。本节从关键需求、核心服务、价值创造和价值分享四个方面对不同阶段进行具体分析。

(一)要素对接满足创业企业生存需求

在试点阶段,长服平台以政府财政资金为杠杆,撬动社会资本,共同组建应急互助基金，在凝聚创业企业成为服务平台生态系统重要成员中起了关键作用。从关键需求来看，创业企业自身弊病使银行不愿提供贷款，而银行存在的问题和外部融资环境欠缺又使银行不能提供贷款，多因素错综复杂，使得创业企业融资问题成为一个长期难题。从核心服务来看，针对创业企业"融资难"的关键需求，长服平台成立了"长沙市中小企业应急互助基金"，为创业企业在"缺钱难倒英雄汉"时提供紧急"输血"服务。从价值共创来看，长服平台在深入调研的基础上，集思广益策划了应急互助基金的运营方案，得到了政府部门认可；政府部门提供"种子基金"，对应急互助基金的筹措起到了筑巢引凤的作用；民间资本从中嗅到商机，跟投政府引导的互助会，有力地充实了应急互助资金池，在创业企业的融资需求得到满足的同时也提高了资金利用效率。从价值共享来看，这一阶段制约创业企业发展的融资难问题得到了一定程度的缓解，长服平台通过应急互助基金满足了创业企业重要而紧急的刚性需求，可谓解了创业企业的燃眉之急，达到了雪中送炭的效果，同时吸引了一大批创业企业围绕在长服平台的周围，让长服平台对创业企业产生了一定的黏性，初步显现出平台的同边网络效应（图4-5）。

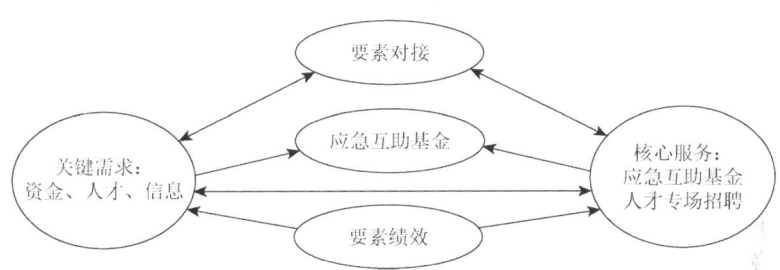

图4-5　试点阶段：要素对接满足创业企业生存需求

这一阶段，应急互助基金成为平台型产品，平台型产品需要具备两个前提条件：第一，它必须在整个应用体系中承担至少一项必不可少的功能，或者为行业中的许多参与者解决至少一个至关重要的难题（融资困境）；第二，它必须能够让别人很容易地对接或者在上面开发，以不断扩大应用体系，并允许新的、意料之外的终端应用的产生。只有做到合作伙伴做不到的或做出比合作伙伴自己做性价比更高的产品才能成为平台型产品。

长服平台能根据联结两个（或多个）特定群体并通过互动满足彼此需求的平台本质属性，把握创业企业的用户黏性，准确界定创业企业服务平台的内涵与特征；成功的商业生态系统需要协作和竞争，需要运用战略思维来利用公司的资源与能力。战略思维和创业活动在生态系统中互相影响，不断循环延续甚至碰撞出创新的火花。

(二)效率提升促进创业企业口碑传播

在连线阶段,长服平台根据试点阶段积累的创业企业需求数据库,为创业服务机构了解创业企业生命周期不同发展阶段面临的主要矛盾提供了分析依据。从关键需求来看,创业企业转型升级的发展瓶颈表面上是融资难,本质上是面临营销瓶颈、生产交付瓶颈或供应链管理瓶颈的突破;从核心服务来看,创业服务机构运用数据分析和逻辑推理准确把握创业企业关键需求,利用其资源与能力,适应性开发出营销解决方案、生产交付解决方案和供应链解决方案等服务产品,并辅之以教练技术、行动学习与项目管理方法,让知识转化为能力,让能力转化为绩效;从价值共创来看,长服平台通过应急互助基金这个核心服务抓住了众多创业企业的"胃"从而拥有了客户资源,数据挖掘为创业服务机构提供了精准营销价值,政府部门向服务平台与创业服务机构"购买服务",创业服务机构以中立促进者的身份,教练企业按照瓶颈识别、目标蓝图、实施计划、激励政策环环相扣的四个步骤制订瓶颈突破方案,再辅导企业遵循行动学习的质疑反思、付诸行动、过程检查、总结推广四个步骤来实施方案,方案制订与实施过程就是不断地解决问题与达成目标的过程,解决问题与达成目标的过程提升了个人与团队的转型能力,转型能力提升带来了绩效显著改善。从价值共享来看,创业服务机构不仅降低了创业服务的营销成本,而且得到了客户口碑与服务绩效增长,创业企业不仅降低了创业服务采购成本,而且得到了团队能力成长与绩效增长,服务平台得到了"批销"与"团购"的规模效应,政府部门增加了就业机会、提高了税收、带动了投资与消费(图4-6)。

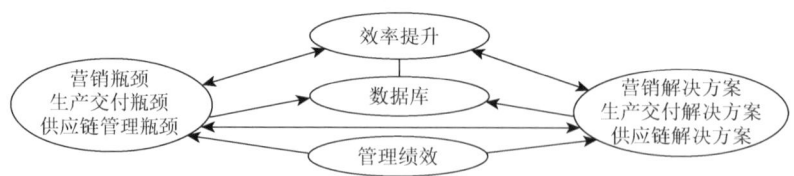

图4-6 连线阶段:效率提升促进创业企业口碑传播

这与基于超过 80 个成功的应用数据表明运营和财务的显著改善是瓶颈理论应用的结果的研究结论相一致。把供需双方的需求与能力进行有效匹配,构建多方共赢的服务平台生态系统。这一阶段,印证了中小型独立软件供应商参与平台生态系统构建能提升创新绩效,尤其当中小型独立软件供应商有更大的知识产权或更强的下游供应链时影响更大。

(三)创新驱动满足创业企业发展需求

在扩面阶段,随着创业企业集聚所形成的同边网络效应,长服平台进一步吸引创新类创业服务机构入驻平台,针对创业企业的产品创新、商业模式创新与组织结构创新提供解决方案。从关键需求来看,创业企业相继突破营销、生产交付及供应链管理瓶颈后,效率得以提升,此时产品、商业模式与组织结构成为制约创业企业发展的瓶颈。从核心服务来看,创业服务机构通过"互动诊断"和"考察交流"与创业企业达成观念共识,实现创业企业在产品创新管理上的"觉察"与"觉醒",再导入创新规划、需求管理、团队建设与流程规范的创新管理方法论,以集中培训与个性辅导为手段,将培训学习与项目实操融为一体。从价值共创来看,服务平台通过应急互助基金与瓶颈突破方案的运营,不仅建立了创业企业用户的过滤机制,而且形成了创业服务机构的集聚,随着双边网络效应的产生,平台的生态价值初步显现;基于效率提升的成熟产品由"公共服务"转为"商业服务",基于创新驱动的成长产品作为"公共服务"继续由政府部门向服务平台与创业服务机构购买,发挥着补贴策略的作用;创业服务机构以"教授+教练"的方式向创业企业传道授业解惑,推动创业企业产品创新、商业模式创新与组织结构创新。从价值共享来看,创业企业通过产品创新、商业模式创新与组织结构创新,不仅适应了外部环境变化带来的挑战,而且抓住了外部环境变化带来的机会;创业服务机构则通过政府购买创业服务所带来的体验式营销机会,成功地拓展了新市场机会;长服平台的生态价值则逐步得到释放,对双边市场的凝聚力得到加强;政府部门增加了投资与就业机会、提高了税收、带动了消费(图4-7)。

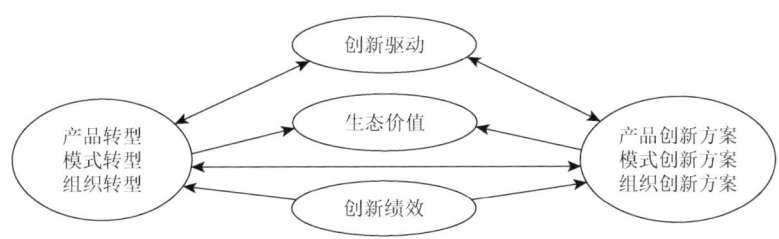

图4-7 扩面阶段:创新驱动满足创业企业发展需求

一个高度开发的创新生态系统可以帮助生态成员打破企业边界进行开放式创新活动,更快捷地将知识转换为创新绩效,在生态系统组织的网络合作伙伴中扩散和集成新的知识并进行信息共享。

五、结论与讨论

（一）研究结论

基于价值共创视角，通过对服务平台构建生态系统过程进行分析，本节得到以下研究结论。首先，以顾客为中心，以实现顾客满意度与忠诚度为目标，始于觉察顾客需求，终于超越顾客期望。从需求端入手，创业企业面临要素不足、效率低下与创新乏力等关键问题；从供应端响应，创业服务机构适应性开发出要素对接方案、效率提升方案和创新驱动方案等核心服务。提高服务平台承载多样性专业服务的能力，承载的专业服务类型越多，延展性越强，为创业企业提供一站式的服务能力就越强，对创业服务机构的整合能力就越强。其次，建立价值共创机制是创业服务平台建设持续健康发展的关键，为创业企业持续创造价值是服务平台立足之本，与各方合理分配价值是服务平台成长之道。服务平台通过价值共创机制的设计，降低交易成本、提高精准营销价值与平台生态价值，以增强平台对供需双方的凝聚力。

（二）理论贡献

构建以共赢服务平台生态系统为目标的多边市场分析框架具有理论创新性。本节以平台战略的思维视角，一边分析创业企业需求与瓶颈、一边了解创业服务机构的资源与能力、以政府购买公共服务为补贴策略，撬动双边力量，通过良性互动满足彼此需求，建立双边市场分析框架，既克服了价值链与产业链的单向线性思维，增强了服务平台的生态性，又规避了单纯以政府投资主导的局限性，更超越了服务平台与创业服务机构"争利"的短视性，有助于创业，服务平台以生态系统构建者的身份，以开放与分享的心态，以"成人达己"为核心价值观，为创业企业的转型升级与创业服务机构的成长发育创造基础条件。以平台领导者的立场，构建创业服务机构、创业企业与政府等多方共赢的服务平台生态系统，通过价值共创机制的设置，形成双边市场和网络效应，实现服务平台的延展性与规模性，这是对平台战略、商业生态系统与价值共创理论的融合、扩展与完善，具有重要的理论价值。

（三）实践价值

本节以中国转型升级为背景，以服务平台为真正的市场主体，以挖掘创业企业发展瓶颈为需求切入点，以平台战略、商业生态系统与价值共创理论为指导，形成创业企业与创业服务机构良性互动的双边市场，以瓶颈突破解决方案为服务产品创新点，以行动学习、教练技术与项目管理为导入方法，以提升创业企业转型能力为己任，为市场在资源配置中起决定作用与政府职能转型在创业企业公共服务领域改革探索出一条行之有效的新路。立足于让服务平台成为助推创业企业转型升级的重要支撑条件，改政府直接投资建设创业服务平台模式为"购买服务—过程监督—绩效评价"的服务市场化模式，既能提高政府扶持政策的投资效率与服务输出能力，又能提高创业服务质量与顾客满意度，更能培育创业服务平台生态，最终切实帮助创业企业改变观念、提升能力、对接资源，从而推动创业企业实现管理升级、技术升级与模式升级。

（四）局限与展望

尽管本章揭示了创业服务平台生态系统发展的三个阶段、参与主体（服务平台、创业服务机构、创业企业与政府）、关键要素（关键需求、核心服务、价值共创与价值共享）的关系与变化，得出了一些有价值的结论，但本章还只是一个单案例研究，其实践还处在探索阶段，服务平台生态系统的构建尚需要更多案例验证。未来可采用行动研究法进一步探索：服务平台如何成为真正的市场主体，政府如何改"输血"模式为"造血"模式，以政府购买"公共服务"为支点，以杠杆效应撬动社会的"公共服务"和市场的"商业服务"，通过创业服务市场化，加速培育创业服务平台生态，既助推创业企业的转型升级，又实现创业服务的持续成长；发挥政府购买创业服务的杠杆效应与平台的正向网络效应，构建多方共赢的创业服务平台生态系统。

第五章　突破创业服务平台构建困境

本章主要研究如何突破服务平台生态构建中面临的三类困境：创业企业与创业服务之间如何通过价值共创突破创新瓶颈；企业内部创业如何通过平台赋能突破创业资源的冗余与约束的矛盾；创业企业如何通过数据赋能突破大规模生产与个性化定制的矛盾。

第一节　知识服务价值共创突破创新瓶颈

过去，我国经济增长方式更多的还是依赖低成本、大市场容量和政府推动。现在，企业必须加快向效率提升与创新驱动转型升级。由于受到资源及能力的限制，企业创新转型之路异常艰难。创业企业面临两难困境：①面临资源与能力有限、效率低下与创新瓶颈的制约，自身无力解决转型难题；②缺少向发达国家领先客户学习的机会，也得不到产业集群的协同效应，更没有通过国际并购获得技术追赶的能力，不能在国际化过程中利用全球价值网络进行组织学习。由于企业"关门"式技术创新的局限性，企业研发投入受创新知识溢出的影响，创业企业开始走上跟各种合作伙伴协同创新的道路，诸如通过"引智"学习方式来改造现有产品和开发高端产品，而创业企业因为对新领域的经验缺乏，如果与各种跨组织、行业和地区的外部机构直接合作，可能面临较大的不确定性风险，导致知识整合成本升高和可靠性降低。服务创新领域给出的解决思路是建议创业企业与创业服务企业建立起合作关系，这有利于提升创业企业的创新能力。可是，创业企业不仅面临外部环境快速变化带来的挑战，而且还要突破企业生命周期中出现的瓶颈，企业需要分清众多问题之间的轻重缓急，并进行瓶颈识别与突破。现有文献表明应用瓶颈理论能显著改善企业运营绩效，在创新领导者的推动下，知识服务的内容与价值共创的过程相互作用，共同提升创业企业的创新绩效。

然而，瓶颈理论与知识服务之间缺乏有机连接，瓶颈理论与价值共创之间也没有建立起对话的桥梁，特别是创业企业如何突破创新瓶颈，学术界缺少足够有力的解释。由此，本章从价值共创视角探讨创业企业如何突破创新瓶颈这一核心问题，从而弥补上述理论缺口。价值共创范式为解答这一问题提供了新的理论思路。这是因为，企业与客户通过合作互动促进了资源的交换，既创造了客户价值，也创造了企业价值。本节以"1+1"(1家创业企业与1家创业服务机构合作创新案例)为研究样本,以扎根理论编码数据,运用案例研究方法探索创业企业创新过程,试图回答"如何"的问题,在瓶颈理论、知识服务与价值共创之间建立起对话的桥梁,从而为创业企业创新提供理论与实践指导。

一、文献回顾

(一)瓶颈理论

高德拉特首次提出瓶颈理论,他认为少数关键因素决定着企业的经营绩效,它会制约企业的健康成长。瓶颈理论的主要观点是,企业在明确经营目标的前提下,识别其中的瓶颈所在,并且找到瓶颈形成的原因,再围绕瓶颈制订出双赢解决方案,全力以赴执行到底,以突破瓶颈并带动绩效提升。瓶颈理论通过产品结构优化,识别和利用能力约束资源(capacity constraint resources,CCR),最大限度地提高系统的吞吐量,以减少非能力约束资源,瓶颈理论通过跨职能界限组织避免局部最优陷阱。然而,国外瓶颈理论的文献并没有针对中国情境中内向型创业企业这一特定研究对象的创新瓶颈突破问题,尽管周文辉等通过案例研究发现内向型中小制造企业通过制订瓶颈突破方案为行动学习提供了正确的知识输入,行动学习为瓶颈突破方案的实施提供了有力保障,方案制订与行动学习就是不断地解决问题与达成目标的过程,但此文献并没有从创业企业与创业服务机构价值共创的双元视角来探讨创新瓶颈突破。

(二)知识服务

面对创新的复杂性,创业企业的资源与能力不足以完成自主创新任务,只有通过合作创新方式,才能有效地整合创新资源与提升创新能力。知识服务被视为创业企业在获取创新资源过程中可以利用的重要力量,它既能提供关键的创新知识,又能接触广泛的异质性创新资源,创业企业与创业服务机构建立互动合作能够提升其创新能力,因为知识服务是创新系统中的"知识源"和"知识存储器",不仅可以生产出创新知识,而且还能将异质性知识转移给创业企业,更重要的是,创业服务机构跟不同区域与不同行业的组织有合作关系,它们扮演着创新生态系统中的桥梁角色,拥有大量异质性的、跨越了不同社会网络和地理区位的关系资源,并且创业服务机构是专注于知识创新的企业,能在与客户合作产生的知识中进行去粗取精,降低创新知识的不确定性风险,显著地提升创新资源搜索获取的稳定性与可靠性。然而,大量知识服务业的研究只是从中观层证实了知识服务业对制造业发展能起到支撑、驱动与引领的作用，却尚未从微观层揭示知识服务与创业企业之间如何合作创新，这正是价值共创视角的优势所在。

基于此，本节认为现有理论尚没有解决一个关键问题：创业企业与创业服务机构如何通过价值共创来突破创新瓶颈。这个问题"黑箱"尚未被揭开，破译它背后的密码，有利于创业企业实现创新转型。由此，本节努力采取探索性案例研究以寻求答案，并力求在瓶颈理论、知识服务与价值共创之间搭建起跨界对话的桥梁。

二、研究设计

（一）研究方法

本节尝试探索创业企业如何突破创新瓶颈，适宜采用案例研究方法。正如 Eisenhardt（1991）所说，案例研究方法最适合于突出情境、展示过程和揭示关系的研究。首先，案例研究关注情境有助于研究者深入聚焦于管理现象，进而理解并应用学术研究成果；其次，案例研究重视过程展示的历史与时间因素，有助于研究者进行过程设计。研究者从发现值得关注的管理现象入手，寻找他人难以察觉且现有理论难以解释的有趣问题，回答"如何"与"为什么"，学者必须对管理现象所处的情境与过程有透彻的洞悉，构建"萌芽理论"。案例研究强调现象所处的现实情境并对其进行丰富描述。此外，单案例研究比多案例研究更适合解释复杂现象背后的规律，并且它特别有利于展示过程，有利于捕捉管理实践中涌现出来的新现象。由此，本节拟运用单案例研究方法。

（二）案例选择

首先，本节从理论上确定所选案例宜具备的几种特征，它要能够适合研究的主题；其次，考虑到价值共创的双元视角，选取"1+1"作为研究样本，即1家创业企业和1家创业服务机构创新转型案例。选择依据在于：泰嘉科技是一家典型的创业企业，它遇到了低端产品陷入残酷的"红海"竞争、高端产品开发严重滞后的创新瓶颈，企业一直在努力寻求高端产品创新的突破却未能如愿；而湖南效果咨询服务机构（以下简称效果咨询）是一家以企业目标达成、行动实现与效果改善为使命的知识服务机构，泰嘉科技通过与效果咨询互动合作，借助其创新方法实现了高端产品创新瓶颈的突破。

泰嘉科技主要从事双金属带锯条的研发、制造和销售，是经科学技术部认定的"国家火炬计划重点高新技术企业"。2011年9月至12月，泰嘉科技借助创业服务机构导入创新方法取得了较好的创新绩效：产品性能达到同类国际顶尖产品的90%以上,2011年12月的销量超过前两个月的总和,2011年10月至12月的生产、销售、利润及税收均比上年同期增长50%。其中"AA"商标连续4次被湖南省商标局认定为湖南省著名商标,并于2011年11月荣膺"中国驰名商标",公司研发的"高速锯切用特种双金属复合钢带""分齿型高低齿硬质合金带锯条"先后获得"国家重点新产品"称号,拥有省级企业技术中心和市级工程技术中心,截至2011年12月底获批30多项发明专利和实用新型专利,承担着双金属带锯条行业标准和国家标准的制定修订工作。而效果咨询信奉"用绩效衡量、对效果负责"的价值观,通过系统有效的创新方法帮助企业突破创新瓶颈,以中立促进者的身份帮助企业取得可以用数字衡量的改善效果;强调一切从目标开始,一切用流程梳理,一切用瓶颈入手,一切以直接有效的工具为选择标准,一切以效果达成和团队能力提高为交付依据。两家案例企业的基本情况见表5-1。

表5-1　案例企业基本情况

项目	泰嘉科技（创业企业）	效果咨询（创业服务机构）
行业	材料	管理咨询
产品	锯条	效果方法论
创新瓶颈	泰嘉科技国内高端带锯市场仅占1%,进口产品约占55%,性能仅达到进口产品的65%~80%,95%的销售收入来自中低端产品,高端产品销售收入仅占5%,且性价比与进口品存在明显差距	创新方法论需要得到客户认可,希望打造样板客户,以便于推广其创新的咨询服务产品
创新绩效	产品性能达到同类国际顶尖产品的90%以上,2011年12月的销量超过前两个月的总和,2011年10月至12月的生产、销售、利润及税收均比上年同期增长50%	创新方法论得到市场检验,咨询团队能力得到锻炼,初步树立了客户口碑

（三）资料收集

为了提高案例研究的信度和效度,根据三角测量法,运用多种资料来源与收集技术。资料收集包括一手资料与二手资料,以一手资料为主,一手资料获取途径包括：现场观察创新过程且做好记录；一对一访谈创新过程中发生的问题、想法、行动与结果；实地参与创新问题解决过程。二手资料包括：企业网站资料、创新方案、会议记录等,本节对所有资料不断地进行三角验证,确保资料的真实性与一致性。资料收集历时半年,一手资料收集时间56小时,文字笔记有13万字。

三、数据分析

本节采用扎根理论进行数据编码,扎根理论强调从实际案例资料中提炼理论。

研究者在进行实地调研前并不提出理论假设，而是直接从调查资料中进行经验概括，提炼出反映管理现象的概念与范畴及其关系，最终提升为理论，这是一种自下而上的归纳法，直接扎根于现实资料，从实践资料中抽象出新概念，发展出新理论。本节按照资料来源进行数据编码，对于一手资料，将受访的企业高管编码为 E1~E3，部门经理编码为 M1~M3，咨询顾问统一编码为 C1~C3；对于二手资料统一编码为 S1~S6。扎根理论通过开放性译码、主轴性译码和选择性译码三个阶段进行。

（一）开放性译码

在开放性译码阶段，围绕研究主题对资料进行异同比较，根据显现出的概念与范畴进行理论抽样，进一步收集新资料并结合已有资料反复比照提炼出来的概念，并将其范畴化。本节借助 NVivo 软件对泰嘉科技与效果咨询之间的合作案例进行开放性译码（表 5-2）：①概念化。标记资料中与创新瓶颈、知识服务和价值共创相关的词句，并进行简化和初步提炼，将相似自由节点放在同一树节点之下（以"a"表示），并定义其概念，获得了 53 个树节点。②范畴化。把相似树节点进一步合并提炼为一个更高层次的概念（以"A"表示），新建 21 个树节点。经过这一过程，最终得到描述泰嘉科技与效果咨询之间合作创新的 53 个概念及 21 个范畴，并根据文献、访谈与研讨等多重来源推敲概念与范畴的命名。

表 5-2　泰嘉科技开放性译码举例

案例证据资料	概念化	范畴化
一切从目标开始，思考达成目标要做什么，目标用数字来管理，数字化目标管理可很快找到瓶颈（C1）。我们决定以 2010 年度目标作为参数分析，2011 年度计划完成销售 1000 万米，较上年度增长 50%，利润增加 50%（E1）	a1 目标分析	A1 目标确定
……	……	……
企业目标没达成，预期结果没出现，是因为没有围绕目标将充分条件有效配置。只要配置了充分条件，那么目标一定能够达成，期望结果一定能够出现（C3）。我们在高端产品上占 1%，价格低 10%，性能低 35%；在销售收入上我们 95% 为通用产品，高端产品只占 5%（E2）	a4 差距分析	A2 目标分解
……	……	……
价值链分析是充分条件构建的好工具（C1）。我们提出与国际产品对标，泰钜性能要达到国际品牌同类产品的 90% 以上（C1）	a7 性能对标	A3 衡量指标
……	……	……
我们讲解鱼骨图工具的运用方法（C2）。我们对人、机、料、法和环进行排除分析发现，采用的原材料与国际同行一样，关键工序采用进口的先进设备，并不差于甚至优于竞争对手（M1）	a15 寻找原因	A9 制约因素

续表

案例证据资料	概念化	范畴化
从客户角度追本溯源，对产品失效原因分析：不耐切、齿尖易发生磨损，影响耐磨性的主要因素是齿部硬度，解决问题关键在于调整热处理工艺参数（M3）	a16 分析原因	A9 制约因素
……	……	……
董事长挂帅，研发副总任项目经理，下设两个子项目组，调配机械、热处理、材料和锯切应用工程师负责具体工作，形成分工明确责任到人的跨职能团队，两个技术攻关小组展开 PK 式开发（E2）	a38 组建团队	A21 实施计划
我们制订了项目实施计划，包括设计—试制—工艺—实验—生产—验证—定型等。明确责任人与人员及资金配置、起止时间、阶段目标、工艺流程、参数优化、产品检测及工艺改进（S5）	a39 项目计划	

（二）主轴性译码

在主轴性译码阶段，运用 Strauss 的范式模型，把主要范畴之间的关系按照"条件—互动—结果"逻辑予以展现，某一互动结果可能成为另一组互动发生条件。例如，开放性译码形成的目标确定、目标分解、衡量指标等初始范畴，可以整合成以下逻辑轴线：泰嘉科技在效果咨询指导下，先确定目标，再分解目标，后将分解目标变成可衡量指标。这几个范畴可被重新整合归纳成一个新的主范畴——创新目标，并成为说明该主范畴的副范畴，而属于结果的目标确定与分解、发现差距与原因等副范畴又成为其他范畴发生的条件。通过这个过程，最终将 21 个副范畴归纳到 9 个主范畴之中（表 5-3）。

表 5-3 泰嘉科技主轴性译码结果

主范畴	副范畴		
	条件	互动	结果
创新目标	创新方向与目标不明确	反复讨论创新方向与目标	目标确定与分解
价值梳理	目标确定与分解	价值链分析，用数据说话	发现差距与原因
瓶颈因素	发现差距与原因	原因分析，发现制约因素	制约因素就是瓶颈
瓶颈目标	制约因素就是瓶颈	把瓶颈当成新目标予以分解	根据瓶颈构建新目标蓝图
瓶颈深挖	根据瓶颈构建新目标蓝图	追根究底挖出瓶颈背后瓶颈	聚焦最后的瓶颈
解决方案	聚焦最后的瓶颈	为突破瓶颈构充分条件	出台解决方案
整合资源	出台解决方案	为执行方案整合相应资源	资源整合到位
激励政策	资源整合到位	企业全力执行，顾问及时响应	出现执行障碍
排除障碍	出现执行障碍	协同作战，化解障碍	实现创新瓶颈的突破

(三) 选择性译码

在这个阶段,通过故事线发现核心范畴,把不同范畴彼此连接,并验证它们之间的关系,不断对照以完善范畴之间的关系,以建立起逻辑严密的理论。本节进一步将上一阶段提炼出的主范畴与已有理论进行比较,可以发现创新目标、价值梳理、瓶颈因素等反映的是创新瓶颈识别过程,因此本节将其归入创新瓶颈识别这一范畴。同理,瓶颈目标、瓶颈深挖、解决方案则可赋予创新方案设计主范畴;整合资源、激励政策、排除障碍属于创新瓶颈突破主范畴。基于此,可以得到如下故事线:创业企业与创业服务机构共同确定创新目标,围绕创新目标进行价值梳理以发现瓶颈因素;然后,将识别出来的瓶颈当作新一轮目标进行充分条件构建,利用鱼骨图等工具进一步深挖瓶颈背后的瓶颈,聚焦瓶颈源头来设计创新解决方案;为了将解决方案更好地付诸实施,创业企业通过整合内外部资源,制定团队激励政策,并全力排除执行中的障碍。据此,核心范畴的范式模型可以表述为"创业企业与创业服务机构通过'创新瓶颈识别—创新方案设计—创新瓶颈突破'的价值共创过程,实现创新绩效的提升"(图5-1)。

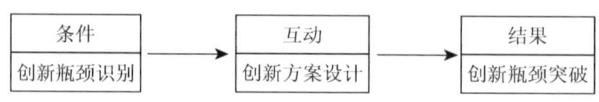

图 5-1 核心范畴的范式模型

(四) "理论—数据—模型"校对

选择性译码之后,需要检查"理论—数据—模型"的一致性,并以此调整之后的数据收集。为了保证这三者的一致性,需要反复地检查以下三个部分:理论和数据的一致性、数据和模型的一致性、理论和模型的一致性。这三个一致性分别确保了理论模型具有简约性、准确性和普遍性,即最理想理论所具备的特性。由此,本节完成了泰嘉科技与效果咨询互动案例的初步分析,得到了基于价值共创视角的突破创新瓶颈初步模型。为了检验范畴是否达到饱和状态,本节在"理论—数据—模型"之间反复校对,同时请另外一组研究生对案例资料再次进行三个阶段的编码,获得案例中内含的概念与范畴之间的关系。通过不断地分析比较,已涌现的概念与范畴会对后续编码起到指引作用,而新发现的概念与范畴也有利于完善原有概念与范畴,使得归纳的概念与范畴更加准确。此时,该组成员在做扎根理论的数据编码时,发现了一个新的范畴——创新团队共识,于是,由两组成员一起重新梳理数据,大家一致确定创新团队共识在创新瓶颈突破的所有阶段都起到了关键作用。

四、研究发现

综上,本节发现,创业企业与创业服务机构之间通过价值共创突破创新瓶颈的过程包括三个阶段:创新瓶颈识别、创新方案设计和创新瓶颈突破。创新团队不断地达成共识是创新瓶颈突破成功的关键点。

(一)创新瓶颈识别

创新瓶颈识别阶段包括三个要素:①创新目标。创业服务机构通过集中培训讲解数字化目标管理,"一切从目标开始,没有目标就没有方向。企业必须明确不同时间段、不同职能部门的目标,目标必须是量化的、可以测量的,目标分为收益力和竞争力两类目标,收益力包括销售收入、利润和现金流;竞争力包括品质、成本和准交率"。创业企业开始讨论并明确收益力和竞争力目标,以确定创新转型的方向。"我们原先的目标管理有点像语文式,如提高、加强、增加……而数字化目标管理可让我们更加客观理性。我们决定以2010年度目标作为参数分析,2011年度计划完成销售1000万米,较上年度增长50%,利润增加50%。"②价值梳理。创业服务机构以案例说法的传授方式详细讲解了如何利用价值链分析工具对目标实现的充分条件进行梳理,思考达成目标要做什么,明确目标的过程也是目标分解的过程(时间轴—职能轴);泰嘉科技通过重新确立年度与未来发展目标,并对企业价值链中研发、供应、生产、销售与服务等各个环节进行系统分析。③瓶颈因素。创业服务机构引导创业企业从年度经营目标出发,用数据对比每一个目标与现状,差距最大者为瓶颈因素。"高端产品进口品牌占55%,泰嘉科技仅占1%,性能仅达到进口品牌的65%~80%,数据表明,影响泰嘉科技未来目标达成的瓶颈在高端产品研发上,唯有在高端产品研发上有所突破,才能实现泰嘉科技未来跨越式发展。"由此,得出如下命题。

命题1:在创新瓶颈识别阶段,通过创业服务机构传授新知与创业企业学习新知的价值共创,让团队在创新目标、价值梳理与瓶颈因素上达成共识,这有利于将有限资源聚焦于创新瓶颈。

(二)创新方案设计

创新方案设计阶段包括三个要素:①瓶颈目标。创业服务机构建议创业企业将发现的瓶颈作为新的目标再次构建充分条件,并详细讲解产品创新逻辑:设计—试制—工艺—实验—生产—验证—定型等,创业企业学以致用,将理论与实际有机结合,依样画葫芦绘制出初步的瓶颈目标蓝图。②瓶颈深挖。创业服务机构建议企业再次运用瓶颈理论,寻找瓶颈背后的瓶颈,找到瓶颈的源头,在上游处下功夫,同时提供并讲解鱼骨图工具的运用方法。泰嘉科技通过对人、机、料、法和环进行排除分析发现,采用的原材料与国际同行一样,关键工序采用进口的先进设备……再从客户角度追本溯源,对产品失效原因分析发现,客户反映不耐切、齿尖易发生磨损,影响耐磨性的主要因素是齿部硬度,解决齿部硬度问题关键在于调整热处理工艺参数。③解决方案。泰嘉科技根据热处理工艺这个瓶颈源头,集思广益制订了创新性解决方案,并且明确责任人与人员及资金配置、起止时间、阶段目标、工艺流程、参数优化、产品检测、工艺改进,项目经理监控关键节点。由此,得出如下命题。

命题 2:在创新方案设计阶段,通过创业服务机构教练方法与创业企业设计方案的价值共创,让团队在瓶颈目标、瓶颈深挖与解决方案上达成共识,这有利于提高创新方案设计的可行性。

(三)创新瓶颈突破

创新瓶颈突破阶段包括三个要素:①整合资源。对内,泰嘉科技成立了跨职能团队,项目总监由董事长担任,项目经理由研发副总兼任,技术部长任副经理,下设两个子项目组,调配相关专业人员(机械工程师、热处理工程师、材料工程师和锯切应用工程师)负责项目具体工作;对外,泰嘉科技整合了供应商、客户与技术专家等资源,如聘请国内外知名的材料及热处理专家与研发团队进行了多次有针对性的内部研讨,新试制的小批产品及国外对标产品到客户现场试用检验。②激励政策。泰嘉科技制定有力的团队激励政策,开始因为没有及时兑现激励政策,创新项目受阻;后来及时兑现,激发了员工战斗力,前后正反两方面的数据都说明激励政策的制定与执行影响员工工作状态,员工工作状态影响了阶段性目标的达成。③排除障碍。泰嘉科技双金属带锯条的齿部和背部是由两种不同的金属材料组成,齿部作为攻城拔寨的"矛"需要硬度,而作为保证攻击效率的背材需要像"盾"一样的柔韧,耐磨性需要提高硬度,齿部硬度提高,会造成对背部的伤害,降低背部疲劳性能,使其容易开裂。为排除此障碍,泰嘉科技研发团队协同材料及热处理专家、设备供应商与客户技术人员一起头脑风暴发现:热处理工艺的三道工序都需要控制好温度与时间的"火候",如何寻找出一个最佳参数组合成为解决问题的关键。由此,得出如下命题。

命题3：在创新瓶颈突破阶段，通过创业企业彻底执行与创业服务机构用心辅导的价值共创，让团队在整合资源、激励政策与排除障碍上达成共识，这有利于创新瓶颈的突破。

（四）创新团队共识

在以上三个阶段中，创业企业与创业服务机构通过价值共创不断地就关键要素达成共识。在创新瓶颈识别阶段，需要明确：①创新目标共识，通过创业服务机构的集中培训，创新团队学习与研讨了数字化目标管理，明确收益力和竞争力目标，并就创新转型的方向与创新目标达成了共识；②价值梳理共识，通过创业服务机构的案例说法，创新团队领会到如何利用价值链分析工具对目标实现的充分条件进行梳理，思考达成目标要做什么，从而对创新目标进行有效分解；③瓶颈因素共识，通过创业服务机构的引导，创新团队从年度经营目标出发，用数据对比每一个目标与现状，差距最大者为瓶颈因素。在创新方案设计阶段，需要明确：①瓶颈目标共识，通过创业服务机构的建议，创新团队将发现的瓶颈作为新的目标再次构建充分条件；②瓶颈深挖共识，通过创业服务机构的建议，创新团队再次运用瓶颈理论，寻找瓶颈背后的瓶颈，找到瓶颈的源头；③解决方案共识，创新团队根据瓶颈源头，集思广益共同制订了创新性解决方案。在创新瓶颈突破阶段，需要明确：①整合资源共识，创新团队对内成立跨职能团队，对外整合供应商、客户与技术专家等资源，内外与上下同心协力；②激励政策共识，创新团队共同制定了有力的激励政策；③排除障碍共识，创新团队协同创业服务机构、技术专家、供应商与客户等各方力量，共同突破产品创新中的难题。由此，得出如下命题。

命题4：创业企业通过学习、研讨与沟通不断地就关键要素达成共识，从而有力地推动了创新瓶颈识别、创新方案设计与创新瓶颈突破。

（五）基于价值共创的创新瓶颈突破过程模型

根据创新瓶颈突破的三个阶段描述，本节将创业企业与创业服务机构在价值共创中各自扮演的角色、共创内容与共创形式归纳为如下内容（表5-4）。在创新瓶颈识别阶段，创业服务机构扮演讲师角色"授之以鱼"，创业企业以学员身份"学习新知"；在创新方案设计阶段，创业服务机构扮演教练角色"授之以渔"，创业企业以运动员身份演练方法；在创新瓶颈突破阶段，创业服务机构扮演促进者角色答疑辅导，创业企业以实施者身份落地执行。通过对"理论—数据—模型"的两次校对，本节对归纳出来的范畴有了更加清晰的认识。

表 5-4 创业企业与创业服务机构之间的价值共创

主体	阶段								
	创新瓶颈识别阶段			创新方案设计阶段			创新瓶颈突破阶段		
	角色	共创内容	共创形式	角色	共创内容	共创形式	角色	共创内容	共创形式
创业企业	学员	学习新知	学习	运动员	演练方法	演练	实施者	落地执行	实施
创业服务机构	讲师	授之以鱼	传授	教练	授之以渔	示范	促进者	答疑辅导	辅导

为了使研究结论更具普适性，本节进一步整合了这些范畴，并适当地修正了范畴命名，最后得到了十个主范畴。由此，更加明确了主范畴之间的逻辑关系，得出基于价值共创的创新瓶颈突破的理论模型（图 5-2）：突破创新瓶颈过程分为三个阶段，创新瓶颈识别阶段包括创新目标、价值梳理与瓶颈因素，创新方案设计阶段包括瓶颈目标、瓶颈深挖与解决方案，创新瓶颈突破阶段包括整合资源、激励政策与排除障碍，其中，创新团队不断地达成共识贯穿始终，它是成功的关键。

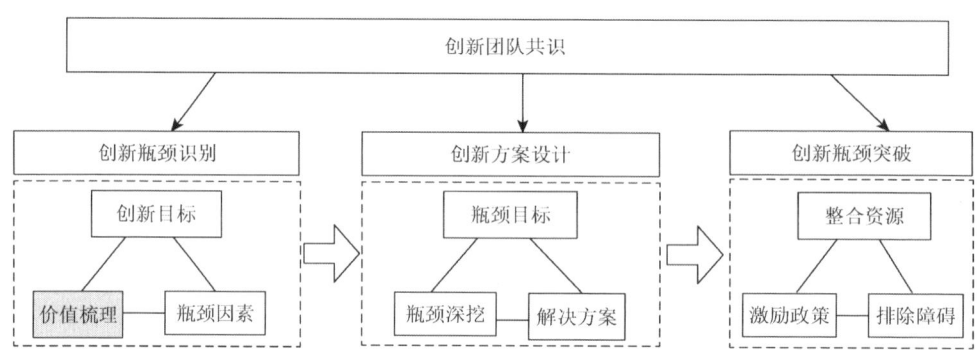

图 5-2 基于价值共创的创新瓶颈突破的理论模型

五、结论与讨论

创业企业如何突破创新瓶颈？现有文献尚缺少对此问题的足够关注。本节基于价值共创的双元视角，采用案例研究方法，以合作创新案例为研究对象，借鉴扎根理论的编码方法，归纳出突破创新瓶颈的一个关键点、三个阶段与九个要素：创新团队不断地达成共识贯穿始终是成功的关键点；创新瓶颈识别阶段包括创新目标、价值梳理与瓶颈因素三个要素；创新方案设计阶段包括瓶颈目标、瓶颈深挖与解决方案三个要素，创新瓶颈突破阶段包括整合资源、激励政策与排除障碍三个要素。

本节的理论贡献在于：①Aarikka-Stenroos 通过案例研究提出了需求诊断、设计解决方案、组织资源、管理冲突及达成目标等创业服务业价值共创的理论框架，却没有围绕创新瓶颈识别与突破来聚焦资源，导致创新受资源制约而难以落地，本节发现创业企业只有集中有限资源聚焦于创新瓶颈的突破才是可行之计；②现有文献认为，知识服务对企业的组织学习起到了主要作用，它在创新管理过程中扮演着知识生产者、知识转移者与问题解决者的角色，本节发现创业服务机构交替扮演着讲师、教练与促进者的角色，承担着传授理论、教练方法与促进实施的职责，创业企业以团队学习方式发挥着学习主体的作用，通过"学中干"与"干中学"的行动学习实现创新瓶颈突破。本节的实践价值在于：①创新团队共识。在创新瓶颈识别、创新方案设计与创新瓶颈突破三个阶段不断地达成共识是成功的关键，团队没有达成共识，就没有信任；没有信任，创新转型就成了一句空话。②聚焦瓶颈。创业企业的资源与能力有限，无力同时解决所有问题，有效的办法是找到瓶颈，集中力量突破瓶颈，以推动创新转型。③授人以渔。传统的创业服务机构采取调研诊断、制订方案与辅导实施，因为企业的主体性与参与度发挥不够，方案难以落地。而当咨询顾问分阶段扮演传授理论、教练方法与促进实施的三重角色时，有力地促进了企业自主诊断瓶颈、自主制订方案、自主执行方案，既保证了方案的可执行性与目标达成，又在干中学中提升了团队的创新管理能力，真正实现由授人以鱼到授人以渔的转变。

当然，本节对创业企业与创业服务机构之间价值共创的互动及体验还缺乏深入研究，难以提出更细化的价值共创全景图；另外，理论模型的普适性还有待在不同情境下多案例研究的复制检验与大样本数据的实证，未来的研究可以从这些方面来拓展研究深度和广度。

第二节 创业平台赋能突破创业资源瓶颈

资源是创业必备的初始条件，以价值网络为媒介，新创企业可以在网络中获得更多创业资源，只是新创企业总是面临资源约束，而战略创业经常出现资源冗余，充分发挥冗余资源的潜在价值，并将其与关键资源进行有效整合，以突破资源约束的瓶颈，这是战略创业取得成功的关键。现有文献一方面认为企业可以通过正式和非正式的组织控制制度来支持战略创业；另一方面认为组织控制制度对需求反应不灵活和刚性化，从而削弱企业正式和非正式组织控制对战略创业的正面影响。造成这一悖论的根本原因在于这些研究把战略创业看成一个企业通过组织控制的过程。其实，战略创业通过给予员工创业激励与报酬，并设置夺冠项目等方式，以有效激发员工创业动力，并顺利地克服制度摩擦。与此同时，它与利益相关者形成创业价值共创，以共同面对竞争并推动创新。

战略创业过程是否可以重新理解为一种基于赋能的价值共创过程，从赋能与价值共创整合视角出发，讨论如何通过赋能促进价值共创进而赢得机会与优势，可能打开战略创业的过程"黑箱"。可喜的是，赋能与价值共创理论的最新进展为解决这一悖论提供了思路：赋能对于战略创业的影响最为显著，企业通过授予员工更多的自主权，能有效地促进机会识别，并能直接影响员工内在动机及促进创新。特别是互联网创新了员工与顾客的沟通方式，企业可以将顾客吸引到产品创新与市场营销过程之中。Shams 和 Kaufmann（2016）提出的"创业价值共创"观点能够帮助创业者更好地管理利益相关者关系。本节通过两个案例纵向研究，来考察企业应该如何赋能员工与顾客才能促进价值共创进而推动战略创业。

一、文献综述

（一）赋能

现有赋能研究文献包括两个视角：一是员工赋能。强调高管将权力下放，给予员工更多自主权，并分解为结构赋能、领导赋能与心理赋能三个维度。结构赋能强调建立员工赋能机制，以保障组织系统能够分享权力，让员工有权获得信息、机会与资源；领导赋能强调领导者把更多的选择权授予下属，领导者扮演教练角色，帮助员工解决难题与提高能力；心理赋能是指员工在工作过程中感受到的控制力、影响力与工作价值，能增强员工主动性，进而提升自我效能感和信心并促使他们影响自己的工作角色和工作环境，而不是被动地接受任务。二是顾客赋能。强调顾客拥有更多主动权，积极参与企业的研发设计与营销活动进而对企业的价值创造活动产生影响。互联网丰富的信息和机会让顾客不再只是被动接收者，交易地位的变化迫使企业需要与顾客建立快速、开放、持续的对话。企业开始更广泛为顾客定制个性化服务，或由顾客决定产品设计，企业和顾客形成良性互动关系，促使双方利益最优化。移动互联网更是让顾客开启了以自我为中心的内容生产时代，顾客能在新媒体上表达他们的意见进而影响网络粉丝，或在平台上和其他顾客交流、达成交易，通过平台整合资源，使顾客和企业实现双赢。

（二）战略创业

Ireland 等（2001）提出战略创业是机会寻求和优势追求的同步行为，强调在业务领域确立和保持竞争优势，并开发出"投入—过程—产出"模型，即资源要素投入、资源整合过程和产出变量，将其纳入动态的机会寻求和优势寻求行为过程中。然而资源投入与整合过程中却面临资源约束和资源冗余的两难困境。一方面，新创企业缺乏完整的绩效记录及信息不对称等问题，阻碍了资源所有者对新企业的评估，使新企业很难通过交易形式获得外部资源，创业者普遍面临新生弱性（liability of newness）与小而弱性（liability of smallness）的双重资源约束，新生弱性的核心是合法性缺乏。新创企业通常缺乏足够的资本或人才开发机会，难以吸收到外部资源或融资成本过高以至于新企业被迫解散。小而弱性的核心是成长不确定，创业企业不仅难以招聘到优秀员工，而且生产力低于有效规模。另一方面，成熟企业的职业经理人过分追求自己的目标，或过度满足于现状，对竞争对手的行动和市场需求的变化不敏感，导致组织资源冗余，从而降低企业绩效。而战略创业是配置冗余资源的具体过程，企业通过这一过程可将冗余资源重新部署，使其转化为适应环境变化的新资源与能力，并进而推动企业成长。Voss 等（2008）按照稀缺性和被组织吸收的程度，将其分为财务资源冗余、人力资源冗余、运营资源冗余与客户关系资源冗余四种类型。相对于财务资源冗余，人力资源冗余具有较高的"黏性"与"能动性"，能调动其他资源并实现资源组合，更能推动公司战略创业。投资挤占显著降低企业绩效，而资源冗余在其中起中介作用。

（三）整合分析框架

上述文献分别从赋能、价值共创与战略创业各自领域进行了相关研究，这为我们提供了有益的研究基础与借鉴，只是它们割裂了彼此之间的有机联系。目前已有少量文献开始跨越以上三者的边界，关注它们之间的融合。首先，只有赋能顾客才有条件与企业共创消费体验，赋能是价值共创的前提条件，赋能的顾客可能利用自己的市场影响力成为平台创业者而获得经济利益。其次，在战略创业过程中要顺利地克服制度摩擦，可以通过给予员工创业激励与报酬、设置夺冠项目等方式，有效激发员工创业动力从而促进机会识别，引导创新行为的发生。Shams 和 Kaufmann（2016）提出"创业价值共创"这一概念，认为越来越多的利益相关者参与了创业价值共创，以协同面对竞争，共同推动创新，它能够帮助创业者更好地管理利益相关者关系，Ramaswamy 和 Gouillart（2010）认为只有当员工有权独立解决和顾客互动之间出现的问题，企业才能更好地成为价值共创型组织。员工虽然可以整合客户资源，但也可能错误地整合，员工与客户之间的互动可能有价值共创或共同破坏两种结果，预估员工赋能应作为价值共创前因。综上，本节有机融合赋能、价值共创与战略创业的已有研究成果，试图探究赋能、价值共创与战略创业之间的关系与机理，以促进内外资源有效整合进而破解战略创业中的"资源约束"与"资源冗余"两难困境，运用 SPS（structured pragmatic situational，结构化实用化情境化）案例研究方法，将赋能分解为了员工赋能和顾客赋能两个主体视角,将价值共创分为互动合作与资源整合两个要素,将战略创业拆分为寻求机会和追求优势两个层次,特提出以下理论分析框架(图5-3)。

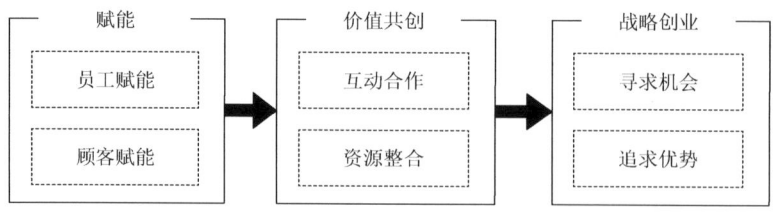

图 5-3　理论分析框架图

二、研究设计

(一)方法选择

本节采取纵向双案例研究方法,理由有三:第一,战略创业是一个极其复杂且动态的过程,而案例研究非常适合揭示情境、过程与关系类型的问题;第二,双案例设计允许改变赋能与价值共创的内容与形式,帮助我们设计基于准实验逻辑的研究框架,从而有利于识别其因果关系与提高外部效度;第三,纵向案例研究的运用有助于厘清企业战略创业脉络、梳理关键事件,通过在案例之间比较印证从而识别因果关系,提高内部效度,增加结论的可靠性和说服力。

(二)案例选择

本节选取韩都与芬尼作为研究对象,基于两点理由:第一,遵循理论抽样的重要性原则与聚焦原则,韩都创业至2016年底已创立18个自有品牌,而芬尼创立了7家公司和4个事业部,两家企业均通过战略创业实现了快速发展;第二,遵循极化类型的选择,两家企业所处行业与类型差异较大,对两个异质行业与类型进行比较分析,能避免单一行业与类型研究带来的局限性,提高研究结论的适用性。

图5-4对比了两家企业发展历程和关键事件。韩都2009年成立Hstyle品牌经营韩式服装设计、销售业务,通过产品小组制度开发服装新品,取得成功后迅速复制该模式,于2012年又成立了男装AMH、童装米妮·哈鲁、复古风格女装素缕3个自有品牌,之后韩都开展多品牌战略,2013—2014年上线了自有女装品牌Soneed、尼班诗和娜娜日记甜美系女装,保持年均诞生1至2个新品牌的更新速度。2014年还开展了代运营业务,整合上线了中老年服装品牌迪葵纳,2015年与

探路者合资建立户外童装品牌 Discovery Expedtion，这标志着韩都合作品牌道路的打通，截至 2016 年韩都包括 18 个自有品牌、5 个合资品牌、29 个合作品牌。

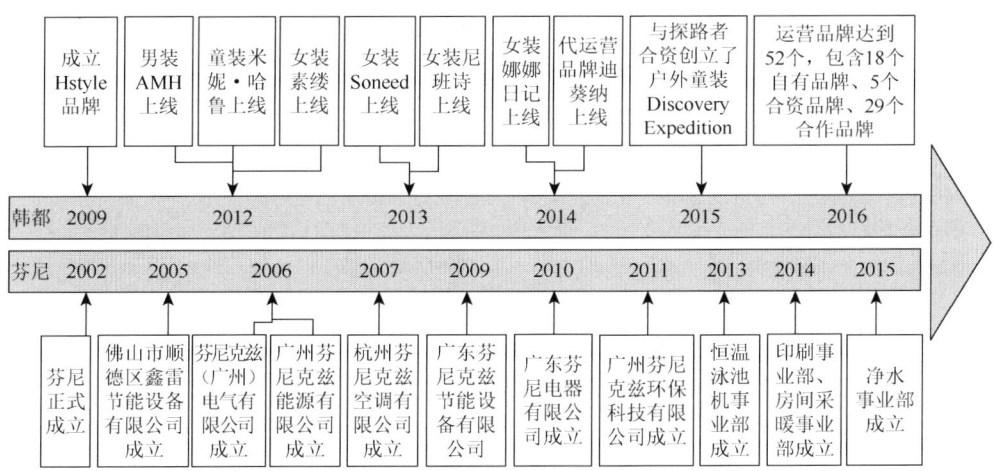

图 5-4　韩都与芬尼发展历程及关键事件

芬尼 2002 年从空气能热泵开始切入，2005 年开始战略创业，成立佛山市顺德区鑫雷节能设备有限公司（以下简称鑫雷节能），初试成功后芬尼加快了战略创业步伐，2006 年成立了芬尼克兹（广州）电气有限公司、广州芬尼克兹能源有限公司（现已更名为广州银量投资咨询有限责任公司），之后分别于 2007 年和 2009 年成立杭州芬尼克兹空调有限公司、广东芬尼克兹节能设备有限公司。受 2009 年金融危机影响，芬尼开始转战国内市场并于 2010 年成立广东芬尼电器有限公司（现为广东芬尼科技股份有限公司，以下简称芬尼电器）。为进一步提高国内市场地位，2011 年又成立了芬尼环保。2013 年开始实施事业部孵化制，相继创业孵化了恒温泳池机事业部、印刷事业部、房间采暖事业部、净水事业部，事业部经过 1 至 3 年的孵化期即可成立公司。芬尼的战略创业不仅抓住了市场机会，而且强化了竞争优势。

（三）数据收集

调研过程分为前期资料收集和后期访谈两个阶段，总体调研时间跨度为 2015—2016 年。课题小组首先通过企业微信公众号、官网等渠道搜集二手资料，大致了解企业情况后制定了半结构化访谈提纲。韩都调研时间分别为 2015 年 11 月 30 日—31 日和 2016 年 4 月 9 日—10 日，课题组跟随上海交通大学智造邦前往济南，分别采访了韩都的中高层管理者与小组制成员，并现场考察了产品部、摄影部、物流仓库等。而芬尼的第一次访谈发生于 2015 年 10 月 11 日，课题组与芬尼董事长进行初步交谈，达成共识后于 2015 年 10 月 21 日—23 日到达芬尼总部，开展为期三天的深入调研,期间参观了芬尼创意工业园并现场参与了 2015 年净水事业部创业团队的辅导与竞选。接着课题组进一步采访了芬尼副董事长、芬尼电器和鑫雷节能两家公司的总经理、事业部经理、人力资源总监、创业成员、客服人员。课题组与受访者开展深入交流以保证真实性,并快速整理调研提纲资料,小组成员对访谈资料进行充分讨论并根据企业提供的所有信息进行筛选,以保证与研究问题的契合。实地调研结束后,为了让小组成员有足够时间对数据进行整理、消化和吸收,研究团队与受访企业高管互加微信,为之后资料补充提供很大帮助。访谈主要信息如表 5-5 所示。

表 5-5 访谈主要信息汇总

企业	访谈对象	访谈次数/次	访谈人数/人	访谈内容	时长/分	字数/万字
韩都	总经理、副总经理	1	2	发展历程、关键转折事件、未来规划	121	1.33
韩都	事业部经理	2	2	关键事件、服装品牌的成立和发展过程	214	1.28
韩都	企划部经理	1	1	服装产品统一规划和调控的原则、策略	40	0.77
韩都	摄影、储运、客服	2	4	对部门内工作氛围的评价、对品牌的理解	234	1.36
韩都	产品设计、页面制作、订单专员	2	6	小组工作氛围评价、品牌理解、小组计划等	301	1.76
芬尼	董事长	4	1	初心、机制设计、障碍与对策、经验与教训	183	1.81
芬尼	副董事长	2	2	初心、机制设计、障碍与对策、经验与教训	151	0.8
芬尼	分公司总经理	2	2	创业关键事件的背景、冲突、想法、行动与结果	133	1.35
芬尼	人力资源总监	1	1	创业 PK 过程、培训体系、责权利机制	56	0.89
芬尼	事业部成员	2	6	创业关键事件的背景、冲突、想法、行动与结果	313	3.34

除深度访谈外,课题组还通过多种途径对二手资料进行收集以完善资料,并对冲突的资料反复印证确认,以确保数据的真实和准确,强化研究基础。二手资料主要包括:①企业内部文件共计 25 份,包括企业刊物、宣传手册、方案、流程与管理制度文件。②企业官网资料、文献和网上报道共计 138 份。

(四)数据分析

为了将案例数据分类、条理化,降低对案例资料的理解偏差,我们采用数据编码方式对资料进行整理。首先,根据资料来源完成对案例数据的一级编码;其次,根据文献基础,将赋能分为员工赋能和顾客赋能两个维度,将价值共创分为互动合作与资源整合两个维度,将战略创业分为寻求机会和追求优势两个维度,形成二级编码；最后，对二级编码再分类，根据案例资料归纳总结赋能、价值共创与战略创业的具体内容，形成三级编码。在编码过程中，为尽量保证编码的客观性，首先由团队两名成员分别对韩都和芬尼的资料进行编码，其次将两人编码结果对比，确认相同的编码结果，并将编码不一致的结果整理出来，再与课题小组成员讨论，最后剔除条目数十条。一级编码如表 5-6 所示。

表 5-6　案例数据的一级编码

数据来源	数据分类	编码	
		韩都	芬尼
一手资料	通过深度访谈获得资料	A1	B1
	通过非正式访谈获得资料	A2	B2
	通过现场观察获得资料	A3	B3
二手资料	通过企业网站获得资料	a1	b1
	通过社会媒体报道与网站获得资料	a2	b2
	通过企业内部获得的档案、宣传册、演示文稿等资料	a3	b3

数据编码后，首先以战略创业的频次和界限为分段标志，将韩都和芬尼的战略创业历程均分解为试点、复制和进化三个阶段。试点阶段内两家企业均顺利完成了首次战略创业活动并摸索出创业模式，芬尼在 2005 年至 2006 年以分公司形式成立鑫雷节能正式盈利，而韩都在 2009 年至 2010 年以产品小组为核心的服装运营制度促进其营业收入增长了 5 倍；复制阶段以战略创业的高频次为主要标志，通过归纳、改良前一阶段的经验，芬尼在 2006 年至 2012 年又成立了六家公司，韩都在 2010 年至 2013 年裂变的新品牌数量增加至 5 个；进化阶段战略创业的边界向企业外部延伸，芬尼 2012 年开始链接外界资源至今共孵化出了 4 个创业项目，韩都于 2013 年与服装行业伙伴形成联盟，截至 2015 年 12 月底，韩都合资、代运营品牌已达 34 个。然后采取案例内和案例间的比较范式，先在三阶段内单独讨论了赋能、价值共创对战略创业的影响，再遵循复制逻辑对两家企业进行对比，以发掘潜在理论。

三、研究发现

为了使比较更充分，本节按照一般纵向双案例的处理方式。分阶段展示总结了两家企业在不同阶段所体现的赋能、价值共创与战略创业之间的共同规律。

(一) 试点阶段

1. 韩都 (2009—2010 年)

1) 赋能

在试点阶段,韩都创始人赵迎光发现女性消费者对于韩风女装的强烈需求后,于 2009 年创立 Hstyle 品牌,开始独立设计、销售韩风服装。受限于设计师资源短缺问题,他尝试性地在企业内部成立了 10 个产品小组间接模仿韩国品牌服装设计新品。产品小组承担了设计、生产、销售三大任务,韩都进行了结构赋能,授予产品小组两项权力:一是财务有限支配权,产品小组每月获得用于支付服装的生产与销售的流动资金;二是服装产品决策权,新品从设计到销售环节全由产品小组控制。选款师选定韩国品牌服装板型后根据中国顾客的偏好做二次设计,然后产品小组讨论制定订单型号和产量并选择生产工厂,服装出厂后的营销决策权如促销折扣也掌握在产品小组手中。韩都产品小组自主性高,高管很少干涉产品小组决策。董事长赵迎光说:"第一个小组选了一款牛仔裤,连我这个外行都觉得简直没法看,但我没有制止他们,只是讲这个裤子可能有问题,但你们非得这么做,我尊重你们的选择。"之后牛仔裤的滞销证明了赵迎光判断的正确性,然而,经过这一员工赋能过程,产品小组成员能动性被有效激发,开发新品能力不断增强。

2) 价值共创

产品小组制催生了结构赋能,结构赋能促进了员工之间的价值共创。韩都从互动合作与资源整合两方面设计了价值共创机制,以提高在信息不对称条件下员工权力使用效率。在互动合作方面,一是设计了产品小组业绩提成奖金制(业绩提成奖金=销售额×毛利率×提成系数);二是每日产品小组业绩排名,排名前三的产品小组会获得额外的奖励,员工工作积极性得以提升。赵迎光说:"每天早上 10 点钟公布昨天销售排名,第一名的小组很兴奋,希望维持第一的排名,倒数第一的小组想努力赶超一点。"在资源整合机制方面,一是财务资源利用机制。首月启动资金为 2 万~5 万元,之后每月的流动资金为上月销售额的 70%。二是人力资源利用机制。产品小组包括三名成员,包括选款师、货品管理专员、页面制作专员,并在运营人员和选款师之间选出小组长,主管组内事务。

3) 战略创业

在追求机会方面,韩都成功抓住了韩国流行服装趋势,实现了集韩装设计、生产和销售一体的新业务,2009 年销售额就达到了 3800 万元。在追求优势方面,韩都以产品小组制模仿韩流开发新品,不仅以高效的更新速度吸引了大量女性消费者,而且发挥了激活个体的制度创新优势。

2. 芬尼（2005—2006 年）

1）赋能

面对销售总监离职创业并与"老东家"同业竞争的困境，芬尼创始人宗毅进行深刻反思后决定试行内部创业来留住优秀人才。第一个内部创业项目是做公司核心产品配套供应的零部件——换热器，芬尼对创业团队进行了结构赋能，主要体现在赋予两项权力：一是财务权。尽管芬尼两位创始人在鑫雷节能合计持股53.8%，却把财务签字权授予初创公司的总经理，只通过集团财务部与审计部来监控。二是决策权。除特别重大事项外，初创公司经营事务完全由创业团队负责。

表5-7展示了韩都、芬尼在试点阶段的赋能、价值共创与战略创业的典型证据。

表5-7 试点阶段：韩都、芬尼的赋能、价值共创与战略创业的典型证据

二级构念	三级构念	典型证据
员工赋能	结构赋能	"基于此种产品小组制，将权限下放给组内每个人，让每个人都能为该小组服务。"（A1） "钱到位以后，我们成立了鑫雷节能，由他们负责这个项目。"（B1）
互动合作	利益共享	"业绩提成奖金＝销售额×毛利率×提成系数，产品小组利润和产品小组每日业绩直接挂钩。我们还会对产品小组进行竞争排名，排名前三位的会得到奖励。"（A1） "第一年分红我就分了60万，让不敢尝试的人后悔到肠子都青了。"（B1）
资源整合	资源利用	"三人组成一个小组，小组长由设计部门或运营部门的人员担任。"（A1） 鑫雷节能项目的控股股东是宗毅和张利，总经理被指定为生产部主管韦发森，投资的管理团队共同决定鑫雷节能事务（b1）
寻求机会	新业务机会	多年做贸易，赵迎光对进出口贸易轻车熟路。他知道贸易赚不了钱，市场才能赚钱。因此，他将目标瞄准了韩装设计与生产（a1） "我发现游泳池热泵产品中有一个关键零部件——换热器是外购的，但欧美市场对这个产品有很大需求，而且芬尼自主研发的钛材质换热器在成本方面很有优势、有技术。"（B1）
追求优势	制度创新优势	产品小组实现了韩版女装高频次更新，更新速度居电商平台首位，成功吸引了大量女性消费者（a1） "鑫雷节能的换热器配件在韦发森他们的努力下很快研发了出来。"（B1）

2）价值共创

试点阶段的价值共创主要包括互动合作与资源利用。在互动合作方面，设计了高层以利润分配为主的激励机制。鑫雷节能成立一年后，创业团队按照股份比例共获利89万元。在资源利用方面，一是财务资源利用机制。芬尼创立鑫雷节能时，四人创业团队共投资30万元，两位创始股东共出资35万元，使得创业团队跟公司之间实现利益共享与风险共担。二是人力资源利用机制。创始人宗毅和张

利为创业者提供创业咨询与辅导,以生产部主管韦发森为总经理,加上共同投资与创业的技术部与采购部主管构成核心创业团队,使得人力资源组合能实现优势互补与业务匹配。

3)战略创业

在寻求机会方面,宗毅在一次业务接洽中发现公司主打的游泳池热泵产品中有个关键零部件——换热器,原先是向浴池企业购买,欧美市场对这个产品有很大需求,于是,宗毅决定将公司第一个内部创业项目选择为研发制造换热器配件,以替代外购与OEM,借助公司已有的渠道与客户资源,确保首个内部创业项目初战必捷。在追求优势方面,芬尼通过所有权与经营权的统一,将职业经理变成创业合伙人,不仅获得了激活个体的制度创新优势,而且获得了模仿创新钛材质换热器的成本优势。

图5-5总结了试点阶段韩都和芬尼通过结构赋能与价值共创促进战略创业的过程。

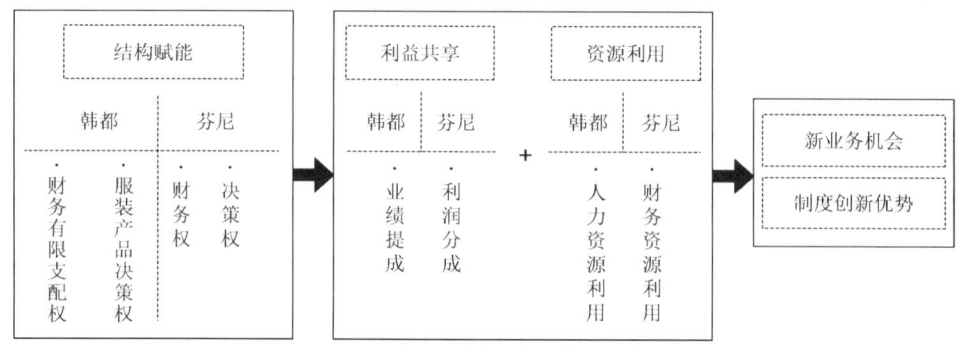

图5-5 韩都和芬尼的结构赋能与价值共创

首先,在结构赋能方面,韩都对产品小组授予了财务有限支配权和服装产品决策权,芬尼授予了创业团队财务权和决策权,均实现了结构赋能。其次,在价值共创方面,韩都和芬尼都通过利益共享机制的设计——为团队设计的业绩提成与利润分红的机制,侧重于短期利益的分享,促进了财务资源与人力资源的利用,提升了团队动力。在战略创业方面,韩都和芬尼均通过结构赋能和价值共创分别开展了韩装业务和配件业务,不仅开拓了新业务机会,而且获得了激活个体与团队的制度创新优势。

根据以上分析,得出命题1:在战略创业的试点阶段,企业利用结构赋能为价值共创提供了制度环境,通过利益共享机制设计促进了资源利用,进而推动了新业务机会与制度创新优势的获得。

（二）复制阶段

1. 韩都（2010—2013年）

1）赋能

在复制阶段，随着产品小组制的实行，韩都业绩大幅上升，随之将传统的产品与运营部门全部拆分重组为产品小组，并复制 Hstyle 产品小组运营模式来开发新的子品牌，赵迎光进一步扩大员工权力，自己扮演教练角色，培养员工的领导力：一是员工组合权。由于业绩排名靠后产品小组奖金数额低和组长奖金分配比例高，产品小组内的矛盾逐渐凸显，产品小组团队协作程度降低，韩都允许并鼓励产品小组可自由拆分与重组，新员工不断加入及时补充产品小组分裂后的空缺，促进产品小组的自由分裂和进化。二是财务支配权。产品小组流动资金根据销售额确定，韩都每年 10 月份以公司业绩增长目标为导向为每个产品小组制定来年的销售额。比如，整个公司的目标绩效增长率为 50%，若产品小组去年完成了 100 万元的销售额，那么来年产品小组的销售额应达成 150 万元左右，韩都会根据这一目标给产品小组配置 70 万元的流动资金。三是新品战术决策权。此阶段产品小组的新品决策权发生变化，须服从企划部所制定的产品企划案，如上衣和裤装的款式比率，以掌控品牌和品类的产品结构。与此同时，产品促销决策由"爆旺平滞"排名来决定，爆款和旺款可以返单（销量达 2000 件即属于爆款），平款和滞款必须立即打折促销，产品小组不再具有新品开发的全流程权力。

2）价值共创

产品小组数量的增加使价值共创范围扩大至全公司，不同类别产品小组之间形成互动，同时也导致产品小组争夺内部资源现象加剧。复制阶段的价值共创主要通过事业共享机制设计促进了资源优化。在事业共享机制设计方面，除了继续保持利益共享机制之外，韩都增设了事业成就感激励，考虑到综合能力较强的产品小组往往希望独立，设计了品牌扶持政策，即成立新品牌的产品小组提成比例由 1.5%升至 2.5%，达到年度销量指标后还可办"成人礼"，意味着产品小组可独立核算并享有净利润分红权，给予有品牌创建梦想与能力的员工成就自我的机会。2012 年，男装 AMH、复古风格女装素缕、童装米妮·哈鲁就是在事业共享激励机制下诞生的。在资源整合方面，韩都对三项资源配置进行了优化：一是财务资源优化。韩都成立企划部负责商品的整体运营，对产品开发进行秩序管理。事先规划好产品小组负责库存，避免了恶性库存的产生，增强了资金的流动性。二是人力资源优化。韩都允许产品小组成员跳槽，跳槽员工其后一年提成的 10%归原组长所有，以对原组长进行补偿，以提升产品小组内部活力。三是公共资源优化。2010 年开始韩都互联网运营初具规模，高绩效表现增强了赵迎光对产品小组制的信心，因此他将韩都的客服、市场推广、物流、摄影部也各自拆分为若干公共服务小组。产品小组可自由选择公共小组,无须再通过服务部门的主管安排,提高了后台服务效率,使资源分配更加公平有效。

3)战略创业

复制阶段的战略创业效果进一步得到释放。在寻求机会方面,韩都新开拓了男装与童装市场,韩都单日店铺最高访客 1500 多万人、最高浏览量超过 5500 万次,产品认可度一直在电商中高居榜首。在追求优势方面,2009—2013 年,韩都的架构全面小组化,产品小组数量增加至 200 多个,相当于试点阶段的 10 倍,跨部门小组不断成立,产品小组和公共小组间形成组间互动,每年更新将近 2 万款新品,2013 年韩都又上线了欧美风快时尚品牌尼班诗、韩风优雅时尚女装品牌 Soneed,创新边界由局部拓展至企业所有产品小组,韩都通过领导赋能与价值共创,跨界创新优势日益明显。

2. 芬尼(2006—2012 年)

1)赋能

鑫雷节能试点的成功激发了员工创业热情,员工甚至主动询问是否有新的创业机会,于是芬尼开始在企业内部复制创业模式。在复制阶段,芬尼的员工赋能体现为领导赋能,老板宗毅扮演创业教练对团队进行辅导,为团队遇到的难题提供建议,并进一步下放权力:一是团队组建权。高中基层骨干员工(工作年限≥3 年)都可自由组建团队竞选创业项目,而非试点阶段由老板直接指定创业团队,确保人才有公平公开的机会参与创业竞选。二是股权众筹权。创业团队通过策划商业计划书并路演 PK,吸引骨干员工用人民币投票来选择团队,以此完成创业资本的筹措。三是战略决策权。芬尼鼓励创业团队自主经营、自主决策、自负盈亏。

2)价值共创

在复制阶段,芬尼通过事业共享机制设计促进了资源优化。在互动合作方面,利益共享进一步提升,子公司税后利润的 20%优先作为创业团队分红,30%的税后利润作为企业发展资金,50%的税后利润按照股权比例分红。创业团队 25%的股份,能享有 40%的收益权,收益相对试点阶段增长了 0.6 倍。此外,芬尼还增设了成就感激励,即企业所有中高层、骨干员工均可有机会参与创业竞选,满足了他们的创业需求。在资源整合方面:一是财务资源优化。为了让创业团队赢得更好的创业环境,芬尼决定在更大范围内建立利益共同体。除了创业团队投股占比 25%之外,中高层与骨干员工可占比 25%,创始人占 50%的股份,持股人一旦离开芬尼,按最初投资原价退还股份。二是人力资源优化。创业机会的有限性促使员工争先恐后争夺创业项目。为解决这一矛盾,芬尼规定每当有合适创业机会,骨干员工都可跨部门组建团队PK，其余员工根据团队表现用人民币投票，既解决了传统企业论资排辈问题，又帮企业选出了德才兼备的人才，因为人民币投票制度规定投票金额必须兑现，杜绝了作弊现象的产生，而且芬尼规定总经理每五年换届竞选一次，使总经理保持危机感，在任期内尽职工作，帮助公司注入创新而不被僵化。三是公共资源优化。母公司开放制造与行政体系为子公司服务；母公司骨干员工对子公司投股规定进一步解决了母子公司资源争夺问题。考虑到自身股权利益的母公司员工会愿意开放公共资源为子公司提供服务。

3）战略创业

在寻求机会方面，芬尼原先主打的国际市场受金融危机影响，迫使其将注意力转移到国内市场，开发家用热泵电器产品，2010年成立芬尼电器，通过互联网渠道销售产品，从商用热泵市场拓展到了家用热泵市场；在追求优势方面，通过员工赋能与价值共创的优化设计，骨干员工参与创业项目，创业范围由试点阶段的四人扩展至公司中层骨干员工。在这一阶段，因为员工赋能与价值共创带来的制度创新优势激活了组织活力，战略创业开始内部裂变，先后跨界电气、能源、空调、节能设备等，开始突显出跨界创新优势。

表5-8展示了韩都、芬尼在复制阶段的赋能、价值共创与战略创业的典型证据。

表5-8 复制阶段：韩都、芬尼的赋能、价值共创与战略创业的典型证据

二级构念	三级构念	典型证据
员工赋能	领导赋能	"后来的产品小组能尽量实现全员参与经营，精细核算到每个员工，通过这种方式我希望能培养出更有决策力的领导。"（A1） "很多事是总经理的团队在做决定，只有在他们拿不准的时候我们才会提些建议。"（B1）
互动合作	事业共享	"业绩处于中间的员工独立愿望很强烈，公司愿意扶持有品牌创建梦想和能力的人给他独立经营的平台。"（A1） "创业型人才是我们需要的。与其让他们在外面折腾，不如让他们在公司施展才华，至少在我们的掌握之中。"（B1）
资源整合	资源优化	"行政部管理难度大，随着公司扩大效率越来越低，我们把这些部门全面小组化，若是觉得生产部某小组协调得力，就会分配更多任务，对应生产小组就会有更多收入。"（A1） "制造体系、豪车随便用，他们也相当于富二代了，借用母公司资源，有可能跟既得利益者发生冲突。一旦骨干投股后跟新公司利益绑定，新公司运营就会顺畅得多。"（B1）
寻求机会	新市场机会	韩都增加了男装、童装市场（a1） "国际市场不景气，也到了该转型的时候了，国内市场才是芬尼接下来的主战场，家用电器产品也逐步开发起来。"（B1）
追求优势	跨界创新优势	每年推出2万款新品，增加了男装AMH、复古风格女装素缕、童装米妮·哈鲁等5个新品牌（a1） "我们后来又跨界成立了6家分公司，其中芬尼电器首创空气能行业网络营销模式，成为行业最具价值品牌。"（B1）

首先，在赋能方面，韩都和芬尼均向团队增加了用人权，韩都的产品权收缩，产品小组拥有战术决策权力，芬尼创业团队拥有创业项目的战略决策权。在价值共创方面，韩都和芬尼为团队设计了利益共享机制之外，通过分权让团队成员分享事业成就感，形成事业共享机制，进一步激发了团队动力，促进了财务资源、人力资源与公共资源的优化配置，协调化解了资源约束引发的团队之间资源争夺矛盾。在战略创业方面，韩都和芬尼均通过员工赋能和价值共创分别开展了男装、童装与家用电器，不仅开拓了新市场，而且获得了跨界创新优势。

根据以上分析，得出命题2：在战略创业的复制阶段，企业通过领导赋能巩固了价值共创基础，设计事业共享机制促进了资源优化，进而推动了新市场机会与跨界创新优势的获得。

（三）进化阶段

1. 韩都（2014年至今）

1）赋能

在进化阶段，不仅员工赋能的权力边界得以向外扩大，而且顾客赋能的行为范式得到初步培育。首先，员工获得外部资源整合权。企业员工可代理或合资运营公司外部其他服装品牌。例如，迪葵纳中老年女性服装，2014年经整合改造后的迪葵纳一经推出就稳居天猫中老年女装类目的第一名；韩都在2015年与探路者合资创立户外童装品牌Discovery Expedition；2016年与九牧王一起合资创立商务男装品牌ROR，员工在此过程中感受到更大的控制力、工作价值与影响力，此阶段的员工赋能表现为心理赋能。其次，顾客获得营销参与权。以顾客参与营销活动为主要内容，韩都采用网红变现模式，和新媒体平台的人气顾客达成合作，邀请他们通过直播软件对韩都的新品进行评价与搭配，首次尝试就吸引了将近200万人次观看，网红同款商品的进店流量更是达到了一个峰值，新顾客占比80%。

2）价值共创

在进化阶段，为吸引行业上下游合作伙伴加入，韩都成立了智汇蓝海互联网品牌孵化基地。在互动合作方面，参与主体由产品小组与公司部门之间扩展到供应链与客户链，形成了命运共享。其具体表现：一是利益共享。与网红顾客建立合作，他们可从中获得利益分成，如韩都的网红变现模式；代运营品牌、合作品牌方面，除收取一定服务费用外，还会根据品牌销量进行分红提成。二是成就共享。产品小组除成立原创品牌外，员工还可负责代理运营品牌任务。三是客户共享。一方面，韩都和供应商实现客户资源共享，韩都代理、合作的品牌资源会被分享给联盟供应商，增加供应商的生产订单；另一方面，平台所有服装品牌实现顾客资源共享，在每一品牌旗舰店的首页，均放置了联盟品牌旗舰店链接，顾客可在所有品牌旗舰店间轻松切换。在资源整合方面：一是运营资源开放，包括财务资源、人力资源、公共资源（供应链、仓储、客服等）。以柔性供应链为例，韩都与240余家供应商签订协议将传统的生产线按工序切分，一件服装将由多个工厂共同完成，使新品生产周期缩短为30天，韩都通过合资或代运营成立的服装品牌，均可使用该供应链资源。二是战略资源开放，包括智能、营销、品牌设计与集成服务四大系统，为合作伙伴提供了互联网运营与服装行业经验，为互联网服装品牌团队提供集成创业服务。

3）战略创业

在进化阶段，韩都转型成为时尚服装品牌创业服务平台。在寻求机会方面，韩都既给予员工机会成立新品牌或合资品牌，同时开放资源给行业内合作伙伴与顾客，全新推出培训、咨询与运营的创业服务，韩都通过平台赋能促进内外部创业孵化、代运营与合资创牌，2016年底运营品牌达到52个，其中包含18个自有品牌、5个合资品牌、29个合作品牌，涵盖了男装、女装、童装、中老年服装、鞋类五大细分市场，谋求了新产品与新市场兼有的新组合机会；在追求优势方面，韩都通过互联网平台赋能，促进了服装产业链上下游不同品牌与工厂之间的价值共创，形成了一个集时尚服装设计、生产、营销与服务于一体的产业生态，韩都初步获得了生态创新优势。

2. 芬尼（2013年至今）

1）赋能

在进化阶段，员工由参与创业到主导创业，顾客由消费产品到参与创造。在员工赋能方面，芬尼制定了创业法则，创业成为公司的核心价值观。过去，机会识别主要由老板倡导，现在，员工开始主动发现机会并发起创业竞选活动。例如，芬尼电器左向前发现客户除了经销自家的空气能热水器，还经销净水器，而且净水器的销量呈上升趋势，他嗅到其中的商机，代理了一家美国品牌并分销到客户网络之中，进而发起了净水器创业比赛。员工在此过程中感受到更大的控制力、工作价值与影响力，此阶段的员工赋能表现为心理赋能。在顾客赋能方面，芬尼官网添加"买家秀"模块，该模块中既有芬尼产品使用反馈照片与信息，还有顾客在家中拍摄的芬尼产品体验视频，顾客参与到企业营销活动之中。芬尼为此还制订了"天使顾客"计划，将已经购买芬尼产品的顾客家中变成产品终端体验店，对芬尼产品感兴趣的潜在顾客可通过微信预约方式去当地"天使顾客"家中亲身体验，顾客成为兼职销售顾问，通过赋能深入参与企业营销价值链中。它不仅增加了潜在顾客对芬尼产品的信任和购买欲望，而且大大节省了公司的终端营销成本。

2）价值共创

在进化阶段，芬尼开展 Idealab 规划。在互动合作方面，芬尼开放式链接创业团队，形成了企业内外部创业群体之间的命运共享。其主要表现：一是利益共享。创业团队在存续期间盈利年度的利润额外奖励额度≤20%，奖励方案由总经理提议、董事会决定；利润的 50%按股权分配，剩余部分作为公司发展基金，不参与当年利润分配。存续期间为亏损年度的，当年不分配利润，经股东会决定可适当分配以前年度未分配利润。二是成就共享。战略创业的子公司如果发展得好，不仅可以优先发起创业项目，而且子公司的员工得到更多创业机会，此时母公司不再主导子公司的创业，而由子公司占大股，给能干的人才更大的事业平台。三是客户共享。母公司和子公司的中央空调、商用采暖、商用热泵、印刷热泵与泳池热泵等均在芬尼官方商城出售，所有产品集合至统一平台，共享电商平台与顾客资源。在资源整合方面：一是运营资源开放。芬尼鼓励骨干员工挖掘上游零部件供应和下游的销售机会，利用母公司品牌、技术、财务、人力与制造资源创业成为芬尼的上游供应商或下游销售商。二是战略资源开放。Idealab 规划为连接外部创业团队构建桥梁，向外部创业团队提供创业服务，芬尼学院为具有创业精神的年轻骨干员工提供战略、财务、营销与创业等学习机会。

3）战略创业

在进化阶段，芬尼转型为创业服务平台。在寻求机会方面，芬尼成立了恒温泳池机、印刷、房间采暖与净水四个事业部，还向外界创业团队提供创业服务，谋求了新产品与新市场兼具的组合型机会；在追求优势方面，芬尼向热泵行业上下游延伸，吸引外部创业团队、创业导师与创投机构参与创业大赛，此种开放式创业平台，既打破了原有的创业边界，又初步获得了生态创新优势。

表 5-9 展示了韩都、芬尼在进化阶段赋能、价值共创与战略创业的典型证据。

表 5-9　进化阶段：韩都、芬尼的赋能、价值共创与战略创业的典型证据

二级构念	三级构念	典型证据
员工赋能	心理赋能	"做户外品牌对我来说是全新的挑战，我一直想进入这个相对专业的领域，与探路者的合作让我们找到了机会。"（A1）
		"项目是大家提的，到底做激烈竞争项目还是做前途远大项目，由他们自己做出抉择。"（B1）
顾客赋能	顾客参与	"网红加直播很容易吸引粉丝，第一次直播就有将近 200 万人次，进店流量也达到了峰值，新客户比率有 80%，转化率也很可观。"（A1）
		"芬尼优质用户还可以申请成为天使用户，参与转介绍环节。"（B1）
资源整合	资源开放	"韩都面向中小电商企业开放中后台智能系统。"（A1）
		"我们开展 Idealab 规划，外部链接社群，选择合适的团队、项目进行培训。"（B1）

续表

二级构念	三级构念	典型证据
互动合作	命运共享	韩都每一品牌旗舰店均有其他服装品牌旗舰店链接（a1）
		所有产品在芬尼官网均有展示，热泵产品的顾客资源还可被转换为空调产品顾客（b1）
寻求机会	新组合机会	"利用平台优势与品牌集聚效应，不断吸引整合外部优质的投资、培训、咨询、广告等机构资源，打造完整的拥有电商 4.0 时代的互联网品牌生态孵化体系。"（A1）
		"除成立项目部、新公司外，我们还向外提供创业辅导、公共服务。"（B1）
追求优势	生态创新优势	互联网、线下、制造工厂、海外，智汇蓝海互联网品牌孵化运营渐成格局（a1）
		"产业链向上下游延伸，控制了行业关键技术及高利润环节，形成了产业链竞争优势。"（B1）

图 5-6 总结了进化阶段韩都和芬尼通过心理赋能与顾客赋能推动了价值共创进而促进战略创业。在赋能方面，两家企业给予员工心理赋能之外，还扩展到顾客赋能。在价值共创方面，核心资源之一的客户资源被共享出来，让团队与团队之间、团队与公司之间共担风险与共担责任，两家企业形成命运共享（同时包括利益、成就与顾客共享）机制的设置，促进了运营资源与战略资源的开放，进而转型为行业开放创业服务平台。在战略创业方面，不仅开拓了新业务与新市场兼具的新组合机会，而且赢得了创业平台生态创新优势。

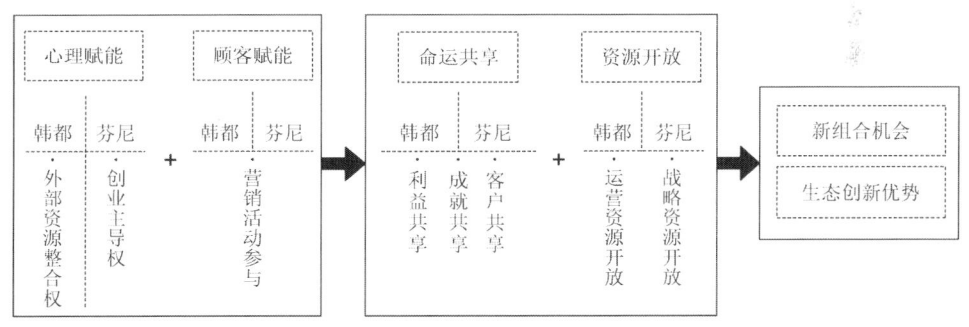

图 5-6　进化阶段：韩都和芬尼的比较

根据以上分析，得出命题 3：在战略创业的进化阶段，企业增加了心理赋能与顾客赋能，优化了价值共创环境，通过命运共享机制的设置促进了资源开放，进而推动了新组合机会与生态创新优势的获得。

四、结论与讨论

(一) 主要结论

本节围绕战略创业中的资源约束与资源冗余两难困境,基于赋能与价值共创的理论视角,经过韩都和芬尼的纵向案例分析,得出如下四个主要结论:第一,战略创业是一个基于员工赋能与顾客赋能的价值共创过程,其过程模型如图 5-7 所示,该模型揭示出战略创业过程经历了试点阶段、复制阶段与进化阶段;第二,在试点阶段,企业通过结构赋能营造了员工之间的价值共创环境,通过利益共享机制设计促进了冗余资源的利用,进而推动了新业务机会与制度创新优势的获得;第三,在复制阶段,企业通过领导赋能巩固了团队之间的价值共创环境,借助事业共享机制设计促进了冗余资源的优化,进而推动了新市场机会与跨界创新优势的获得;第四,在进化阶段,企业通过心理赋能与顾客赋能优化了员工与顾客之间的价值共创环境,通过命运共享机制设计促进了资源开放,有效地突破了创业"资源约束"的瓶颈,进而推动了新组合机会与生态创新优势的获得。

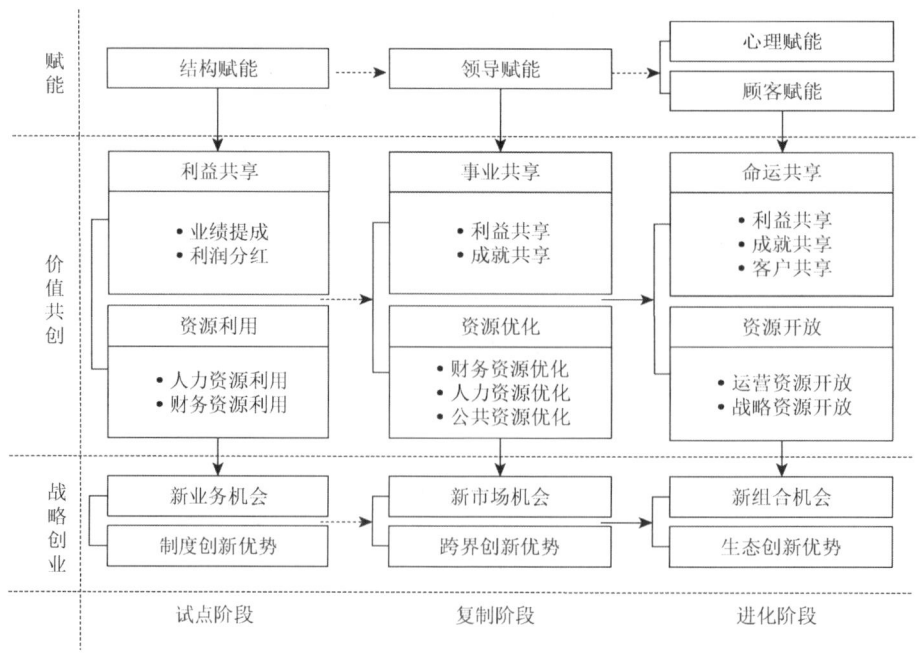

图 5-7 赋能、价值共创与战略创业的演化过程模型

（二）理论贡献

（1）赋能方面。第一，现有员工赋能研究分别强调了结构赋能、领导赋能与心理赋能，但却忽略了它们之间的阶段匹配与演化过程，在遵循前人研究成果的基础上，本节发现结构赋能、领导赋能、心理赋能与战略创业的试点阶段、复制阶段与进化阶段相匹配，经历了从"结构赋能—领导赋能—心理赋能"的演化过程。第二，打开了赋能对战略创业影响的过程"黑箱"。以往文献强调了员工赋能有利于提升企业绩效的直接因果关系，Kassa 和 Raju（2015）运用实证方法反向验证了战略创业活动对员工工作态度的促进作用，而本节运用纵向案例研究方法，在其间引入价值共创视角。第三，将员工赋能与顾客赋能有机融合，为价值共创提供了更好的前提条件。人力资源研究往往关注高管团队将权力下放，给予员工更多自主权的员工赋能，市场营销研究强调顾客拥有更多主动权，本节打破了员工赋能与顾客赋能的研究边界，建立了人力资源与市场营销领域的对话桥梁。

（2）价值共创方面。第一，本节回应了 Gummesson 和 Mele（2010）将价值共创过程视为互动与资源整合的过程，并在此基础上识别出随着两个阶段而演化的资源利用、资源优化与资源开放。第二，深化了价值共创中的互动机制研究。已有文献既研究了顾客利用自己的市场影响力成为平台创业者而获得经济利益的可能，也探讨了经济性、功能性、情感性与象征性等不同客户价值主张对价值共创机制实现的可能性，却都还没有像本节一样提出利益共享、事业共享与命运共享机制的三阶段演化。第三，以价值共创作为中介变量，探讨赋能对战略创业的影响，价值共创能更好协调企业互动与资源整合，进一步拓展了价值共创的研究边界。

（3）战略创业方面。第一，有别于以往研究把战略创业看成一个企业通过组织控制的过程，本节发现战略创业是一个企业通过赋能促进价值共创进而获得机会与优势的过程，为战略创业的影响因素提供了全新的研究视角。第二，本节在 Ireland 等（2001）提出战略创业包括追求机会和寻求优势两大任务基础上，进一步识别了新业务机会、新市场机会与新组合机会，以及制度创新优势、跨界创新优势与生态创新优势，深化了战略创业的内涵与演化过程研究。

（三）实践启示

战略创业既是企业战略转型的关键举措，也是对"双创"的微观响应。研究结论显示：首先，企业要变组织控制为平台赋能。企业通过赋能员工，让员工拥有决策权、用人权与财务权，以此提升员工能力与激发员工潜力，为战略创业准备好能动性资源，同时通过互联网平台赋能顾客，让顾客参与营销活动的价值创造过程中来并获得利益。其次，企业要设计好价值共创机制。互动合作与资源整合是战略创业成功的保障，竞选机制选拔创业领军人才，能动性资源得到有效配置；分配机制使激励相容，老板愿意跟员工分享权力与利益，员工才会与企业共担责任与风险。最后，战略创业是一个不断演化的过程，可能要经历试点、复制与进化三个阶段，企业要通过赋能的价值共创过程，在获得新业务、新市场与新组合机会的同时，赢得制度创新优势、跨界创新优势与生态创新优势。

（四）研究局限

本节采用纵向案例研究方法，选取了最具代表性的两个典型案例，从正面证明了赋能促进价值共创进而推动战略创业，但所得结论可能仍然缺乏普适性，未来研究应当选取更多企业深入剖析，甚至也可从反面（即低赋能水平导致低价值共创，从而破坏战略创业）验证该命题的成立。此外，本节着重对两家行业悬殊较大的案例进行了共性复制逻辑分析，增加了结论的外部效度，但因设计与篇幅的限制，尚未做两者之间的差别研究，期望在下一步研究中弥补此遗憾。

第三节 "互联网+价值"共创促进大规模定制

中国制造正呈现产能过剩与产能短缺的结构性矛盾：一方面，大规模制造的标准化产品严重过剩；另一方面，大规模定制的个性化产品供不应求。特别是在互联网快速发展的产业变革中，工业文明的高度繁荣彻底摆脱了物质短缺，消费者基本生活需求已得到极大满足，并沿着马斯洛需求层次逐级攀升，这正是个性化定制出现的土壤，消费者驱动大规模定制正成为中国制造企业转型升级的重要方向。然而，如何实现既能发挥大规模生产的低成本与高效率优势又能满足消费者个性化需求的大规模定制，这不仅是模式转型过程中面临的重大挑战，也是理论研究尚未深入探讨的重要课题。

个性化定制增长的瓶颈在于个性化产品无法克服大规模生产带来的高成本，个性化定制与大规模生产一直是一对无法调和的矛盾。理论上，将两者有机融合的大规模定制具有"多快好省"（品种多、交货快、品质好、成本省）四个方面的突出优势；实践中，成功解决"大规模生产与个性化定制"难题的企业凤毛麟角。在中国，只有极少数领先的制造企业实现了大规模定制。例如，尚品宅配通过线上互联网和线下实体门店跟消费者对接，根据消费者空间的实际状况和需求喜好，为其提供不同颜色、不同风格、根据空间定制的复合板材家具。尚品宅配的家具制造彻底颠覆了传统厂商的生产方式，采用定制化的柔性生产技术，日生产能力提高6—8倍，材料利用率从70%提高到90%以上，出错率从30%下降到10%，交货周期从30天缩短到7天。通过数码化流程管理，消费者下单后才生产，库存为零，年资金周转率提升到10次以上。尽管已经有国内学者通过案例研究构建了中小制造企业借助瓶颈突破与行动学习实现转型能力提升的路径模型，但现有文献对大规模定制转型的最佳实践尚缺少探索性案例研究。

目前关于大规模定制研究主要有三个视角：一是生产方式视角，将大规模定制视为一种以大规模生产实现产品多样化或个性化的生产方式，即"大规模生产＋个性化定制"；二是组织能力视角，将大规模定制定义为通过发展一系列组织能力，补充和丰富既有业务，以不断满足精确知晓的个性消费需求；三是技术系统视角，将大规模定制理解为能够以大规模生产效率满足个体消费者产品和服务需求的技术与系统。尽管以消费者为中心的定制趋势日趋明朗，对大规模定制研究也已经从一开始的营销个性化拓展到制造个性化，再到设计个性化，乃至实现全价值链个性化，但基于互联网环境下的大规模定制研究却严重滞后于企业实践。

调研中，尚品宅配成功地实现了O2O（online to offline，线上线下一体化）的有机融合与C2B（consumer-to-business，顾客对企业电子商务）的高效协同给我们留下了深刻的印象。但是，在"互联网＋智能制造"双向融合的情境下如何促进大规模定制，学者还鲜有深入的研究。因此，本节基于价值共创的理论视角，以尚品宅配大规模定制的发展历程为研究对象，运用案例研究法，试图回答一个问题：价值共创如何促进大规模定制？本节将此问题分解为三个子问题：①大规模定制的诱因，即面临的外部压力与内在动力；②价值共创促进大规模定制的演化过程；③大规模定制能力的实现。研究结论不仅拓展了价值共创的边界，而且对制造企业大规模定制转型具有重要的指导意义。本节结构安排如下：第一部分是文献回顾与理论框架，第二部分是研究设计，第三部分是案例描述，第四部分是研究发现，第五部分是结论与讨论。

一、文献回顾与理论框架

（一）大规模定制

不同学者从不同角度分别提出了个性化定制、定制化、顾客化定制、大规模定制等相近而有差异的概念。个性化定制的内涵最广，它不仅是企业产品或服务差异化的战略工具，而且是一种商业模式创新，分为对个体消费者的个性化定制（一对一个性化定制）和对群体消费者的个性化定制（一对多个性化定制）；定制化特指在网络环境中消费者控制的个性化定制，也可视为是在传统大规模定制中加入消费者的个性化需求信息；顾客化定制是企业从顾客视角对营销进行的重新设计，也即重新定义企业与消费者之间的关系，它是一对一营销和个性化定制的升级版（一对一营销是由企业驱动，个性化定制则可由顾客驱动或顾客与企业共同驱动）。顾客化定制是营销侧的 IT（information technology，信息技术）密集型，大规模定制则是生产侧的 IT 密集型。大规模定制是通过发展一系列组织能力，补充和丰富既有业务，不断满足精确知晓的个性消费需求，也是以大规模生产效率满足个体消费者产品和服务需求的技术系统，更是一种以大规模生产实现产品多样化或个性化的生产方式，即"大规模生产 + 个性化定制"。本节认同大规模定制概念的提法，综合上述学者的观点，重新将其定义为"企业借助互联网平台与智能制造技术，既能准确挖掘消费者的个性化需求，又能及时响应消费者的个性化需求，以合理价格实现大规模生产个性化产品的生产方式、商业模式与组织能力的集成"，它是大规模生产与个性化定制的混合体。

为了更好地厘清大规模定制的内涵与特征，我们从定制的分类与演化过程来梳理其中的脉络。从定制主导权来分，定制可分为三种：一是企业主导。企业先提供产品或服务组合，消费者可根据自己偏好选择产品或服务内容，如亚马逊公司等。二是消费者主导。先由消费者提供偏好的产品或服务元素，企业根据消费者需求进行定制生产，如 Dell 等。三是共同主导。企业与消费者在研发、设计、营销与服务等环节共同创造价值，如尚品宅配。从定制程度来分，可分为：适应性定制，指企业提供一种满足所有人需求的产品，消费者按需选择功能，如吉利感应剃须刀；装饰性定制，指企业基于标准化产品进行不同的外观设计，如淘宝网上的个性化 T 恤衫；透明化定制，指企业提供的产品外观标准化但内部功能不同。Vesanen（2007）将个性化定制分成细分营销、自适应个性化、外观个性化、透明个性化和协作定制等五类，这种对特定定制模式下的类型细分更加偏重定制实现的方法。不同类型的定制模式之间存在着内在的演化关系。过去，大规模定制被视为一个在利基市场领域颇有前途的制造战略；现在，它已经成为互联网思维重构中高端消费市场的主导模式。虽然国内大多数传统制造企业依然是大规模生产导向，但大规模定制正加速渗透到各行各业。从历史演化来看，已经历了手工制造、大规模生产、基于模块化的大规模定制与基于个性化的大规模定制。为了便于区分，本节将基于模块化的大规模定制称为大规模定制 1.0，将基于个性化的大规模定制称为大规模定制 2.0，本节讨论的研究对象是指将大规模生产与个性化定制融为一体的大规模定制 2.0，这时的消费者参与度更高，他们有影响并参与产品设计的强烈意愿，能够与企业进行联合创造和协同设计，并从一开始就参与到创新的快速迭代、双向创造和设计中。

以上关于大规模定制研究为本节的探索提供了有益的启示，但现有研究侧重于大规模定制的定义、分类、影响因素等，对如何提升大规模定制能力关注不够，缺乏大规模定制能力的演化过程研究。中国制造企业转型升级的重要方向之一就是向消费者驱动的大规模定制转型，而转型能否实现关键在于大规模定制能力能否得到提升。因此，探索制造企业如何实现大规模定制的过程，将有助于制造企业找到互联网转型的实现路径。为了能够有效地分析与测量案例企业的大规模定制，借鉴大规模定制与个性化定制的文献综述，本节将大规模定制界定为以下两种组织能力的集成：①企业前端根据消费者个性化需求定义产品特征的个性化需求挖掘能力；②企业后端整合供应链资源与流程的个性化需求实现能力。

（二）价值共创

成功企业的普遍变化是从企业单独创造价值转变为价值共创。价值共创是企业与消费者通过互动共同创造消费者体验的过程，价值镶嵌在消费者个性化体验中，消费者能够与企业进行对话并积极互动，甚至在产品或服务中重新创造自身体验，企业通过构建与消费者不断互动的服务网络来实现价值共创。价值共创理论有两个重要分支：一是由 Prahalad 和 Ramaswamy（2004）提出的基于消费者体验的价值共创理论，认为价值共创是企业与消费者通过互动共同创造消费者体验的过程，价值镶嵌在消费者个性化体验中，他们构建了一个"DART"模型，建议通过对话（dialogue）、体验（access）、风险评估（risk assessment）和提高透明度（transparency）来激发企业与消费者共同创造价值，以保证价值共创的效率；二是由 Vargo 和 Lusch（2004）提出的基于服务主导逻辑的价值共创理论，认为服务是一切经济交换的根本基础，消费者是价值的共同创造者，消费者是能动性资源的拥有者，他们把自己的知识、技能、经验等投入价值创造过程，这是价值共创的一个重要前提。Grönroos（2008）进一步提出基于服务主导逻辑的价值共创模型：价值促进者向消费者提供资源（产品、服务、信息）以作为价值创造的基础，价值合作者在价值生成过程中与消费者进行直接互动，价值创造者在价值生成过程中投入自己的资源和能力，并通过与企业互动来实现价值创造；Aarikka-Stenroos 和 Jaakkola（2012）发现了知识密集型产业价值共创的框架，包括需求诊断、设计和提出解决方案、组织过程和资源、管理价值冲突及达成解决方案的目标；Gummesson 和 Mele（2010）把价值共创的整个过程分为互动和资源整合两个阶段。郭朝阳等（2012）提出通过"产品+服务"的方式帮助消费者获得完美体验，从传统价值创造过渡到以消费者体验为中心的价值共创，最大限度地实现企业内外部资源的有效配置和整合利用；武文珍和陈启杰（2012）构建了基于生产者逻辑和消费者逻辑的价值共创过程模型。

价值共创形成于消费者与企业之间的异质性互动。互动不仅能够帮助企业获取消费者及其偏好的深层次信息，而且还能帮助消费者在服务提供者的支持下完成价值创造过程。服务主导逻辑认为体验是价值创造的基本单位，价值创造被认为是参与者的体验；体验是资源集成商为顾客整合资源创造价值；公司通过顾客参与体验共创价值；公司通过提供资源优化顾客体验来实现价值共创。现已有学者在价值共创与顾客化定制能力之间初步搭建对话桥梁，认为与顾客共创价值不仅对企业服务能力产生积极影响，而且会直接影响顾客化定制能力，而服务能力又对顾客化定制能力有积极影响。也有学者从顾客参与和体验经济的角度研究了大规模定制，顾客参与的大规模定制将顾客纳入生产系统，顾客的意志体现在产品的设计、生产、交付全过程中，实现了顾客的全过程参与。但价值共创促进大规模定制过程的深入研究仍十分缺乏，更未曾有学者从线上线下与前端后端间的价值共创这一全新视角进行关注。

(三) 理论框架

现有文献的理论成果为我们提供了有益的启示与借鉴，但现有研究至少存在以下两方面的不足：一是缺乏 C2B 模式下企业前端与后端价值共创促进大规模定制研究；二是缺少 O2O 价值共创促进大规模定制研究。大规模定制模式的兴起，主要源于以互联网为核心的技术创新，企业有很多机会与消费者进行高效的一对一沟通，新一代信息技术带来的经济潜力就是以大规模生产的成本满足消费者多样的个性化需求。本节尝试运用价值共创理论打开制造企业获得大规模定制能力的"黑箱"，从而揭示大规模定制的演化过程与能力实现。本节的核心在于对尚品宅配大规模定制发展历程中一系列关键事件进行分析，推导出通过价值共创促进大规模定制的过程模型。基于现有文献和尚品宅配案例，本节提出如下理论分析框架（图 5-8）。

我们对价值共创促进大规模定制设定两个维度（图 5-8）：①价值共创，包括线上线下的互动与体验。互动不仅能够帮助企业获取消费者及其偏好的深层次信息，而且还能帮助消费者在服务提供者的支持下完成价值创造过程；体验源于消费者与产品或服务的互动结果且每一次都涉及主观性和目的性的互动，是消费者自身心智状态与其经历互动作用的结果。②大规模定制，包括前端的个性化需求挖掘能力与后端的个性化需求实现能力。如果企业在这两个维度同时进化，即达到大规模定制的最佳状态。图 5-8 四种层次的特征是：第Ⅰ象限是线下与前端的价值共创，体现为设计环节的大规模定制；第Ⅱ象限是线下与后端的价值共创，体现为生产环节的大规模定制；第Ⅲ象限是线上与前端的价值共创，体现为营销

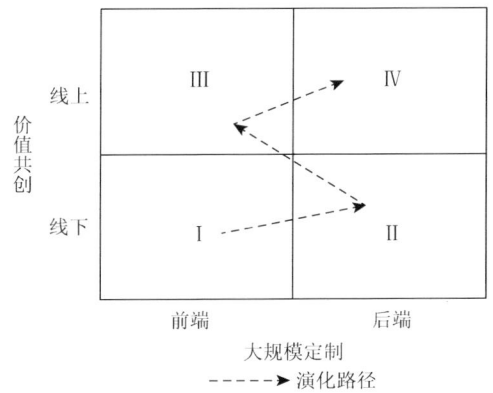

图 5-8 价值共创促进大规模定制的理论分析框架

与设计环节的大规模定制;第Ⅳ象限是线上与后端的价值共创,体现为全价值链环节的大规模定制。

二、研究设计

(一)研究方法

本节选择案例研究方法,主要原因在于:第一,本节聚焦于价值共创如何促进大规模定制的演化过程,属于"如何"类型的问题。案例研究通过细致的证据呈现和原因分析,特别适合解决此类问题。第二,企业逐步实现大规模定制的过程具有复杂性和动态性特征。案例研究能较好地帮助研究者深入挖掘复杂过程现象背后的潜在规律,探寻问题背后的理论逻辑。同时案例研究在展示动态过程方面具有优势,能多维、深入地揭示大规模定制的过程。第三,价值共创视角下大规模定制的实现问题尚处于理论探索阶段,尤其是基于互联网环境下的大规模定制研究严重滞后于企业实践,采用案例研究能够帮助我们识别关键的理论构念,提炼理论框架,构建新理论或验证现有理论。同时,相较于基于大样本获取数据的实证研究方法及多案例研究方法而言,单案例研究的核心优势表现为通过获取更为丰富、详细和深入的信息,开展更加聚焦的分析,实现更加贴近理论构念的研究目标。在开展单案例研究时,研究者有机会去观察和分析先前无法研究的科学现象。通过对这样极端现象的观察与分析,可以排除典型情境下非研究因素对研究问题的干扰,这样得出的结论有更强的解释性,保证信度与效度指标的研究策略如表 5-10 所示。

表 5-10 保证信度和效度指标的研究策略

指标	检验策略	具体方法	应用阶段
构念效度：证据支持研究结论	多元数据来源	访谈、座谈、现场观察和二手资料等取得一致结果	资料收集
	形成三角证据链	原始数据—语句鉴别—专业术语—理论要素—理论模型	资料收集
	核实研究报告	将成文的研究报告交给企业相关人员进行核实和验证	撰写报告
内部效度：构造有效的测量工具	竞争性解释分析	按照逻辑结构分层进行了说明	证据分析
	模式匹配	将案例中发现的模式与现有理论的可能模式进行匹配	证据分析
外部效度：结论的普适性	建立案例研究数据库	建立了数据资料库，他人研究会得到相同结果	资料收集
	理论指导研究	回顾相关理论，实现案例研究与现有理论的对话	研究设计
信度：研究可复制	周详的研究计划	事先制订了详细的研究计划，并对此进行多次讨论	研究设计
	案例研究数据库	建立了数据资料库，并对其进行分类	资料收集
	重复实施	由不同研究者分别进行分析，再通过对比形成统一意见	数据分析
	多类型证据呈现	呈现事例型、文本型和言语型三类证据	数据分析

为了确保理论、数据和模型的有效性与一致性，本节遵循规范的案例研究方法，研究过程严格按照 SPS 案例研究方法中的八个步骤进行：①取得研究许可；②使研究现象概念化；③收集初始数据；④形成并完善理论视角；⑤确认数据有效性；⑥分类整理数据（即选择性译码）；⑦确保"理论—数据—模型"的一致性；⑧撰写案例研究报告。

（二）案例选择

根据典型性原则和理论抽样原则，本节选取尚品宅配作为案例研究对象。本节以尚品宅配为案例研究对象的原因有三：第一，从 2004 年至今，尚品宅配大规模个性化定制在国内家具行业一直处于领先地位，具有行业代表性；第二，尚品宅配扩张过程从 1994 年至今已经历了四个不同阶段，各阶段的特征、问题及其解决方式都很有趣，历史数据较完整；第三，尚品宅配的快速发展很大程度上得益于它的大规模定制，我们在调研过程中对它的大规模定制印象尤为深刻。

尚品宅配是一家以全屋板式家具的定制生产及销售，并向家居行业企业提供设计软件及信息化整体解决方案的设计、研发和技术服务的企业。尚品宅配成立于 2004 年，由最初的广州圆方计算机软件工程有限公司（以下简称圆方软件）跨界转型而来。以圆方软件的信息化技术、云计算、大数据应用为驱动，依托新居网的 O2O 互联网营销服务平台及佛山维尚家具制造有限公司大规模定制的柔性化生产工艺，创造了全屋板式家具个性化定制、规模化生产的"C2B+O2O"领先商业模式。案例企业基本情况如表 5-11 所示。截至 2015 年，已在全国 400 多个城市拥有近 1000 家加盟店，广州、北京、上海、南京、武汉、佛山超过 50 家直营店。尚品宅配在世界金融危机笼罩整个行业，大量家具企业负增长的形势下，成功实现了连续多年 60%的逆势增长。它成功化解个性化定制与大规模生产的天然矛盾，被《哈佛商业评论》中文版誉为"C2B 模式的中国样本"。

表 5-11 尚品宅配基本情况

项目	基本信息
企业名称	广州尚品宅配家居股份有限公司
成立时间	2004 年
所在行业	家具行业
首席执行官	李连柱
前身	圆方软件
主要产品	全屋板式定制家具（衣柜、橱柜、书柜、电视柜、床等）；配套家居产品（沙发、床垫等）
五大特色	全屋家具、消费者化定制、数码云设计、大规模生产、店网一体化
主要荣誉	2009 年度十大最具影响力的家居品牌；2011 年获阿里巴巴"全球十佳网商"奖；2012 年《哈佛商业评论》"C2B 模式的中国样本"；2013 年获"2013 年度最佳商业模式奖"

（三）数据来源

Whitehead（2003）认为，为了保证案例研究的信度和效度，需要利用多种数据来源并使数据之间相互印证。本节主要从以下两个途径搜集相关数据。第一，一手资料。主要以实地观察和半结构化访谈方式收集一手资料：一是现场观察。我们到广州实地调研考察了尚品宅配总部、佛山维尚智能家具制造工厂与广州天河尚品宅配体验店，并做了详细的观察记录与实景拍摄。二是一对一访谈。自 2014 年 7 月至 2015 年 8 月，我们对尚品宅配高层、中层、基层进行了全面的实地访谈与问卷调研。提前预约调研对象，按照半结构化访谈提纲（主要包括三大问题：线上线下如何价值共创？前端后端如何价值共创？大规模定制如何实现？），一人访谈、一人记录并录音。在访谈完两天之内，我们将录音整理成了近八万字的访谈记录，以避免时间太长，对访谈内容的理解和记忆出现偏差。三是聆听演讲。作者多次参加了尚品宅配高层的主题演讲会，并将内容做好详细记录，整理成资料存档（表 5-12）。第二，二手资料。自 2012 年 5 月至 2015 年 12 月，我们持续动态跟踪尚品宅配的发展历程，搜集了大量二手资料：一是企业内部资料，如内部刊物、对外宣传资料和视频、领导讲话、工作总结、演示文稿、工作流程与标准；二是媒体的采访报道；三是企业官网、微信公众号；四是尚品宅配的书籍和视频，如《尚品宅配凭什么？》和优米网上的尚品宅配高层演讲视频课程。在数据收集过程中，我们对样本企业资料进行反复审查，以确保案例分析具有一致的结构和质量。

表 5-12 访谈对象的描述性统计信息

访谈对象	访谈次数/次	访问人数/人	访谈记录/字	访谈时长/分	代码
董事长	1	1	9 445	45	S1
总经理	1	1	10 860	60	S2
副总兼董秘	2	1	11 178	70	S3
天河体验店店长	2	1	13 720	80	S4
体验店设计师	1	2	9 682	55	S5
生产部经理	1	1	8 258	50	S6
销售顾问	2	2	10 995	90	S7
客服部经理	1	1	9 354	75	S8

三、案例描述

通过文献回顾，本节将案例调研的重点聚焦于价值共创促进大规模定制的诱因、过程与结果。我们将尚品宅配发展过程归纳为四个不同阶段（图 5-9）。

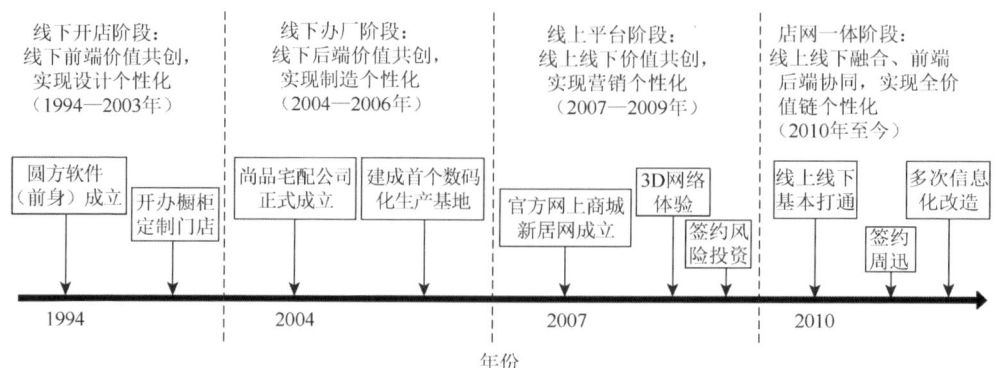

图 5-9 尚品宅配公司发展时间轴

1. 线下开店阶段：线下前端价值共创，实现设计个性化（1994—2003年）

1994年，圆方软件（尚品宅配的前身）成立。这家公司最初由李连柱和周叔毅两位华南理工大学的同学共同出资创办，从事室内装饰设计软件的开发、推广和销售业务，后来专注于家居设计软件。当时市场上家具企业还没有利用设计软件促进营销的理念，李连柱他们经常需要去说服企业使用，软件推广阻力重重。2000年，李连柱到很多企业回访他们对软件的使用意见，看到的场景是圆方软件被搁置在一边，很多老板坦白说他们买回来就是装装门面。李连柱心里很不服气："这么先进的技术，你们竟然搁置一边只是装点门面，我一定要做一个成功案例给你们看看，把软件卖上量。"（S1）于是，圆方软件开发出一款橱柜软件后，李连柱构想开一家橱柜定制门店：一方面，利用自家软件的优势；另一方面，亲身示范如何运用家具软件卖好家具。很快，承担着市场责任的橱柜门店在广州诞生了。设计师在橱柜门店中使用圆方软件的图形设计软件为消费者提供设计服务，免费为消费者设计图纸、提供设计方案。消费者可以拿着自家图纸全程参与设计，与设计师交流自己的创意构想，不满意的地方设计师可以立即修改，最后，消费者还可免费获得打印好的彩色效果图。这种免费设计的消费者体验让这家店在众多同类店铺中独树一帜，没过多久，李连柱就发现，这家店的生意非常好，消费者对他们的设计方案异常青睐。

这个阶段，圆方软件并没有自己的家具工厂，主要将订单外包给下游家具厂家。随着业务量越来越大，这种方式的弊端不断凸显出来，代工产品质量参差不齐，成本也非常高，交货周期长且无法保证。

2. 线下办厂阶段：线下后端价值共创，实现制造个性化（2004—2006年）

有了橱柜门店成功的经验后，李连柱决定从软件服务商转型为家具制造商。2004年，尚品宅配公司正式成立，跨界进入家具行业。尚品宅配制订了一个大胆的扩张计划：走连锁加盟的道路，迅速复制尚品宅配的门店模式。每到一地，他们都举办别具特色的尚品宅配创业说明会。在一年多的时间里，尚品宅配的足迹踏遍大江南北，从2004年12月到2006年2月在全国共开展16场创业说明会，全国加盟店的数量迅速扩张到200家。尚品宅配线下实体门店扩张一路高歌猛进。

随着加盟店与销售额的不断增长，生产环节渐渐跟不上公司发展的需要，各种问题层出不穷，成为公司进一步发展的瓶颈。尚品宅配决定迎难而上，自己开办工厂，将地点选在家具生产非常集中的佛山市南海区。家具产品个性化色彩极强，任意一个鞋柜就可以变化出成百上千种，光凭人脑无法组织有效生产。尚品宅配决定创办一个真正与国内所有家具制造企业完全不一样的工厂，利用信息技术重新设计一条新生产线，并对家具制造流程进行彻底的信息化改造。

他们先试验将订单分拆成一个个的零部件，建立虚拟模型，然后程序开发，再生成一条条生产指令。当时由于软件没有实现自动化，他们就靠手工一条条输入指令，一步步尝试，行不通就返工，顺利了就继续。在一个订单产品实现部件化分解后，他们又开始尝试将五个产品同步进行部件分解，就这样一步步推进。五个月后，初步的工艺改进完成了。后来，他们又对进口的钻孔和开料设备进行软件部分的改造，使机器做到自动识别和执行生成的生产指令。2006年9月，运用尚品自主开发的排产软件，尚品宅配全电脑控制排产生产线正式启用。这两次关键性的技术突破使尚品宅配工厂开始发生质的变化，为大规模个性化生产奠定了坚实的信息化技术基础。

3. 线上平台阶段：线上线下价值共创，实现营销个性化（2007—2009年）

2007年，新居网成立。新居网是尚品宅配的官方网上直销平台，消费者能登录网络方便快捷地搜索到与自家房型相匹配的房型，并且可以看到多个该房型的装修、家居配套效果图及布置方案，也可以在线提出量尺申请、享受设计服务、提交订单，并根据订单追踪整个过程。

2008年，尚品宅配将过去消费者在门店享受的设计服务过程直接搬到了网上，消费者可以直接通过异地上网来挑选自己喜欢的风格与设计，新居网变成了网上"试衣间"。在新居网上，通过技术软件生成三维立体模型，它可以360度旋转，就像CS游戏一样，消费者可以身临其境地在自己的虚拟家里漫游，从各个角度看到家具的效果和细节。尚品宅配还开发出能满足中国消费者全屋家具需求的第一套"元产品"系统。该系统由4000多种"元产品"组成，形成了丰富的"元产品"库。对"元产品"进行合理搭配，就可以形成不同产品，进而形成产品组合和解决方案。有了"元产品"，尚品宅配便可更加快捷地和消费者互动。

2009年，为了配合线上的设计服务，尚品宅配积极开展了一系列线下免费设计服务。"尚品宅配第一届家居设计节"在广州开幕，活动当天消费者可以拿着自家户型图到现场让设计师免费设计家居，并且可以实时看到自己家的数码3D效果图。大家看到设计师轻轻按几下键盘，点几下鼠标，电脑上很快就出现一个家居效果图，许多消费者赶紧打电话让家人把尺寸量出来试验。

2009年8月，尚品宅配的独特模式和迅速发展引起了风险投资者的兴趣。尚品宅配与深圳达晨创业投资有限公司（以下简称达晨）签约投资7000万元，震动整个中国家居界。因为当时正处于世界金融危机期间，许多资金都处于紧缩或观望阶段，尚品宅配与达晨的合作成为危机爆发以来中国家具行业获得的第一笔大额融资。

4. 店网一体阶段：线上线下融合、前端后端协同，实现全价值链个性化（2010年至今）

2010年，尚品宅配线上线下基本打通。消费者可通过新居网在线上实时咨询、免费预约量尺、与设计师互动并享受免费产品方案设计；由旗舰店、直营店、加盟店根据地区提供线下的上门量尺、方案设计、成品的配送和上门安装等服务。如果消费者在网上"试穿"后仍不满意，还可以拨打免费电话，客服会派设计师免费上门单独设计效果图。尚品宅配实现了线上线下共同接单，每天订单来源于两大渠道：新居网和全国各地的1000多家门店。

2014年，尚品宅配开通微信公众号，移动端服务正式启动。微信号的出现进一步深化了尚品宅配消费者个性化需求，成为消费者互动咨询的移动互联端接口，相较于电脑端，互动变得更加便捷高效。在服务方面，线下实体门店采取"全部人员服务一个消费者"的策略，家居顾问、设计师和店长三个人一起来配合服务跟进同一个消费者，体现出专业和重视。店面也非常重视细节，店员形象要求统一，从消费者进门的问好到设计师预约量尺的流程话术统一，甚至店面中糖果点心的准备、送消费者出门后的距离等细节都有严格规定。这一切都是为了带给消费者更好的体验。此外，他们还在万达等大型购物中心开家居服务体验店，300—500平方米的超大店面中一切场景都采用实物布置，消费者可真实感受家的味道，还可免费吃喝。这样一来，就会有消费者主动将这种美妙体验与自己的朋友分享，进而为尚品宅配带来潜在消费者增长。李连柱说："定制是一种服务，而服务的精髓就是细节，所有细节背后源自对消费者亲人般的爱，只有这样才能获得消费者的最终认可。"（S1）

O2O模式中的实体店与新居网的线下线上矛盾如何解决？"这是一个利益分配问题，解决矛盾的方式就是理顺利益关系。比如说，线上新居网拿到了一个消费者的量尺机会，他们会把信息告诉当地加盟商，由线下来完成实施，最终线下加盟商与新居网分账。"（S3）在后端工厂制造方面，2010年以来，尚品宅配进行了多次信息化流程改造。先改流水线，再改车间布局，后改大批次生产。在IT人员的不懈攻关下，尚品宅配实现了信息化全部改造。在生产制造上，研发出一套"后端生产软件系统"，用信息化技术匹配消费者多样化的个性需求；在渠道经营与品牌传播等环节，信息系统实现了联网和统筹，实现了企业对经销商的远程指导。尚品宅配大规模定制三大业务流程（设计、订单与拆单排产）如图5-10所示。

至此，尚品宅配实现了对供应链全生命周期的信息化，将设计、销售、生产、安装服务等环节贯通，实现柔性供应链，依靠云计算和大数据，消费者个性化定制需求能够被大规模生产出来，企业具备了灵活应对消费者个性化需求的定制能

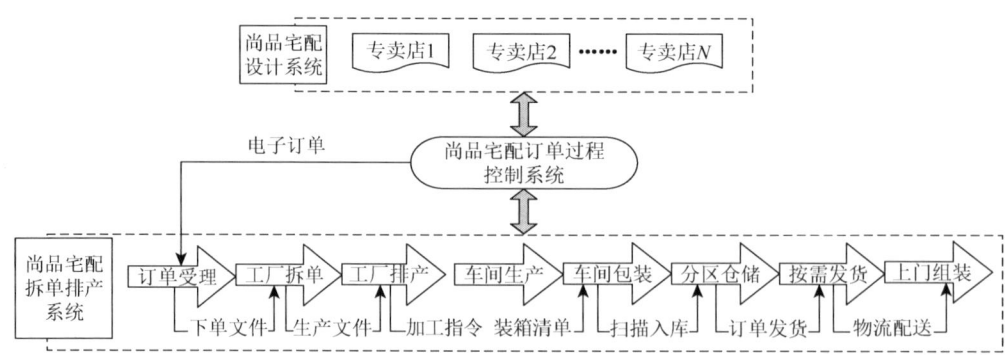

图 5-10　尚品宅配大规模定制三大业务流程

力。目前,尚品宅配正采取平台战略,整合家居行业共同发展,联合知名家居品牌为其做配套,与供应商实现共创共赢。

四、研究发现

(一)价值共创促进大规模定制的演化特征

Zhang 和 Chen(2008)认为与顾客共创价值会直接影响企业的顾客化定制能力。将顾客整合到价值的增加环节(如共同设计环节)是大规模定制最重要的方面之一。尚品宅配的价值共创促进大规模定制经历了四个阶段,呈现出不同的特征,从而促进了大规模定制的不断演化。通过价值共创,消费者在合作和互动过程中获得各种不同的体验,李建州和范秀成(2006)将体验分为功能体验、情感体验和社会体验三个维度。

1. 线下前端价值共创促进小规模定制

1994—2003 年,当时家具行业尚没有意识到利用设计软件进行营销的价值,作为拓荒者的圆方软件市场推广异常艰难。由于不满行业对 CAD 软件的不重视与不认可,也为了培育市场与教育客户,圆方软件成立了第一家为消费者提供免费设计服务的实体橱柜门店,力争用事实来做出示范效应。

价值共创是企业与消费者通过互动共同创造消费者体验的过程。互动以多种形式存在于价值创造或体验形成的各个环节,既包括企业与消费者之间的互动、消费者之间的互动,也包括企业与价值网络其他成员企业为消费者营造体验情境而进行的互动。从价值共创的互动主体看,此阶段主要是个体层面互动即设计师与消费者之间的互动;从价值共创的互动环节看,此阶段的互动主要存在于前端的设计环节;从价值共创的互动过程看,此阶段主要是消费者与设计师之间面对面的沟通交流。"我对软件使用非常熟悉,一个客户进来,拿了他家里图纸,坐下来半个小时,我可以帮他画出厨房空间,而且是全彩色、二维、可以立即修改的。我靠这个服务,让消费者在尚品宅配还没有任何知名度的情况下,愿意来体验。"(S2)开橱柜门店时,设计师在店里为上门消费者免费设计图纸,他们在软件上输入橱柜尺寸,通过设计系统迅速生成一个橱柜的二维彩色图纸。消费者如果对这个效果不满意,设计师可以立即进行调试和修改。通过这种消费者与设计师之间充分平等的交流和互动,消费者完全可以自主决定自家橱柜的样式与色彩等。在此阶段,尚品宅配的橱柜门店一改众多同行采取的"先收定金再设计方案"模式,首创完全免费设计新模式,消费者第一次享受免费的设计服务,获得了极大的经济体验。

依靠消费者免费的设计体验,第一家门店迅速俘获了一批忠实消费者,圆方软件得以积累了众多消费者偏好的数据,完善了设计方案库。这一阶段,定制的主要是橱柜产品且只是小批量的,但培养出了第一批忠实客户,挖掘并储存了客户个性化需求信息,试水设计个性化,企业对消费者个性化需求挖掘能力开始萌芽。价值共创促进小规模定制的诱因、过程与结果如图5-11所示。

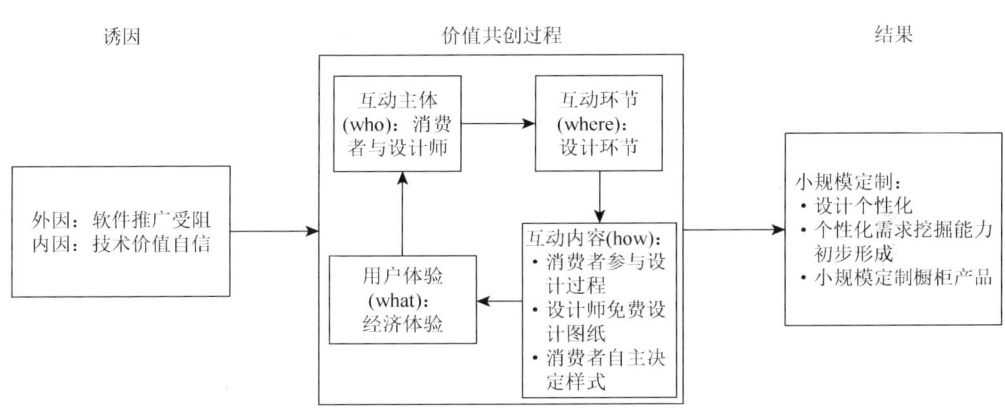

图5-11　线下前端价值共创促进小规模定制的诱因、过程与结果

2. 线下后端价值共创促进中规模定制

2004—2006年,随着个性化定制与免费设计服务的推广,此阶段的外在压力在于原先采取的委托代工生产问题不断凸显:产品质量参差不齐且交货时间无法保证,生产环节成为公司进一步发展的瓶颈;而内在动力在于创始人的愿景——把少数人的定制变成多数人的生活。为此,创始团队达成战略共识:走大规模定制道路。以软件人才为后盾力量,决定开办真正属于自己的工厂——尚品宅配,派圆方软件的廖江出任厂长。

此阶段以个体层面互动为主,团队互动初现端倪。首席执行官李连柱、董事周叔毅、厂长廖江等多次研讨,让大家参与到互动过程中。从价值链角度看,这一阶段的互动主要存在于后端的生产环节。自办工厂的决定是几位创始人慎重考虑后做出,通过互动沟通达成共识。总经理李嘉聪说:"个性化生产是有可能实现的,因为再个性化的东西,你往下细分,还是可以找到有共性的那个层次。"(S2)为了攻克生产柔性化难题,廖江等五位IT技术人员在周叔毅的指导下,一头扎进工厂,每天工作16个小时以上,晚上12点钟回到宿舍还继续开会:今天有哪些进步,哪些没弄完,明天要做哪些工作。廖江说:"为了攻克建模难题,我们把电脑、打印机等设备都搬到工厂,把订单拿到住宿的酒店日夜攻关。几个人轮流进行,一个人做到12点,躺到床上睡一下,换另一个人上,困了累了就喝红牛提神。"(S6)经过团队共同合作和不懈努力,尚品宅配顺利突破生产瓶颈,于2006年建成国内首个数字化家具生产基地,为大规模定制创造了信息化生产的前提条件。李嘉聪说:"我们对全国每天1000多个不同颜色、不同规格的产品进行数据分析。家具款式虽然各不相同,但板件是一样的,控制点放在板件上。用电脑控制数据库,流水线上分析出每一块板件的生产工序,把不同产品变成同质化板件,最后重新组装成一件件不同样式的家具。"(S2)在此阶段,消费者个性化需求拉动了尚品宅配通过信息化与工业化的有机融合,实现了中规模生产个性化橱柜与衣柜,此时的消费者获得了符合自己个性化需求的功能体验。价值共创促进中规模定制的诱因、过程与结果如图5-12所示。

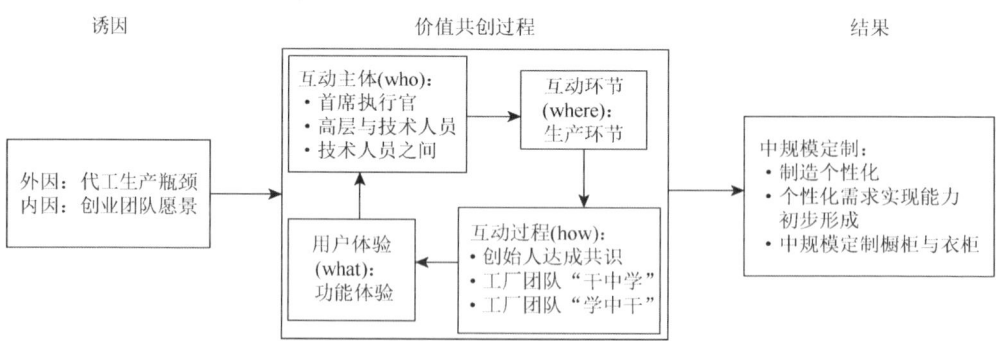

图5-12 线下后端价值共创促进中规模定制的诱因、过程与结果

这一阶段,尚品宅配可定制的产品种类增加到衣柜板式家具,批量上也较前一阶段有所增加,基本实现了制造流程的信息化改造,为大规模个性化定制奠定了后端柔性生产的基础。尚品宅配通过各方主体间在后端生产环节的价值共创,整合了供应链资源与流程,对消费者个性化需求的实现能力初步形成。

3. 线上线下价值共创促进大规模定制

2007—2009年,随着尚品宅配实体店(直营店与加盟店)的快速扩张,一方面,与其他家具品牌的竞争变得越来越激烈;另一方面,电商开始对实体店构成一定的冲击,各行各业都在竞相开辟电商渠道。尚品宅配将多年摸索的新居网改造成官方网上商城,与线下渠道相互配合,探索O2O模式。

从互动主体来看,这一阶段涉及个人层面和团队层面的互动。从价值链角度来看,这一阶段的互动存在于线上和线下的营销与设计环节。李嘉聪说:"在传统店面,当我们一个新品牌进入到家居建材卖场时并不被重视,可能都是很差的位置,客流量很低,销售额增长受到限制。于是我们把新居网从最早面向全建材业的团购服务网站,改造成尚品宅配的网上官方商城,提供一个装修与家居的免费咨询设计服务平台。消费者只要买了房子,他有任何的家居设计或者家装疑问,都可以在这里获得一个专业咨询。客户获得咨询服务,我们获得客户信息,如果他这时有需求,尚品宅配刚好就可以提供全方位的咨询设计和配套服务来满足。我们在线上推广与拉客,在线下体验与成交,就形成了一个O2O。"(S2)新居网成立后,消费者可直接在网上享受设计服务,设计师与消费者无须见面便可交流设计构想,消费者相互之间也可以在新居网这一平台上探讨装修心得,实时互动,消费者更易获得自己满意的设计方案,同时尚品宅配的数据库也随之丰富和完善,双方实现共赢。这一阶段,跨职能部门之间也实现了价值共创。在设计师与消费者沟通出一个满意方案之后,销售人员就免费上门量尺,订单签约成功后,销售部组装工人把家具板件在客户家里组装,客服部负责售后服务。这样,设计部、销售部、客服部等职能部门间实现了有效合作,共同为客户提供快捷、便利、优质的一条龙服务。在2008年,尚品宅配将设计师推向前端,直接面向消费者销售,设计职能和销售职能进一步融合,职务划分边界淡化。在研发环节,尚品宅配支持跨部门的技术人员组成小团队,专门从事前瞻性项目的研发工作。这种打破部门边界的共同研发方式,避免了专业细分的局限,针对实际需求的研发成果也能迅速转化为生产力。为了鼓励职能部门之间的价值共创,李连柱在公司内部建立了竞赛机制,公司年度销售冠军可获得"水晶杯",这代表着荣誉和一致肯定。在公司内网上可以实时刷新浏览所有人的业绩和排名。每个月的最后一天都会进行月销售业绩评比,在尚品宅配内部称之为"3124","31"是指每个月的最后一天,"24"是指当天最后时刻晚上24时。这一时刻,尚品宅配每个店、每个组的月销售业绩都会评比出来,公司上下都在翘首以待。消费者和企业在服务过程中与企业员工互动,并在互动过程中形成主体间性,提高双方的情感体验。价值共创促进大规模定制的诱因、过程与结果如图5-13所示。

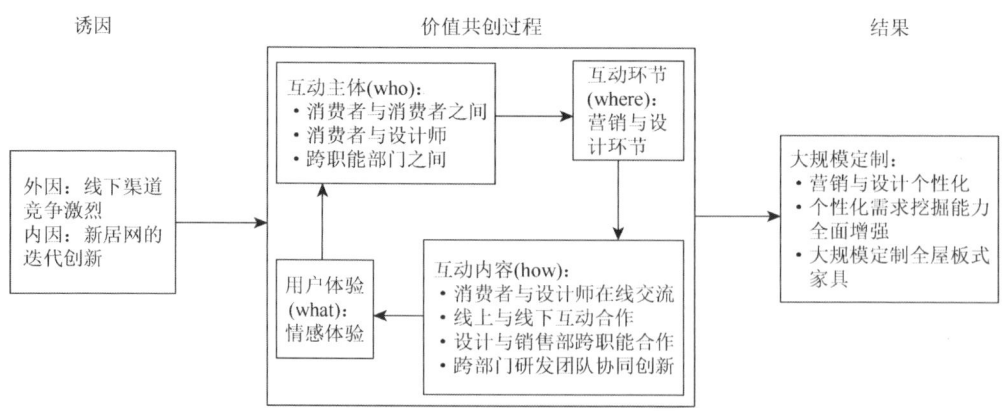

图 5-13 线上线下价值共创促进大规模定制的诱因、过程与结果

在此阶段，尚品宅配通过线上与线下，设计师与销售顾问跟消费者在设计与营销环节实现了充分的交流与交心，让消费者获得了丰富的情感体验。尚品宅配已经实现全屋板式家具的大规模定制。通过消费者与消费者之间、消费者与设计师之间、设计师与销售部之间、线上与线下之间的互动合作达成价值共创，为消费者提供了更便捷的互动与体验平台，扩展了营销渠道，对消费者需求偏好的把握更加全面精准，实现了营销与设计环节的个性化，尚品宅配对消费者个性化需求的挖掘能力全面增强。

4. 全面协同的价值共创促进大规模定制

从 2010 年开始至今，外部消费者的个性化需求拉动与内部大数据及云计算支持，尚品宅配的大规模定制渐入佳境。

在此阶段，价值共创的互动主体除了个人层面和团队层面，还扩展到了组织层面，出现了多种组织与组织之间的互动。从价值链角度看，此阶段的互动覆盖到价值链中的所有环节。以大数据与云计算为依托，尚品宅配在个性化需求的挖掘能力和实现能力上都达到了相对理想的状态。李连柱说："我们有 5000 多位设计师，他们每天做的方案都会收集到尚品宅配方案库。产品研发已由原来的一个研发小组封闭式研发，变成大数据驱动的开放式研发。例如，我们发现榻榻米的销量明显增长，而产品库并没有这款产品。我们由此推出了十种不同款式的榻榻米，榻榻米的销量在一年间涨了 30 多倍，这就是我们从大数据驱动得出研发构想的一个实例。我们还会根据大数据，优化设计区域化的营销策略、产品策略与陈列策略。"（S1）

2011 年，尚品宅配签约周迅为品牌代言人，"房子不能变，家具可以变，尚品宅配为您量身定制，变尺寸，变款式，变到正合适。变，生活不再一成不变，我的家,就要定制,尚品宅配。"广告中,周迅像个魔术师般将家居数码模型变来变去,形象地演绎了尚品宅配的家居数码定制。自此,尚品宅配与明星之间通过签约合作的互动形式,实现了价值共创,品牌影响力进一步增强。同年,尚品宅配提出"百城千车"概念,在100个城市的1000辆公交车上刷整体车身广告,让它们成为尚品宅配的流动广告。通过与公交公司之间的合作和互动,进一步创造了尚品宅配的品牌价值。尚品宅配在组织层面的互动还体现在尚品宅配的经销商和供应商之间、加盟商和公司之间、同行与尚品宅配之间等。2012年,尚品宅配与瑞好聚合物(苏州)有限公司、北京标卓装饰工程有限公司等联手,为消费者提供板式家具定制的同时也满足了配套家居产品的定制需求。

为保障高效运转,尚品宅配扩展了竞赛机制,竞赛项目是"开门七件事"。分公司与分公司、加盟商与加盟商之间竞赛;事业部、销售部、门店、生产部相互之间也在进行PK;组与组之间、个人与个人之间也会相互挑战。大家比学赶超、力争上游,每天都像上战场冲锋一样,以百分之百的热情和努力来对待每天的工作。未来,尚品宅配的平台战略将整合上下游企业共同发展,利益相关方的价值共创将达到新高度。不管是打通家居产品设计、生产、销售的智能化管理软件系统,还是设计师上门测量房间尺寸用的激光3D扫描仪,以及四轴智能喷漆机器人和生产线模拟运行软件,均是尚品宅配创新机制的产物。在此阶段,尚品宅配依托大数据与云计算,通过线上线下两个渠道,从设计、营销、制造与服务等全价值链环节让消费者获得了经济体验、功能体验与情感体验,从而优化了消费者全面体验。全面协同的价值共创促进大规模定制的诱因、过程与结果如图5-14所示。

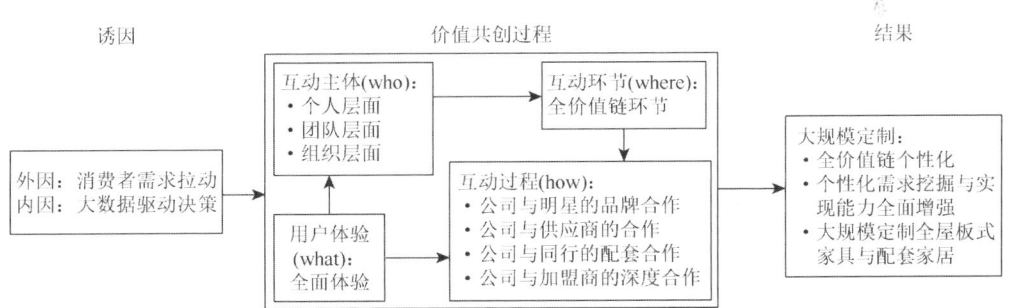

图5-14　全面协同的价值共创促进大规模定制的诱因、过程与结果

这一阶段,几乎所有的家具产品和沙发床垫等配套家居产品都可实现定制,并且是大规模低成本。通过这一阶段的个人、团队与组织层面互动的价值共创,前端实现了精准把握消费者需求,后端实现了大规模生产的低成本,整条价值链实现了优化整合,为大规模定制创造了精准把握定制需求、柔性生产定制产品和

全面实现整体家居定制的重要条件,企业的个性化需求挖掘能力与实现能力得到极大的提升,最终实现大规模定制。

(二)价值共创促进大规模定制的过程模型

企业要成功实现大规模定制模式的转型,最根本的是要紧紧围绕消费者需求做文章,把为消费者创造极致体验作为企业生产经营活动的中心任务,围绕与个体消费者的交互来组织企业的所有价值创造活动。整合以上四个阶段的价值共创促进大规模定制的演化特征,本节推导出价值共创促进大规模定制的演化过程模型(图5-15),即随着前端与后端、线上与线下的横向及纵向两个维度的价值共创逐步演化,企业的大规模个性化需求挖掘能力与个性化需求实现能力得到不断提升,最终实现大规模定制。

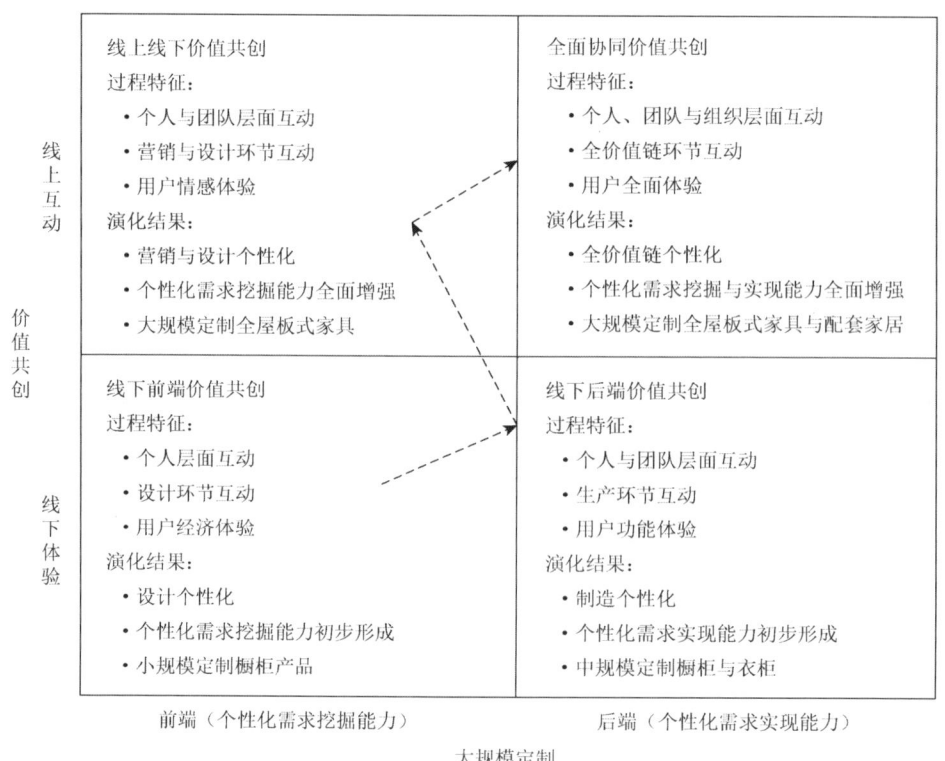

图5-15 价值共创促进大规模定制的过程模型

价值共创促进大规模定制的四个阶段演化过程特征与结果表现为:第一阶段

主要是线下前端的价值共创,互动主要存在于个人层面,在设计环节通过消费者与设计师之间面对面沟通实现,消费者获得了免费设计服务的经济体验,企业通过设计个性化,实现了小规模定制橱柜产品,企业前端的个性化需求挖掘能力初步形成;第二阶段主要是线下后端的价值共创,互动涉及个人层面与部分团队层面,在生产环节通过研讨会实现价值的共同创造,消费者获得了个性化橱柜与衣柜的功能体验,企业通过制造个性化,实现了中规模定制橱柜与衣柜产品,企业在前端个性化需求挖掘能力初步形成的基础上,企业后端的个性化需求实现能力初步形成;第三阶段主要是线上线下的价值共创,互动涉及个人与团队层面,在营销与设计环节通过跨职能部门协同实现,消费者获得了愉悦与尊重的情感体验,企业通过设计与营销个性化,实现了大规模定制全屋板式家具,企业在后端个性化需求实现能力初步形成的基础上,企业前端的个性化需求挖掘能力全面增强;第四阶段是全面协同的价值共创,互动涉及个人、团队与组织层面,通过全价值链协同合作实现,消费者获得了包括经济体验、功能体验与情感体验等在内的全面体验,企业通过价值链个性化,实现了大规模定制全屋板式家具与配套家居,企业前端个性化需求挖掘能力与企业后端个性化需求实现能力全面增强。

五、结论与讨论

(一)研究结论

为了探索中国制造企业向消费者驱动的大规模定制转型路径,本节基于价值共创理论视角试图揭示制造企业获得大规模定制能力的演化过程,通过对尚品宅配公司大规模定制发展历程中一系列关键事件的案例分析,得出以下主要研究结论。

(1)揭示了大规模定制的诱因、过程与结果。通过探索大规模定制的前因变量,即尚品宅配在四个发展阶段分别所处的内外部环境压力推动了价值共创,价值共创促进了大规模定制能力的形成。第一阶段的诱因是软件推广受阻与技术价值自信,价值共创表现为消费者与设计师在线下前端的互动体验,促进了设计个性化与个性化需求挖掘能力的初步形成;第二阶段的诱因是代工生产瓶颈与创业团队愿景,价值共创表现为设计与制造在线下后端的互动体验,促进了制造个性化与个性化需求实现能力的初步形成;第三阶段的诱因是线下渠道竞争激烈与新居网的迭代创新,价值共创表现为营销与设计在线上线下前端的互动体验,促进了营销与设计个性化及个性化需求挖掘能力的全面增强;第四阶段的诱因是消费者需求拉动与大数据驱动决策,价值共创表现为全价值链在线上线下前端后端的互动体验,促进了全价值链个性化与个性化需求挖掘能力及个性化需求实现能力的全面增强。

（2）提炼了大规模定制的演化路径。在定制规模上，大规模定制的演化路径为小规模定制→中规模定制→大规模定制；在定制品种上，大规模定制的演化路径为橱柜家具→橱柜家具与衣柜家具→全屋板式家具→全屋板式家具与配套家居；在定制环节上，大规模定制的演化路径为设计个性化→制造个性化→营销与设计个性化→全价值链个性化；在定制能力上，大规模定制的演化路径为个性化需求挖掘能力→个性化需求实现能力。

（3）打开了价值共创过程"黑箱"。在大规模定制发展的四个阶段中，分别揭示了价值共创过程的互动主体、互动环节、互动过程与用户体验。第一阶段表现为个体层面在设计环节通过线下前端的免费设计互动，让消费者获得经济体验；第二阶段表现为个体及团队层面在制造环节通过线下后端的智能制造互动，让消费者获得功能体验；第三阶段表现为团队层面在设计与营销环节通过线上线下前端的设计营销交互，让消费者获得情感体验；第四阶段表现为组织层面在全价值链环节通过线上线下前端后端的交互，让消费者获得全面体验。

（二）贡献与启示

从大规模定制的研究对象与价值共创的理论视角来总结，本节的理论贡献与实践启示主要体现在三个方面。

（1）丰富了大规模定制实现的理论视野。大规模定制的演化过程包括线下前端、线下后端、线上线下前端和线上线下前端后端全面协同四个阶段，以外部压力与内在动力为诱因，通过不同主体之间的价值共创过程，不仅呈现出设计个性化、制造个性化、营销与设计个性化与全价值链个性化的演化路径，而且体现为小规模、中规模到大规模的演化路径，更表现为单一产品定制、多产品定制到全屋板式家具与配套家居大规模定制的演化路径。本节丰富了大规模定制实现过程的现有成果，如 Fogliatto 等（2012）把大规模定制实现过程分为引出订单、延迟与产品平台设计、产品制造、供应链协同四个阶段，MacCarthy 等（2003）将大规模定制过程分解为订单处理、执行、完成订单、产品开发、验证与制造等相互联系的六个步骤，这对"互联网+"和"中国制造 2025"大背景下制造企业向大规模定制转型具有重要的实践指导意义。

（2）扩展了价值共创过程的理论边界。价值共创的现有文献更多关注企业与消费者之间的价值共创，如 Prahalad 和 Ramaswamy（2004）认为价值共创是企业与消费者通过互动共同创造消费者体验的过程，Vargo 和 Lusch（2004）认为消费者是能动性资源的拥有者，他们把自己的知识、技能、经验等投入价值创造过程，这是价值共创的一个重要前提。Duray（2002）提出企业可单独与顾客在价值链的各个环节共创价值，从前端新产品的共同开发到生产、组装、配送、零售及售后服务和使用环节。本节发现价值共创不仅发生在企业与消费者之间，而且发生在部门与部门之间、线上与线下之间、前端与后端之间、内部与外部之间，甚至机器与人之间都可通过互动实现价值共创。

（3）搭建了价值共创与大规模定制之间的对话桥梁。现有文献尚未从价值共创的视角来探讨大规模定制的实现过程，大规模定制的已有研究也没有与价值共创理论进行有效对接。本节不仅探究了价值共创促进大规模定制的诱因、过程与结果，而且得出了大规模定制的实现关键在于提升企业前端的个性化需求挖掘能力与后端的个性化需求实现能力。制造企业向大规模定制转型，可以通过价值共创来提升这两种能力。

（三）不足与展望

尽管本节重点探讨了价值共创促进大规模定制的诱因、过程与结果，得出了一些有价值的结论与理论贡献。但仍有不足之处：一是虽然选取的企业很具有典型性和代表性，但单案例研究方法在结论的普适性上可能有所欠缺；二是本节尚未关注大规模定制流程与定制能力实现背后的关键要素与内在机理。未来可以考虑进行多案例的比较研究，更深入地揭示制造企业借助"互联网＋智能制造"实现大规模定制的内在规律，另外可以探讨 C2B 商业模式创新的演化过程。

第六章 创业服务平台建设的政策创新

第一节 创业服务平台建设政策梳理、评价与创新思路

本节内容是对创业服务平台现有政策的梳理与评价,确定哪些政策对服务平台生态系统的形成与创业企业转型升级具有促进或阻碍作用,为政策创新提供依据。

一、建设创业服务平台的政策梳理

(1)理想丰满:创业服务平台建设成为国家的战略举措。创业企业健康发展既是一项长期战略任务,也是当前保增长、扩内需、调结构、促发展、惠民生的紧迫任务。2009 年,国务院把加快创业服务平台建设作为改进对创业企业服务的战略举措;2010 年,工业和信息化部等七部门联合发文,鼓励建立法人实体的服务平台,期待它在解决创业企业共性需求、改善经营管理、增强竞争力和实现创新发展等方面发挥重要支撑作用;2012 年,国务院提出依法设立国家创业发展基金,中央财政安排资金 150 亿元,计划到 2015 年,我国将支持建立和完善 4000 个为创业服务服务平台,重点培育 500 个国家创业服务示范平台。

(2)现实骨感:创业服务平台建设成为地方的"花架子"。在政策的号召下,各地纷纷成立创业服务平台,然而,很多平台存在较大的行政色彩,并不适合创业企业需求,有些地方政府为了应付上级要求或给政绩添彩,往往是只兴建不管理,让平台成了一个"花架子"。自从 1999 年十五届四中全会提出"培育中小企业企业服务体系"以来,我国在创业服务机构、服务产品与服务体系建设方面取得了一定的成效,然而,很多创业服务机构属于有正式编制的事业单位,服务市场发育不完善,许多应由市场做的事仍由政府包办,很难满足多样化的企业需求。目前很多平台与创业服务机构存在潜在的利益冲突,既当运动员,又当裁判员,引起创业服务机构的不信任,从而损伤了平台所具有的公信力与独立性。

(3)两难困境:创业服务平台建设急需创新转型。过去,政府习惯于直接配置资源,有时会对微观经济活动进行干预,同时存在"越位"、"错位"和"缺位"问题。现在,政府的思维方式与政策措施面临重大调整,创业服务平台建设

进入新的历史阶段,急需创新转型。我国绝大多数创业服务平台都尚处在初创期,面临"先有蛋还是先有鸡"的两难困境:平台未能形成创业服务机构的集聚,使得创业企业需求得不到满足,导致平台集聚的创业企业数量较少;平台集聚的创业企业数量较少,使得创业服务机构无法集聚,导致双边市场无法形成。各地政府基本上都在"摸着石头过河",对创业服务平台构建缺乏科学研究,导致各级政府扶持资金的使用效率与效益不佳。

一般来说,企业生命周期分为初创期、成长期、成熟期与衰退期。政府为创业提供公共服务政策,主要着眼于企业的初创期,营造了创业环境,不仅能激发更多的人开始创业,而且能有效提高创业的成活率。初创期受益于公共服务,进入成长期的企业,以创业导师的身份反哺小微创业企业,以购买商业服务反哺创业服务机构,以此形成良性循环,表 6-1 为创业成长阶段与服务类型的有机匹配。

表 6-1　创业成长阶段与服务类型的有机匹配

成长阶段	服务类型		
	公共服务	公益服务	商业服务
初创期	√		
成长期		√	
成熟期/衰退期			√

二、建设创业服务平台的政策评价

(1)认清本质:平台的核心在于形成双边市场与网络效应。平台只有通过价值共创机制与基础设施的提供让多方更好地创造价值,才能有效整合创业企业与创业服务机构形成良性互动。透彻了解创业企业转型升级面临的瓶颈,清晰把握创业服务机构的能力,以政府购买公共服务为"补贴策略",突破平台初创期的两难困境,实现平台网络效应的引爆。为创业企业持续创造价值是创业服务平台立足之本,与生态系统各方合理分配价值是创业服务平台成长之道。现有政策投入较多的国家财政资金支持各地创业服务平台建设,然而,这些平台大多是事业单位,依靠政府补助生存,无法做出别人做不到或性价比更高的平台产品,如降低网络建设成本、降低用户获取成本、提高精准营销价值与提高平台生态价值等,现有政府主导的创业服务平台大部分都未能提供以下价值。

(2)三端联动:聚焦瓶颈突破,增强各方凝聚力。从需求端入手,创业企业转型升级的难点在于突破发展瓶颈,瓶颈表面上是融资难,本质上是面临管理瓶颈、技术瓶颈或商业模式瓶颈的突破;从供应端响应,创业服务机构适应性开发出管理瓶颈突破方案、技术创新解决方案和商业模式创新方案等服务产品,并辅之以教练技术、行动学习与项目管理方法,让知识转化为能力,让能力转化为绩效;从平台端布局,服务平台通过价值共创机制的设计,降低交易成本、提高精准营销价值与平台生态价值,以增强平台对供需双方的凝聚力,为国家创业服务示范平台建设提供科学的决策依据。

(3)杠杆效应:以公共服务撬动公益服务和商业服务。服务平台必须成为真正的市场主体,政府要改"输血"模式为"造血"模式,以政府购买公共服务为支点,以杠杆效应撬动社会的公益服务和市场的商业服务,通过公共服务市场化,助推创业企业的转型升级,实现创业企业服务的持续成长。厘清政府、社会与市场的边界,为市场在资源配置中起决定作用与政府职能转型在创业服务领域改革探索出一条行之有效的新路。

制定创业政策应该考虑三个层面:①在个人层次上激发人们进行创业;②使创业者获得创业所需要的知识和技能;③为潜在创业者提供资源和环境支持。创业服务平台生态系统中的市场、政府与社会要协同发展,参与主体的角色与职责如表6-2所示,政府职能部门扮演的角色宜更多体现在精简商事制度、提高政府服务效能、优化创业环境等方面。

表6-2 创业服务平台生态系统参与主体的角色与职责

参与主体	服务供给中的角色	服务创新中的职责
政府职能部门	领导机构(规则设计者)	环境营造者
创业服务平台	组织机构(系统集成商)	服务组织者
创业服务机构	创业服务机构(模块供应商)	服务提供者
创业企业	实施机构(方案实施者)	落地执行者

三、建设创业服务平台的政策创新思路

(1)战略定位:创业服务平台是创业生态系统的构建者。创业服务平台的终极目标是打造出创业服务机构、创业企业、创业服务平台及政府职能部门等多方共赢的、完善的、成长潜能强大的创业生态系统。创业服务平台是价值的整合者、多边群体的连接者,更是生态系统的构建者,构建重点在于打造能为多边市场提供最多利益与最能满足多边用户需求的平台型产品。创业服务平台以创业生态系统构建者的身份,以开放与分享的心态,以"成人达己"为核心价值观,为创业企业的创新转型与创业服务机构的成长发育创造基础条件。

（2）承载能力：不断聚集创业服务平台的多样服务。服务平台要一边分析创业企业需求与瓶颈，一边了解创业服务机构的资源与能力，一边以政府购买创业服务为补贴策略，撬动三边力量通过良性互动满足彼此需求，建立多边市场分析框架。这样既克服了价值链与产业链的单向线性思维，增强了服务平台的生态性，又规避了单纯以政府投资主导的局限性，更避免了服务平台与创业服务机构"争利"的短视性。

（3）携手共进：有机协同"政府—社会—市场"三种力量。一方面，分析现有创业企业扶持政策对创业生态系统的促进或阻碍作用，让政府既"不缺位"，也"不越位"，确保公共资源有效配置；另一方面，系统研究"看不见的手"——市场、"看得见的手"——政府与"介于二者之间"——社会三种机制的作用边界，并从培育创业生态系统、扩大服务供给和刺激服务需求三个方面来创新设计政策体系。改政府直接投资建设创业服务平台模式为"购买服务—过程监督—绩效评价"的公共服务市场化模式，这样既能提高政府扶持政策的投资效率与服务输出能力，又能提高创业服务质量与顾客满意度，更能培育创业生态系统。创新政策的目标、着力点、途径和手段，使市场有效与政府有为相得益彰，从而推动创业创新转型。

创业企业表面上是融资难，本质上是缺乏创新转型能力。政府职能部门应针对创业要素与创业需求来确定政策创新重点。创业活动是动机、技能和机会相结合的结果，创业服务政策可以围绕这三个要素来设计，创业服务政策的理论框架是围绕动机、技能和机会这三个要素来建立的（表6-3）。

表6-3 创业要素、创业需求与政策创新重点

创业要素	创业需求	政策创新重点
观念	改变观念	激发动机
能力	提升能力	提升技能
资源	对接资源	扩大机会

第二节　长沙市创业服务平台建设政策创新的实践总结

长沙市通过多年的实践探索，形成了"体系+平台+产品"的创业服务模式、"多层+多元+多品"的创业科技金融模式、"奖补+购投+池市"的创业财政投入模式，形成可复制推广的工作经验成果，辐射带动长株潭城市群及全省的创新创业。

一、"体系＋平台＋产品"创业服务模式

长沙市逐步走出了一条"以服务体系建设为目标,以服务平台培育为中心,以服务产品提供为抓手"的创业服务模式。

(1) 服务体系建设纵横交错。长沙市以创新转型为主线,以创业需求为导向,有机融合政府引导和市场机制的作用,培育服务组织,完善服务功能,优化服务网络,推动公共服务均等化,建立健全"政府扶持平台—平台集聚机构—机构服务企业—企业创新转型"的运行机制,通过加快创业服务平台、创业服务机构与公共服务产品等体系建设,形成"主体丰富、功能完善、机制健全、体系完整"的"双创"服务生态,有力地促进了小微企业的培育与成长。纵向上,长沙市形成了"市—区—镇"三级服务体系,以市级服务中心为关键枢纽,以园区(区、县)服务中心为网络结点,以特色产业小镇为根据地,以众创空间为前沿阵地,构建起以满足小微创新创业企业需求为中心的服务网络。横向上,长沙市形成了"经信—科技—商务—人社"差异服务体系,长沙市工业和信息化局重点扶持了智能制造服务体系建设,长沙市科学技术局重点扶持了科技创新服务体系建设,长沙市商务局重点扶持了商贸企业服务体系建设,长沙市人力资源和社会保障局重点扶持了创新创业人才培养服务体系建设。机制上,重点建立协同服务机制,建立创业服务联盟或咨询业协会,建设创业信息服务网络,形成虚拟服务系统与实体服务资源的协同服务,建立激励约束机制,设置合理的创业服务机构准入和退出机制,表彰优秀创业服务机构和先进个人;建立监督评价机制,完善督导制度,发挥第三方机构在创业服务机构和服务产品方面的认证、评估和监督作用。

(2) 服务平台培育分工有序。长沙市以"政府引导与市场主导"有机融合的思路,以"整合为主,共建为辅"的原则,由政府、企业、高校、行业组织等多主体投入,市场化运作,面向社会开放,从综合性与专业性两个维度对服务平台进行了重点培育:一是综合性服务平台建设,长沙市工业和信息化局、长沙市科学技术局、长沙市商务局、长沙市人力资源和社会保障局分别培育了长服平台、长沙市生产力促进中心、长沙市中小商贸流通企业服务中心与长沙市创业指导中心,这些综合性服务平台建立了企业服务网、专家资源库、服务机构库、企业数据库等,主要有资源统筹、协同服务与快速响应的功能,建设网络统一呼叫、网络在线服务系统,与社会服务机构等实体服务资源系统相互支撑协同服务,从而形成多层次的互联互通分布式的服务网络;二是专业性服务平台建设,围绕长沙市的重点支柱产业与战略性新兴产业布局技术创新共享平台以提高科技成果的转化率与利用率,建设了长沙智能制造研究总院(兼营

"长沙工业云平台"）、长沙移动互联网产业集群、长沙智能机器人研究院有限公司、长沙新材料产业研究院有限公司、长沙市生物医药产业集群窗口平台、长沙科技创新资源共享服务平台、长沙高新区实验检测公共技术服务平台、湖南省工业设计创新平台、长沙市大数据中心公共技术服务平台与长沙市智慧园区服务平台。

（3）服务产品提供有的放矢。长沙市"双创"服务产品按照三个维度设计（图6-1）：一是认知改变。采取"请进来"与"走出去"双管齐下的方式来开眼界、长见识，"请进来"是请国内专家学者或企业家来为创业者传经送宝，先后举办七期转型升级大讲堂、七期小微两创大讲堂与六期星创大讲堂；"走出去"是指向标杆企业实地学习，如向泰嘉科技学习"精益管理"；向三德科技学习"创新管理"；向三一集团学习"众创空间"；向韩都学习"大中企业内部创业"；向杭州梦想小镇、西湖云栖小镇与玉皇山南基金小镇学习"'双创'特色小镇建设"。二是资源对接。采取"融资"与"融才"相辅相成的方式，一方面，大力拓宽融资渠道，优化提升多层次金融服务体系，完善企业融资供需对接，提供企业资本私人顾问，开展融资直通车、资本咖啡等特色活动，引导企业对接多层次资本市场，积极落实挂牌上市扶持政策，让创业融资不再难；另一方面，坚持人才优先发展，实施了"芙蓉英才星城圆梦"推进计划，加大了人才创新创业支持力度、全面升级人才服务保障体系、全面运行长沙16家人才服务窗口，构建了人才办事"只跑一趟路、只进一张门"的一站式服务模式，让长沙成为创新创业人才的聚集高地。三是能力提升。以企业生命周期不同阶段面临的瓶颈为需求导向，采取"集中训练"与"专题沙龙"相得益彰的

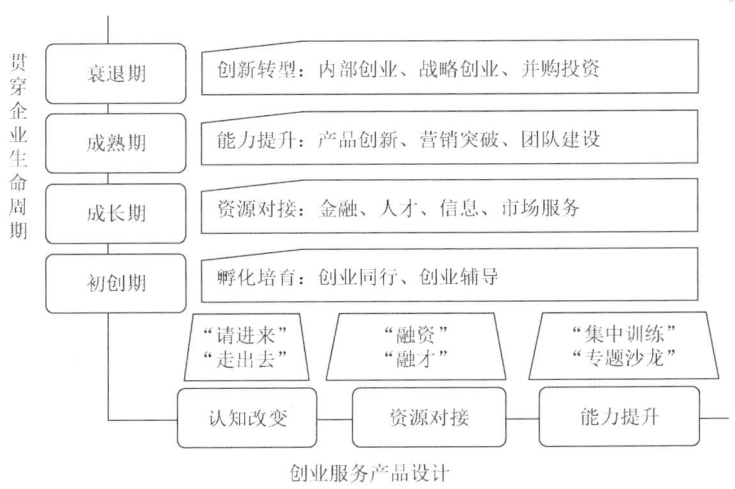

图6-1 长沙市"双创"服务产品设计

方式,遵循"授之以鱼,不如授之以渔"的理念,创业服务机构为创业企业提供"产品创新"、"营销突破"、"精益生产"、"商业模式创新"、"团队建设"与"融资路演"等培训服务,提升创业企业的专业能力,助其突破创业瓶颈。

二、"多层＋多元＋多品"创业科技金融模式

长沙在创业服务的科技创新与金融支持共生发展思路上呈现出"多层＋多元＋多品"的特色。

(1) 科技金融多层次。支持科技型小微企业对接多层次资本市场,搭建以湖南省股权交易所为依托的区域性资本市场,构建多元化资本市场通道,落实各项引导奖补政策,打通天使基金初投、风险基金再投、政府产业基金跟投,新三板挂牌、IPO (initial public offering,首次公开募股) 上市助力的全流程通道,促进科技型小微企业实现直接融资,鼓励企业开展科技融资,出台风险补偿资金、贷款贴息、上市挂牌资助、科技保险补助等系列支撑政策。

(2) 科技金融多元化。支持商业银行开办科技支行,创新金融产品,开发适合科技型小微企业融资需求特点的授信模式;支持保险公司开展科技保险业务,鼓励科技型小微企业积极投保;支持发展融资担保平台,支持发展股权投资平台,支持创业企业金融服务中心发展征信评级平台。

(3) 科技金融多产品。建设并完善以上海浦东发展银行、长沙银行等为代表的科技银行,鼓励科技型企业运用票据、信托、股权等多种方式筹集资金;发挥金融平台投融资作用,引导全省科技金融的投资"双创"企业;鼓励有条件的银行与创业投资机构等实现投贷联动;支持天使投资人通过成立天使俱乐部、天使投资协会开展天使投资公共服务,进一步扩大天使投资基金规模;支持保险资金尝试科技型企业股权投资业务,推广小额贷款保证保险;建设股权众筹中心,发展以互联网金融为核心的共享金融,重点发展实物众筹、股权众筹和互联网借贷等业务。

三、"奖、补、购、投、池、市"创业财政投入模式

为了提高政府对创业服务的财政投入杠杆效率,长沙积极探索打好"组合拳",呈现出"奖、补、购、投、池、市"的多种形式组合特色,实现创新创业的财政投入放大效应。

(1) 奖是指对小微企业创业创新给予财政奖励。例如,2016 年对技术交易合同奖励 177.4 万元;对符合条件、成功挂牌新三板的小微企业一次性给予 30 万元财政资金支持;对符合条件、成功挂牌四板标准板的小微企业一次性给予 10 万元财政资金支持。

（2）补是指政府为支持众创空间、孵化器与创业基地建设，以及为降低小微企业融资成本而进行的财政补贴。例如，2016—2017年，长沙市科学技术局已经累计安排财政资金6639万元；对小微企业所承担担保费率（限定3%以内）按照其实际承担担保费用的50%进行补贴，单户小微企业获得的担保费补贴最高不超过10万元。

（3）购是指政府购买创业服务，实现创业创新公共服务均等化和普惠化。例如，政府通过客户口碑与绩效评价等筛选核心创业服务机构，鼓励这些机构为小微企业创新创业提供"改变认知"、"提升能力"与"对接资源"的服务。又如，开展转型升级（星创）大讲堂、标杆企业学习、"产品创新"与"营销突破"等培训项目，政府采取购买服务的方式支持创业服务机构提供公共服务。

（4）投是指通过财政引导，发展天使投资基金。长沙市政府发起成立天使基金总规模3亿元，首期出资1亿元，委托专业投资机构负责天使基金的运作管理，市"双创"领导小组负责天使基金的重大事项决策和协调，还与湖南航天有限责任公司等设立子基金"湖南航天新材料产业投资基金"，基金规模5亿元，以1.5亿元撬动3.5亿元社会资本；与清科集团等签订战略合作协议，发起设立规模为100亿元的"长沙智能制造产业投资基金"。

（5）池是指设立长沙小微企业信贷风险补偿基金池，公开遴选光大银行等5家银行作为基金托管方，由财政出资1亿元，按照1∶10的放大比例撬动商业银行发放信用贷款，对银行信用贷款损失予以部分补偿，以此实现了"三个突破"：审贷绿色通道的突破、基层银行绩效评价考核的突破、放贷坏账容忍度提高2%的突破，成功吸引更多社会资本加大对小微企业创业创新投入。

（6）市是指支持企业努力创造条件争取成为上市公司。2015—2017年，新增19家上市公司，累计达到66家，其中，A股上市企业60家，占全省的58.25%，数量和市值均居中部首位；新增122家新三板挂牌公司，累计达到138家，其中58家公司完成定增融资31.28亿元；新增1718家湖南省股权交易所挂牌公司，累计达到1811家。

第三节 湖南省科技创新创业服务平台建设的创新设计

一、湖南省科技创新创业服务平台建设的必要性

（一）贯彻落实中央创新驱动战略的需要

面对增长速度换挡期、结构调整阵痛期与前期刺激政策消化期"三期叠加"，在工业新增长点稀缺、节能减排硬约束加强、制造业周期性衰退的复杂情况下，

需要加快实施创新驱动发展战略，使市场在资源配置中起决定性作用和更好发挥政府作用，破除一切制约创新的思想障碍和制度藩篱，激发全社会创新活力和创造潜能，提升劳动、信息、知识、技术、管理、资本的效率和效益，强化科技同经济对接、创新成果同产业对接、创新项目同现实生产力对接、研发人员创新劳动同其利益收入对接，增强科技进步对经济发展的贡献度，营造"双创"的政策环境和制度环境。科技服务平台建设是贯彻落实中央创新驱动战略的重要抓手。中央、省委创新驱动发展战略决策部署对科技工作特别是科技创新创业服务平台建设提出了更高的要求，科技创业服务平台建设是转变政府职能，完善科技服务平台生态系统的需要，我们要充分利用现代信息技术，构建开放共享的科技服务平台。

（二）适应新一轮科技体制改革的需要

湖南省科技创新服务平台建设虽然取得了较大成绩，但与创新驱动战略的要求还存在差距，其主要表现：一是平台建设存在"碎片化"现象。平台管理主体多、布局零散。二是开放共享机制不完善。缺乏平台开放共享的激励机制和制约机制，建成平台多以信息"孤岛"存在。三是对外交流与合作力度不够。这导致科技服务资源无法集聚，科技服务双边市场或多边市场无法形成，科技创业生态系统得不到培育。对科技服务平台模式的本质特征与运营规律缺乏深刻认识是直接原因，科技资源体制性分割是深层次原因。新一轮科技体制改革对科技创新创业科技服务平台建设提出了新的要求。通过建设统一对外开放共享服务的平台，将相对离散分布的科技创新资源进行有效整合和优化配置，形成为创新创业提供支撑服务的合力。

（三）建设长株潭国家自主创新示范区的需要

2014年12月，国家批准长株潭国家自主创新示范区作为我国中部首个以城市群为基本单元的国家自主创新示范区，要求全面实施创新驱动发展战略，充分发挥长株潭地区科教资源集聚和体制机制灵活的优势，积极开展科技体制改革和机制创新，在科研院所转制、科技成果转化、军民融合发展、科技金融、文化科技融合、人才引进、绿色发展等方面先行先试。长株潭国家自主创新示范区建设对科技服务平台建设提出了新的要求。建设科技服务平台，有利于推进长株潭国家自主创新示范区建设成为创新驱动发展引领区、科技体制改革先行区、军民融合创新示范区、中西部地区发展新的增长极。

二、湖南省科技创新创业服务平台建设的可行性

（一）条件成熟

经过多年的建设，湖南省初步形成了较完整的科技平台体系，汇聚了大量科技资源，集聚培养了大批优秀人才，为促进经济社会发展发挥了重要作用。截至2014年底，湖南省共建成科技基础条件平台13个，主要包括科学仪器设备、科技文献、科学数据、种质资源、实验动物等；建设产业技术创新服务平台21个，主要包括工业设计、竞争情报、技术转移、检验检测服务等；建设市县区区域创新服务平台116个，国家重点实验室12个，国家工程技术研究中心14个，省重点实验室117个，省工程技术研究中心196个。

（二）市场需要

从科技创新创业的市场需求来看，信息不对称与渠道不畅，导致大量科研成果与科技资源未能及时转化为生产力，大众创业者不能及时有效地获取科研成果与科技资源；从科技创新创业的市场供给来看，缺乏互联互通的O2O的科技创新创业交流、交心与交易的综合服务与电子商务平台，导致科技资源、成果与人才要素未能充分释放出创新创业的市场能量。科技服务平台建设，有利于促进科技资源存量互联互通，引导增量开放共享，降低科技要素的交易成本与提高交易效率，激发创新创业的活力。

（三）经济可行

采取整合与盘活现有科技资源为主线的建设思路，将"湖南省科技文献与创新资源共享服务平台""湖南省科技成果转化公共服务平台"等省市园区的各种科技平台与资源建立连接与共享机制，避免重复建设；同时以云平台的方式可以极大地减少各地县（园）区平台IT硬件投入，这样可以达到整合效应，提高平台建设的投入产出率。

三、湖南省科技创新创业服务平台建设的目标

（一）总体目标

力争用两年时间，通过重点整合三类科技资源，开发三大应用，绘制一张创

新地图，建设一个云平台，构建一张创新网络，全力培育服务"双创"的平台生态系统，为推进长株潭国家自主创新示范区建设和全省创新创业提供强大的科技支撑。

（1）整合三类科技资源。按照创新促创业、创业带就业的思路，围绕供需双边市场构建需求，重点整合科技基础服务资源、科技创新服务资源、科技创业服务资源三类科技资源。其中，科技基础服务资源主要包括：科技文献、科学数据、生物种质、科学仪器等；科技创新服务资源主要包括：重点实验室、工程技术研究中心、工业设计中心、检验检测服务等；科技创业服务资源主要包括：技术转移、成果转化、科技金融、军民融合发展、企业孵化、创客空间、科技中介等。

（2）开发三大应用。以用户需求为出发点，按照好用、易用、爱用的要求，重点开发面向电脑端、移动端、微信公众号三大应用，即面向电脑端的网站、面向移动端的 App 应用及面向大众的微信公众号。通过多个通道的建设，达到集聚海量用户的目标。

（3）绘制一张创新地图。通过聚焦创新的基础、创新要素的流动、创新主体、创新活动、创新加速器、创新前沿、创新蓝图等创新创业核心内容，绘制创新创业地图，实现区域创新创业监测评价的可视化，有助于各级政府和科技部门把握创新创业活动区域特点和发展趋势，有助于从事创新创业的人员便捷查找创新创业的信息，掌握科技资源与要素的分布，提高科技信息与资源的对接效率。

（4）建设一个云平台。基于大数据分析技术和国家超级计算长沙中心，对海量用户的服务交易记录和其他信息进行综合挖掘分析，通过个性化推荐技术，整合各子平台服务功能，开发面向用户需求的个性化主动服务。通过提供在线的科技服务和资源共享，实现平台各方参与者（服务提供方、服务需求方、平台运营方）各取所需，多方获益，最终形成一套完善的、稳定的科技服务创新创业平台生态系统，从而保证平台的健康可持续发展（图 6-2）。

（5）构建一张创新网络。按照整合"线上线下、省内省外"资源的思路，先期整合好长株潭地区的科技资源，然后向全省发力，并通过与省外平台（如上海研发公共服务平台、天津中小企业公共服务平台等）签订战略合作协作协议，利用外省资源为长沙市创新创业服务，条件成熟时，还可以与国外相关科技服务平台建立合作关系，提升服务能力，全面构建互联互通、开放共享的科技服务网络。

（二）阶段目标

1. 平台设计阶段

①深度调研湖南省科技创新创业服务平台各参与主体需求与供给；②系统梳理湖南省科技资源的数量、质量与利用情况；③认真吸取国内外云平台建设的成

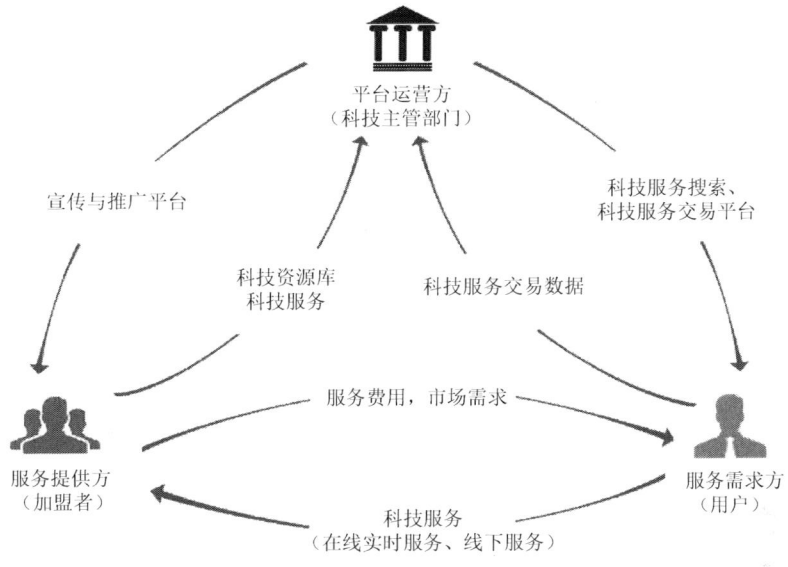

图 6-2 科技创新创业服务平台生态系统

功经验与失败教训；④准确界定科技服务云平台的服务供给与服务需求端；⑤科学制定科技服务云平台的组织结构与运营机制；⑥创新设计科技服务云平台系统总体架构与运营模式；⑦详细设计科技服务云平台各子系统、各功能模块；⑧初步制定科技服务云平台的服务流程与服务标准。

2. 平台开发阶段

①科技服务云平台软件开发与代码编写；②科技服务云平台测试与完善；③科技服务基础云平台部署与实施；④逐步接入科技服务子平台。

3. 平台运营阶段

①提供免费服务积累海量用户；②构筑"内容—社群—商业"价值链；③构建科技服务云平台创新创业生态系统。

四、湖南省科技创新创业服务平台建设的任务与内容

（一）主要服务对象

（1）科学家。各类科研院所、大专院校的科研团队能通过云平台找到科研成果产业化与商业化的资源、团队、客户与战略合作伙伴。

（2）创业者。创新创业者与企业经营者能通过云平台对接技术创新成果与技术创新团队。

（3）投资家。各类种子基金、天使投资、风险投资能通过云平台找到靠谱的科技创新项目与创业团队。

（二）主要服务内容

围绕科技创新创业的生命周期，着力解决其所需要落实的科技基础服务，全力保障科技创新服务，重点解决科技创业服务。

（1）科技基础服务资源，主要包括科技文献、科学数据、生物种质、科学仪器等。

（2）科技创新服务资源，主要包括重点实验室、工程技术研究中心、工业设计中心、检验检测服务等。

（3）科技创业服务资源，主要包括技术转移、成果转化、科技金融、军民融合发展、企业孵化、创客空间、科技中介等。

（三）科技创新创业服务平台功能定位

（1）信息共享。科技主管部门发布科技政策信息，企业发布研发需求，科技平台或中介发布资源供给信息，云平台自动提供供需配对组合信息。

（2）社区交流。线上通过建立 BBS（bulletin board system，电子公告板）、微信群、QQ 群等，建立虚拟社区；线下通过创设微众学堂，组织各种活动，建立心灵社区。

（3）资源对接。资源对接，一是科技基础服务资源对接，主要包括：科技文献、科学数据、生物种质、科学仪器等。二是科技创新资源对接，主要包括：重点实验室、工程技术研究中心、工业设计中心、检验检测服务等。三是科技创业资源对接，主要包括技术转移、成果转化、科技金融、军民融合发展、企业孵化、创客空间、科技中介等。

（4）能力提升。线上建立知识库、网络课堂，线下创设微众学堂，重点提供政策辅导、创新创业方法、管理技能、投融资决策、上市融资、人力资源管理、电子商务等相关知识，提升创新创业者的能力。

（5）市场交易。一是建立网上知识产权、技术、专利、产权转让等技术交易平台；二是建立众筹、P2P（peer-to-peer，点对点网络借款）等融资平台；三是建立股权转让的交易平台。

（四）科技创新创业服务平台建设任务

（1）两大界面。一是用户导向型界面，建立简洁界面，重点按照科技资源需求和科技资源供给,设计两栏。从此界面点击进去,用户需要注册,并登记资料,才能发布信息,接收配对信息;二是资源分布型界面,建立创新地图,重点展示各类科技资源的空间分布,从此界面进入,可直接查找空间匹配的科技资源。

(2)三大通道。开发电脑端网站、移动端 App 和微信公众号,使用户可以通过三大通道进入云平台系统,发布研发需求或提供科技资源等。

(3)一大系统:即统一门户系统,可集成各独立的松耦合的信息系统的工具性平台,让多个系统融合为"一个系统",其致力于打破各系统的界限、黏合各信息系统,为科技创新创业各级别用户提供统一的工作平台,主要基于数据中心集中存储的数据,开发统一的对内对外门户系统,实现公共科技资源的综合展示、统计分析、决策支持等。

(五)科技创新创业服务平台构架设计

平台分为四大应用平台:服务平台网站、移动应用平台、云平台及智能数据平台。平台包括多个功能模块,平台总体架构设计包括九个部分(图6-3)。

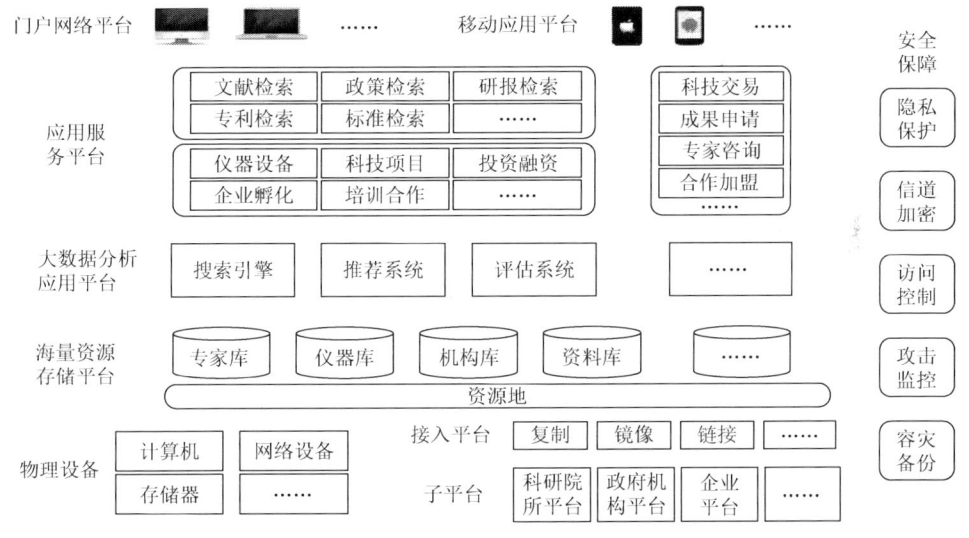

图 6-3 科技创新创业服务平台架构图

(1)物理设备:为整个科技创新共享平台运行提供网络设备、存储器和计算机等。

(2)子平台:由外部的科研院所、政府机构、企业等平台构成,为平台提供服务支撑。

(3)接入平台:提供科技创新共享平台与外部支撑平台之间的服务整合。

（4）海量资源存储平台：以大数据、云计算技术为核心，为平台海量资源提供资源存储与数据库服务。

（5）大数据分析应用平台：通过大数据统计、分析技术为平台提供智能化的服务。

（6）应用服务平台：提供多种应用服务子系统，为用户提供丰富的服务。

（7）门户网站平台：以门户网站的形式为用户展现平台的功能。

（8）移动应用平台：以移动客户端的形式为用户展现平台的功能。

（9）安全保障：为整个平台提供全方位的安全保障。

五、湖南省科技创新创业服务平台建设的模式与机制

（一）科技创新创业服务平台构建模式

以"互联网+"的模式，开发科技服务平台共享管理信息系统，以PPP（public private partnership，政府和社会资本合作）模式吸引民间资本与互联网基因的团队并依托湖南省科学技术厅成立具有独立市场主体的云平台管理中心，通过平台门户网站为用户提供便捷服务。按照"产权多元化、使用社会化、营运专业化"的原则，探索建立"政府引导、定向委托、合同管理、绩效评价"的公共服务机制，采用财政补贴、政府购买服务等形式，对提供服务和购买服务的双方给予适当补贴。

（二）科技创新创业服务平台运行机制

根据平台发展的两个阶段（网络效应引爆前的初创期、网络效应引爆后的成长期），湖南省科学技术厅先期通过政府购买和补贴公共服务来推动科技创新创业服务平台运行，逐步引进社会资源加入，推动平台市场化运作。为尽快引爆科技服务平台的网络效应，需要构建吸引机制、活跃机制、留住机制、评价机制等四大平台运行机制。

（1）吸引机制。①准入机制。大力支持市场主体进入高技术服务业，有资质的中介机构、咨询机构甚至个人都可以申请成为会员。②公共服务免费机制。平台区分服务收费、免费模式，规定提供的公共服务是免费的，而对那些需要进一步延伸的服务进行收费。③注册激励机制。在平台注册的企业，按照要求提交营业执照、组织机构代码证、税务登记证和单位基本信息、人员基本信息和财务状况材料后，就可以经后台审核，获得一定额度的"创新券"。"创新券"由政府向企业发放，企业在平台上购买创新服务时，可以用"创新券"抵扣一定的服务费用。

（2）活跃机制。①服务透明机制。平台中清楚显示服务产品介绍、销售记录、用户点评、客服服务记录、售后服务流程等信息，建设集交易、电子认证、在线支付、物流、信用评估等服务于一体的综合信息服务平台。②互联互通机制。完善信息网络，保证信息的获取和传递渠道畅通无阻。一方面，构建网站、App、微博、微信、手机报等多种应用入口的立体科技创新服务平台生态系统，实现科技企业、创业服务机构、创新孵化载体等不同主体根据各自诉求"应需入门"；另一方面，全省科技信息系统要实现科研项目的信息和管理信息的互联互通，支撑跨计划、跨部门的查重、查新和统计分析，科技报告系统要把财政支持的科研活动形成的成果以技术报告的形式向全社会开放，避免多头分散和重复研究。③供需撮合机制。通过发送创新创业供需双方的需求，撮合双方或多方交易，降低信息不对称性。

（3）留住机制。探索建立"政府引导、定向委托、合同管理、绩效评价"的公共服务机制，采用财政补贴、政府购买服务等形式，对提供服务和购买服务的双方给予适当补贴。

（4）评价机制。①信用机制。畅通的信用信息传递机制和规范的信用管理系统，为科技服务平台的技术合作提供真实、可靠、便捷的信用信息服务。用户对服务提供者的信用进行评价，好评度达到一定额度进行奖励，如赠送"创新券"、把排名靠前使成交率变大；反之差评达到一定额度要进行惩罚，严重的话要退出平台。②用户评价机制。用户对科技服务平台所提供的服务进行反馈，评估内容包括目标完成情况、建设运行情况、经费使用、服务能力、科技人员和创新成果等。③退出机制。对共享面窄、管理不善、运行效益过低、评价信用不好的供方进行逐步淘汰，避免资源的进一步浪费。

六、湖南省科技创新创业服务平台建设的保障措施

为了湖南省科技创业服务平台可持续发展，我们将创新运营保障。

1. 体制创新保障

以 PPP 或混合所有制为指导，成立"事业单位＋风险资本＋创业团队"的真正的市场主体负责平台运营，从顶层设计与平台开发阶段就开始深度参与，确保市场在资源配置中起决定性作用。强化科技同经济对接、创新成果同产业对接、创新项目同现实生产力对接、研发人员创新劳动同其利益收入对接，增强科技进步对经济发展的贡献度，营造"双创"政策和制度环境。

2. 组织创新保障

建立以用户为中心的扁平化平台服务型组织，变员工为创客，变客户为粉丝，不仅要为客户提供高性价比的产品，还要共同创造极致的用户体验。

3. 人才创新保障

组建"互联网+商业+技术+资本"的复合型团队，确何人岗匹配，人尽其才。努力打造一支"领导有力、目标一致、共同成功、相互信任、有效沟通、协同作战、分享资源"的高绩效团队。

4. 激励机制保障

让平台运营者有足够的动力也有较大的压力。解决机制设计中的"激励相容"与"信息对称"两大问题，"激励相容"是指个人目标与组织目标的统一，"信息对称"是指让服务对象掌握考核权。各部门互为顾客关系，即每个部门都有明确的服务对象——内部顾客，变管理为服务，即为谁服务就由谁考核。

5. 政策创新保障

初期以政府扶持平台的基础开发为主，中期以政府购买公共服务带动流量为主，长期以"公共服务+公益服务+商业服务"有机融合为主。

七、湖南省科技创新创业服务平台建设的预期效果

（一）营造创新创业环境氛围

"双创"在增加就业，促进创业、创新等方面具有不可替代的作用。科技服务云平台通过搭建创业者、科学家与投资家的桥梁，形成交流、交心与交易的互动与体验平台，让创新创业感受到政府和社会各界的关注和关心，既有展示的平台，也有培训的机会，更有资本的青睐。

（二）嫁接创新创业关键资源

技术和资本是创业者的"任督二脉"，如果能够帮助创业者打通它们，创业就不再"难于上青天"。科技服务云平台旨在整合各方力量，辅导创业企业聚焦项目的比较优势，厘清商业模式，提升创业团队转化技术优势为市场优势的经营能力，激活其自身的"造血"能力，让银行和风险投资对创业从"心动到行动"。

（三）探索政府科技服务新模式

市场主导、政府引导，对企业、金融机构、银行等相关资源方具有"双向、互动、共赢"的积极意义。以往的帮扶政策偏向于提供硬件支持，如资金、场地、税务减免，平台以软硬件结合的形式，让"有形的手"（政府）和"无形的手"（市场）相结合，是对国家进一步支持创新创业发展号召的一次实践，实现了从单纯物质条件的支持，到创业精神和创业方法的全程扶持；从单一对口的服务，到构建全面系统的"科技创新创业生态系统"。以"互联网+"有机整合政府、市场与社会的力量，形成"技术创新＋商业模式＋风险资本"的组合拳，解决创新创业背后的难题。

（四）树立正确的科技创新观念

通过云平台的协同创新，参与各方实现了由"要我创新"到"我要创新"、由"技术导向"到"需求导向"、由"拍脑袋研发"到"高效评审、流程决策研发"、由"企业家单点信息搜集"到"企业全员信息网络搜集"、由"个人创新"到"组织创新"的观念转变。

（五）培养科技创新型创业团队

通过科技服务云平台造就一大批技术创新领军人才、创新型工程师、创新型高级技工和高水平创业团队。帮助科研院所与企业对接互补性人才。平台拟导入"协同创新方法"，通过专家的精心辅导和教练，企业与科研院所运用所学方法与工具，结合企业实际的创新课题，制订产品创新方案并落地执行，帮助企业发现和培养了一批优秀创新人才。

（六）提升科技创新创业绩效

平台通过引导创新咨询机构开展协同创新示范活动，帮助企业实现知识转移，找到企业技术升级的实现路径。例如，通过创新前端管理及时中止多个没有"钱景"的新产品项目；通过模块化设计，某一部件设计周期缩短，产品成本降低；通过优化流程，设计差错率降低，交货周期缩短，实现客户公司双赢；通过建立基于流程的跨职能项目管理模式，项目开发效率提高，开发质量问题差错率降低。

（七）构建科技创新服务平台生态

平台把构建完善的创新服务平台生态当成激活创新要素、提高自主创新能力的动力保障。一方面，加强创业服务平台建设。鼓励现有高校、科研院所及企业中的研发、检测、设计及咨询平台对外开放，为湖南企业提供优惠服务，提高资源使用效率。同时积极引进外地研发机构来湖南设立分部，共同构建交互、共享、集成的技术创新创业服务平台。开展技术创新服务中介机构的诚信等级评定，引导企业优先使用优质中介机构的服务。另一方面，构建技术创新公共信息服务网络。构建湖南省科学创新创业服务平台，建立科研设施和科研仪器开放共享平台、技术创新人才库、技术创新难题库、技术创新成果转化库，推进全省技术创新资源的共享和对接。整合各类资源，建设技术研发、设计创意、试验检测、技术咨询等创业服务平台，加强对产学研结合和技术创新的基础支撑。免费为企业提供科技文献资源和科学数据的查询和共享，组织相应专家分析企业技术创新瓶颈，帮助企业建立技术创新战略与研发平台。

第七章　研究结论与展望

第一节　研究结论

　　创业服务平台构建呈"点—线—面—体"的演进路径，服务平台不仅通过互联网连接双边市场（如创业企业与创业服务机构、商家与用户、创业者与消费者），而且通过平台赋能促进供需双方价值共创，既突破了创业资源的冗余与约束的矛盾，又突破了大规模生产与个性化定制的矛盾，更帮助了创业企业突破创新瓶颈，实现转型升级与创新绩效，政府职能部门的作用宜更多体现在营造好便利、低成本、高效服务、公平竞争的创业环境。研究总结如下。

　　（1）选取三个典型案例，运用扎根理论规范的译码程序对案例进行剖析，构建了内向型中小企业转型能力提升路径模型。研究发现，内向型中小企业通过制订瓶颈突破方案为行动学习提供了正确的知识输入，行动学习为瓶颈突破方案的实施提供了有力保障，方案制订与行动学习就是不断解决问题与达成目标的过程，转型能力包括认知能力、转移能力与整合能力三个维度，它的提升路径是一个"知行合一"的过程。启示在于，内向型中小企业的转型战略重在瓶颈突破而不是全面变革、团队共识而不是个人英雄、微转型而不是战略转型。

　　（2）选取一家创业服务机构与三家创业企业之间合作案例为研究对象，研究发现：创业服务机构与创业企业价值共创过程模型分为"观念共识—价值共生—价值共赢"三个阶段；创业服务机构通过"互动诊断"与"考察交流"的"言传+身教"的"传道"方式，帮助创业企业"觉察"与"觉醒"以达成观念共识；创业服务机构通过"授之以鱼"与"授之以渔"的"教授+教练"的"授业"方式，帮助创业企业"学习新知"与"学以致用"以促成价值共生；创业服务机构通过"答疑+答辩"的"解惑"方式，帮助创业企业执行方案与达成目标以实现价值共赢。

　　（3）知识服务是创新的关键驱动力，知识服务如何转化为创新绩效是一个重要而尚未有效解决的难题。本书运用扎根理论编码的案例研究方法，选取一家创业服务机构与四家创业企业之间互动案例为研究对象，研究发现：①知识服务内容包括创新规划、需求管理、团队建设与流程规范四个要素；②价值共创过程包括价值共识、价值共生、价值共享与价值共赢四个要素；③在创新领导者的推动下，知识服务内容与价值共创过程相互作用，共同促进知识服务转化为创新绩效。

（4）选取小米为研究对象，研究发现：创业平台、创业者与消费者价值共创过程模型分为"价值共识—价值共享—价值共生—价值共赢"四个阶段；创业平台、创业者与消费者通过"交流"实现"资源识别"促成价值共识；通过"交换"实现"资源获取"形成价值共享；通过"交互"实现"资源利用"构成价值共生；通过"交融"实现"资源转化"达成价值共赢。

（5）研究淘宝网案例发现：电商平台创业生态系统构建过程包括核心层、扩展层和相关层三个阶段；核心层参与者是平台和初创企业，构建要素为推广需求、人才技术、服务产品和市场等，以资源汇集机制为主；扩展层参与者增加了第三方服务商和战略合作方，构建要素以品牌需求为主，加入方案联结第三方与用户之间合作，以价值创造分享机制为主；相关层参与者增加了金融机构与政府部门，构建要素以差异化需求为主、以资金和政策实现主体间强弱联系，以系统调节配置机制为主。

（6）基于价值共创视角，通过对长服平台生态系统过程进行分析，研究发现：首先，以顾客为中心，以实现顾客满意度与忠诚度为目标，始于觉察顾客需求，终于超越顾客期望。从需求端入手，创业企业面临要素不足、效率低下与创新乏力的关键需求；从供应端响应，创业服务机构适应性开发出要素对接方案、效率提升方案和创新驱动方案等创业服务，提高服务平台承载多样性专业服务能力，承载的专业服务类型越多，延展性越强，为创业企业提供一站式的服务能力就越强，对创业服务机构的整合能力就越强。其次，价值共创是服务平台建设持续健康发展的关键，为创业企业持续创造价值是服务平台立足之本，与各方合理分配价值是服务平台成长之道。服务平台通过价值共创机制的设计，降低交易成本、提高精准营销价值与平台生态价值，以增强平台对供需双方的凝聚力。

（7）从价值共创的双元视角，选择创业企业创新转型案例为研究对象，采用扎根理论编码，归纳出突破创新瓶颈的三个阶段、九个要素与一个关键点：创新瓶颈识别阶段包括创新目标、价值梳理与瓶颈因素三个要素；创新方案设计阶段包括瓶颈目标、瓶颈深挖与解决方案三个要素；创新瓶颈突破阶段包括整合资源、激励政策与排除障碍三个要素；创新团队在三个阶段中不断地达成共识是成功的关键点。

（8）通过对韩都与芬尼的纵向案例研究，破解了战略创业中的资源约束和资源冗余两难困境，战略创业是一个基于员工与顾客赋能的价值共创过程。试点阶段企业通过结构赋能营造了员工之间的价值共创环境，利益共享机制设计促进了冗余资源的利用，取得了新业务机会与制度创新优势；在复制阶段企业通过领导赋能巩固了团队之间的价值共创环境，借助事业共享机制设计促进了冗余资源的优化，获得了新市场机会与跨界创新优势；在进化阶段，企业通过心理赋能与顾客赋能优化了员工与顾客之间的价值共创环境，通过命运共享机制设计促进了资源开放,有效地突破了创业资源约束的瓶颈,实现了新组合机会与生态创新优势。本书结论对于企业如何通过平台赋能促进价值共创进而推动战略创业有着重要的理论和实践意义。

(9) 价值共创促进企业大规模定制经历了四个阶段的演化过程,外在压力与内在动力共同推进了价值共创,价值共创又促进了个性化需求挖掘能力与个性化需求实现能力的形成;大规模定制的演化路径呈现出定制规模、定制品种、定制环节与定制能力的差异性;价值共创在不同阶段的互动主体、互动环节、互动过程与用户体验表现出不同的特征。基于价值共创的理论视角,采用规范的案例研究方法,通过尚品宅配公司发展历程中一系列关键事件分析,系统揭示了大规模定制能力演化的诱因、过程与结果。构建价值共创促进大规模定制演化过程模型对中国制造企业向大规模定制转型具有重要的借鉴意义。

第二节　研究展望

鉴于以政府扶持的各地公共服务平台在现有的实践中都尚未发展到生态系统阶段,政府主导的色彩较浓,服务平台的市场主体地位有较大缺失,导致双边市场和网络效应未能有效形成,服务平台的延展性与规模性有限,加之立项之后国家主推众创空间等服务平台建设,所以,我们无法完全执行申请书当时设想的思路,在实际研究过程中适时调整了研究对象与扩展了研究范围(包括四种不同类型的服务平台),而且重点放在创业企业与创业服务机构通过价值共创促进创新转型、创业平台、创业者与消费者之间、平台企业通过赋能促进价值共创、大规模定制或资源整合,及时有效地响应和指导了当前创业创新的难点与政府政策的重点。未来值得进一步深入研究的重点在于以下三个方面。

(1) 赋能型创业服务平台的动因、内涵与特征研究。互联网情境下赋能型创业服务平台是国内外最近兴起的一种新型孵化器,对于它的研究才刚刚受到关注,因此现有创业服务平台文献主要还集中在现象描述上。比如,平台企业在成熟期均推出了创业孵化服务,企业要成为合作伙伴自由创业的开放平台;基于互联网的平台为创业研究提供了一个新情境,"互联网+创业"是平台创业的一个重要来源;创业者如何借助数字化平台获得成功;平台遵循"平台架构—网络效应—生态系统"的演进逻辑;这些为我们的研究提供了一定的理论基础,但对赋能型创业服务平台的内涵、特征与动因缺少深入研究。

(2) 赋能型创业服务平台促进资源精准匹配的机制。现有孵化器在资源供给的意愿、条件与机制上不能灵活适应创业者不同阶段的特定需求。在研究对象上,现有赋能研究主要关注了员工赋能与顾客赋能,对创业服务平台赋能创业者与消费者尚未深入探讨;在研究维度上,现有赋能研究主要对结构赋能、资源赋能和数据赋能进行了单独讨论，较少将不同的赋能维度进行有机整合；在研究问题上，现有赋能研究从心理学、领导学与组织管理视角探讨了赋能行为，没有从赋能机制角度考虑如何促进创业资源的精准匹配，也未阐明这种赋能机制与价值共创的关系。

（3）赋能型创业服务平台提升资源的价值转化效率。现有价值共创研究不仅重点关注了企业与消费者之间价值共创，而且已延伸至多元主体参与的创业生态系统价值共创，特别是在互联网情境下消费者既消费产品和服务，又提供资源和能力来参与产品或服务的创造，促进价值共创活动是平台所有者的主要任务之一，消费者在平台上直接与其他消费者和创业者接触，通过平台整合资源，实现各方共赢。但现有研究尚没有深入探讨赋能型创业服务平台、创业者与消费者之间的价值共创如何提升孵化器资源的价值转化效率。

参考文献

边伟军, 罗公利, 肖焰恒. 2010. 科技创业企业生态群落孵化模式研究——以青岛创业园为例[J]. 科技进步与对策, 27（13）: 89-93.

蔡莉, 朱秀梅, 刘预. 2011. 创业导向对新企业资源获取的影响研究[J]. 科学学研究, 29（4）: 601-609.

曹俊浩, 陈宏民. 2010. 基于双边市场的 B2B 垄断平台自网络效应强度研究[J]. 现代管理科学, （6）: 62-63, 77.

陈菊红, 同世隆, 姚树俊. 2014. 服务型制造模式下价值共创流程机制研究——以技术革新为视角[J]. 科技进步与对策, 31（1）: 18-22.

陈亮. 2011. 中小企业转型升级的动力研究——迈过"中等收入陷阱"的选择路径[J]. 当代经济研究, （6）: 55-59.

陈威如, 余卓轩. 2013. 平台战略: 正在席卷全球的商业模式革命[M]. 北京: 中信出版社.

陈晓峰, 陈昭锋. 2014. 生产性服务业与制造业协同集聚的水平及效应——来自中国东部沿海地区的经验证据[J]. 财贸研究, 25（2）: 49-57.

陈晓红, 佘坚, 邹湘娟. 2006. 中小上市公司成长性评价方法比较研究[J]. 科研管理, （1）: 145-151.

陈晓红, 解海涛. 2006. 基于"四主体动态模型"的中小企业协同创新体系研究[J]. 科学学与科学技术管理, （8）: 37-43.

陈晓红, 周颖, 佘坚. 2008. 考虑在险价值的中小企业成长性评价研究——基于沪深中小上市公司的实证[J]. 南开管理评论, （4）: 4-11.

戴维奇. 2012. 组织冗余、公司创业与成长: 解析不同冗余的异质影响[J]. 科学学与科学技术管理, 33（6）: 156-164.

戴小园, 蔡建峰, 王晓东. 2017. 面向服务架构的科技孵化器生态系统解构与评估[J]. 科技进步与对策, 34（16）: 7-13.

董保宝. 2014. 创业研究在中国: 回顾与展望[J]. 外国经济与管理, 36（1）: 73-81.

董保宝, 葛宝山. 2012. 新创企业资源整合过程与动态能力关系研究[J]. 科研管理, 33（2）: 107-114.

樊春, 胡胜蓉, 魏江. 2010. 知识密集型服务企业与制造企业互动创新绩效影响因素的实证研究[J]. 技术经济, 29（10）: 12-18.

樊钱涛. 2013. 产业集群内共同创造的发生机制与绩效影响研究[M]. 杭州: 浙江大学出版社.

范思立. 2013-04-16. 助中小企业升级工信部构建社会化服务体系[N]. 中国经济时报（02）.

付鲜凤, 梅强. 2012. 基于 DEA 的我国中小企业公共服务平台效率分析[J]. 科技管理研究, 32（22）: 66-69, 75.

傅瑜. 2013. 网络规模、多元化与双边市场战略——网络效应下平台竞争策略研究综述[J]. 科技管理研究，33（6）：192-196.

高安德. 2006. 鲸鱼、布谷鸟和益生菌[J]. 商界. 中国商业评论，（7）：104-105.

顾乃华，毕斗斗，任旺兵. 2006. 生产性服务业与制造业互动发展：文献综述[J]. 经济学家，（6）：35-41.

郭朝阳，许杭军，郭惠玲. 2012. 服务主导逻辑演进轨迹追踪与研究述评[J]. 外国经济与管理，34（7）：17-24.

韩德超，张建华. 2008. 中国生产性服务业发展的影响因素研究[J]. 管理科学，21（6）：81-87.

韩国明，吕世高，刘壮. 2009. 论我国中小企业社会化服务体系治理的主体多元化——基于治理理论合作网络途径的研究视角[J]. 科技管理研究，29（5）：144-146，163.

黄江明，李亮，王伟. 2011. 案例研究：从好的故事到好的理论——中国企业管理案例与理论构建研究论坛（2010）综述[J]. 管理世界，（2）：118-126.

霍肯 P. 2007. 商业生态学：可持续发展的宣言[M]. 夏善晨，余继荧，方堃，译. 上海：上海译文出版社.

吉宏伟，孙武军. 2007. 网络外部性、转移成本与产品兼容性决策分析[J]. 管理学报，（6）：729-736.

贾旭东，衡量. 2016. 基于"扎根精神"的中国本土管理理论构建范式初探[J]. 管理学报，13（3）：336-346.

简兆权，陈键宏，杨金花. 2012. 研发服务价值共创研究——基于价值网络的视角[J]. 科技进步与对策，29（13）：1-5.

江诗松，龚丽敏，魏江. 2011a. 转型经济背景下后发企业的能力追赶：一个共演模型——以吉利集团为例[J]. 管理世界，（4）：122-137.

江诗松，龚丽敏，魏江. 2011b. 转型经济中后发企业的创新能力追赶路径：国有企业和民营企业的双城故事[J]. 管理世界，（12）：96-115，188.

蒋传海. 2010. 网络效应、转移成本和竞争性价格歧视[J]. 经济研究，45（9）：55-66.

金碚. 2011. 中国工业的转型升级[J]. 中国工业经济，（7）：5-14，25.

科技部火炬高技术产业开发中心. 2016. 2016 中国火炬统计年鉴[M]. 北京：中国统计出版社.

科技部火炬高技术产业开发中心. 2017. 2017 中国火炬统计年鉴[M]. 北京：中国统计出版社.

孔鹏举，周水银. 2013. 基于企业与顾客共同创造竞争优势的企业参与概念研究[J]. 管理学报，10（5）：722-729.

孔伟杰. 2012. 制造业企业转型升级影响因素研究——基于浙江省制造业企业大样本问卷调查的实证研究[J]. 管理世界，（9）：120-131.

库拉特科 D F，莫里斯 M H，科温 J G. 2013. 公司创新与创业[M]. 李波，曹亮，邓汉慧，等译. 北京：机械工业出版.

雷霏，王昌咏，王俊. 2012. 大规模生产与大规模定制企业组织结构比较研究[J]. 当代经济，（7）：50-52.

雷义川. 2005. 网络效应的"质"与"量"分析[J]. 商场现代化，（1）：108-137.

李飞，陈浩，曹鸿星，等. 2010. 中国百货商店如何进行服务创新——基于北京当代商城的案例研究[J]. 管理世界，（2）：114-126，187-188.

李高勇，毛基业. 2015. 案例选择与研究策略——中国企业管理案例与质性研究论坛（2014）综述[J]. 管理世界，（2）：133-136，169.

李建州, 范秀成. 2006. 三维度服务体验实证研究[J]. 旅游科学,（2）: 54-59.
李钧辉. 2013. 政务云建设的未来之路——评《基于云计算的电子政务公共平台顶层设计指南》[EB/OL]. http://www.ccidnet.com/2013/1112/5246447.shtml[2021-05-09].
李丽娟. 2012. 旅游体验价值共创研究：以北京香山公园为例[D]. 北京：北京林业大学.
李鹏, 胡汉辉. 2016. 企业到平台生态系统的跃迁：机理与路径[J]. 科技进步与对策, 33（10）: 1-5.
李太勇. 2000. 网络效应与标准竞争战略分析（上）[J]. 外国经济与管理,（8）: 7-11.
李文元, 梅强. 2009. 基于中小企业技术创新全过程的科技中介服务体系构建研究[J]. 中国科技论坛,（6）: 59-63.
李小玲, 任星耀, 郑熙. 2014. 电子商务平台企业的卖家竞争管理与平台绩效——基于VAR模型的动态分析[J]. 南开管理评论, 17（5）: 73-82, 111.
李烨, 李传昭, 罗婉议. 2005. 战略创新、业务转型与民营企业持续成长——格兰仕集团的成长历程及其启示[J]. 管理世界,（6）: 126-135.
郦松昌, 周东锋, 杨甦宏. 2016. 孵化器之创新创业企业培育模式研究——以某科技园为例[J]. 财经界,（20）: 115-116.
梁春晓, 宋斐. 2008. 网商赢天下：阿里巴巴的商业新视界[J]. 中国品牌,（Z2）: 138-155.
林汉川, 夏敏仁, 何杰, 等. 2003. 中小企业发展中所面临的问题——北京、辽宁、江苏、浙江、湖北、广东、云南问卷调查报告[J]. 中国社会科学,（2）: 84-94, 206.
林嵩. 2011. 创业生态系统：概念发展与运行机制[J]. 中央财经大学学报,（4）: 58-62.
林洲钰, 林汉川, 陈衍泰. 2013. 我国小微企业解困的机制创新与实现路径[J]. 管理现代化,（2）: 65-67.
刘广平, 陈立文, 戚安邦. 2013. 创业企业与孵化器互动下的项目导向型组织结构设计与运行机制研究[J]. 科技进步与对策, 30（16）: 11-14.
刘林青, 施冠群, 陈晓霞. 2009. 麻省理工学院的创业生态系统探析[J]. 比较教育研究, 31（7）: 20-24.
刘明宇, 芮明杰, 姚凯. 2010. 生产性服务价值链嵌入与制造业升级的协同演进关系研究[J]. 中国工业经济,（8）: 66-75.
刘世英, 彭征. 2008. 谁认识马云[M]. 北京：中信出版社.
刘文光. 2012. 区域科技创业生态系统运行机制与评价研究[D]. 天津：天津大学.
刘亚军, 陈进. 2016. 创业者网络能力、商业模式创新与创业绩效关系的实证研究[J]. 科技管理研究, 36（18）: 224-231.
刘洋, 廖貅武. 2013. 基于在线评分和网络效应的应用软件定价策略[J]. 管理科学, 26（4）: 60-69.
刘洋, 魏江, 江诗松. 2013. 后发企业如何进行创新追赶？——研发网络边界拓展的视角[J]. 管理世界,（3）: 96-110, 188.
刘永胜, 杜志平, 白晓娟. 2012. 供应链管理[M]. 北京：北京大学出版社.
刘志荣. 2011. 中小企业服务体系的动力因素：政府抑或中介组织[J]. 改革,（8）: 95-101.
陆勇. 2012. 江苏中小企业信息化服务平台模式研究[J]. 信息化研究, 38（2）: 5-8, 51.
罗顺均. 2014. "引智"学习、组织信任及企业技术能力提升——基于珠江钢琴1987~2012年的纵向案例研究[J]. 管理学报, 11（9）: 1265-1275.
罗亚非, 宋德安, 常晓明. 2007. 基于生态模型的集群发展阶段与创业的关系——以中关村海淀园为实例[J]. 科学学与科学技术管理, (8): 48-53.

吕政, 刘勇, 王钦. 2006. 中国生产性服务业发展的战略选择——基于产业互动的研究视角[J]. 中国工业经济, (8): 5-12.

毛基业, 李高勇. 2014. 案例研究的"术"与"道"的反思——中国企业管理案例与质性研究论坛 (2013) 综述[J]. 管理世界, (2): 111-117.

毛基业, 李晓燕. 2010. 理论在案例研究中的作用——中国企业管理案例论坛 (2009) 综述与范文分析[J]. 管理世界, (2): 106-113, 140.

毛基业, 苏芳. 2012. 组织连接破裂与应对措施: 供应商视角的案例研究[J]. 南开管理评论, 15 (6): 111-122.

毛基业, 张霞. 2008. 案例研究方法的规范性及现状评估——中国企业管理案例论坛 (2007) 综述[J]. 管理世界, (4): 115-121.

梅开, 杜晓君, 杨昆明, 等. 2010. 网络效应与专利联盟[J]. 科学学研究, 28 (2): 211-214, 220.

穆尔 J F. 1999. 竞争的衰亡: 商业生态系统时代的领导与战略[M]. 梁骏, 杨飞雪, 李丽娜译. 北京: 北京出版社.

欧阳桃花. 2004. 试论工商管理学科的案例研究方法[J]. 南开管理评论, (2): 100-105.

欧阳峣, 李坚飞. 2009. 我国中小企业发展支持力度评价及政策建议[J]. 中国软科学, (10): 142-147.

潘绵臻, 毛基业. 2009. 再探案例研究的规范性问题——中国企业管理案例论坛 (2008) 综述与范文分析[J]. 管理世界, (2): 92-100, 169.

潘善琳, 崔丽丽. 2016. SPS 案例研究方法: 流程、建模与范例[M]. 北京大学出版社.

潘笑芳. 2012. 关于搭建金融平台优化商业模式的政策建议[J]. 财经界, (12): 9, 11.

彭健. 2013-06-21. 美国大力推动超级 WiFi 发展[N]. 中国电子报 (03).

彭泗清, 李兰, 潘建成, 等. 2013. 经济转型与创新: 认识、问题与对策——2013·中国企业家成长与发展专题调查报告[J]. 管理世界, (9): 9-20.

钱丽娜. 2012. 淘宝: 做平台就是在做服务[J]. 商学院, (9): 21-25.

沈威风. 2007. 淘宝网: 倒立者赢[J]. 信息系统工程, (4): 102.

盛宇华, 蒋舒阳, 韦畅. 2017. 创业企业如何有效进行要素资源分配——供给侧改革背景下一个跨层次被调节的中介模型[J]. 科技进步与对策, 34 (1): 90-97.

宋东升. 2013. 中小企业公共技术服务平台运行机制初探——从政府主导视角的分析[J]. 经济论坛, (7): 76-78.

苏敬勤, 林海芬, 李晓昂. 2013. 产品创新过程与管理创新关系探索性案例研究[J]. 科研管理, 34 (1): 70-78.

苏敬勤, 林菁菁, 张雁鸣. 2017. 创业企业资源行动演化路径及机理——从拼凑到协奏[J]. 科学学研究, 35 (11): 1659-1672.

孙春玲, 张华, 李贺, 等. 2014. 授权氛围对项目经理主动性行为的影响机理研究: 心理授权的中介作用[J]. 管理评论, 26 (7): 196-208.

唐东会. 2009. 中小企业转型升级研究——以浙江省台州市为例[J]. 工业技术经济, 28 (6): 57-61.

唐明凤, 李翠文, 程郁. 2015. 基于创新工厂案例的新型孵化器商业模式研究[J]. 科研管理, 36 (S1): 102-109.

淘宝大学. 2011. 淘宝卖家秘笈[M]. 北京：电子工业出版社.
田俊敏. 2016. 河南省小微企业公共服务平台建设研究[J]. 中国管理信息化，19（15）：73-76.
王凤彬，李东红，刘月宁，等. 2015. "竞争"还是"合作"：组织中局部功能替代性部门间冲突的动态演进——基于研华大陆区线上业务的纵向案例研究[J]. 管理世界，（12）：146-171，188.
王桂琴. 2011. 金融服务营销的核心理念——价值的共同创造[J]. 金融研究，（11）：197-206.
王晶，席阳，李铁克. 2004. 基于体验经济与顾客参与的大规模定制模式[J]. 北京航空航天大学学报（社会科学版），（1）：45-49.
王立国，鞠蕾. 2012. 地方政府干预、企业过度投资与产能过剩：26个行业样本[J]. 改革，（12）：52-62.
王琳，赵立龙，刘洋. 2015. 制造企业知识密集服务嵌入的内涵、动因及对服务创新能力作用机制[J]. 外国经济与管理，37（6）：73-82.
王晓文，张玉利，李凯. 2009. 创业资源整合的战略选择和实现手段——基于租金创造机制视角[J]. 经济管理，（1）：61-66.
王新新，潘洪涛. 2011. 社会网络环境下的体验价值共创：消费体验研究最新动态[J]. 外国经济与管理，33（5）：17-24.
魏江，胡胜蓉. 2007. 知识密集型服务业创新范式[M]. 北京：科学出版社.
魏江，周丹. 2010. 生产性服务业与制造业互动机理研究——以乐清低压电器产业链为例[J]. 科学学研究，28（8）：1171-1180.
翁轶丛，陈宏民，孔新宇. 2004. 基于网络外部性的企业技术标准控制策略[J]. 管理科学学报，（2）：1-6，17.
邬爱其. 2009. 超集群学习与集群企业转型成长——基于浙江卡森的案例研究[J]. 管理世界，（8）：141-156.
吴家曦，李华燊. 2009. 浙江省中小企业转型升级调查报告[J]. 管理世界，（8）：1-5，9.
武文珍，陈启杰. 2012. 价值共创理论形成路径探析与未来研究展望[J]. 外国经济与管理，34（6）：66-73，81.
肖建忠，付宏. 2010. 创业初期企业家如何组织企业：一个多案例研究[C]//大连：第五届（2010）中国管理学年会——创业与中小企业管理分会场.
肖文，樊文静. 2011. 产业关联下的生产性服务业发展——基于需求规模和需求结构的研究[J]. 经济学家，（6）：72-80.
谢德荪. 2012. 源创新：转型期的中国企业创新之道[M]. 北京：五洲传播出版社.
谢洪明，王成，罗惠玲，等. 2007. 学习、知识整合与创新的关系研究[J]. 南开管理评论，（2）：105-112.
徐晋，张祥建. 2006. 平台经济学初探[J]. 中国工业经济，（5）：40-47.
徐诗诗. 2014. 创业型企业商业模式创新研究——以李开复"创新工场"为例[D]. 青岛：中国海洋大学.
徐淑英，刘忠明. 2004. 中国企业管理的前沿研究[M]. 北京：北京大学出版社.
许爱玉. 2010. 基于企业家能力的企业转型研究——以浙商为例[J]. 管理世界，（6）：184-185.
颜京松，王如松，蒋菊生，等. 2003. 产业转型的生态系统工程[J]. 农村生态环境，（1）：1-7.
扬西蒂 M，莱维思 R. 2006. 共赢：商业生态系统对企业战略、创新和可持续性的影响[M]. 王凤彬，王保伦，杨冰融，等译. 北京：商务印书馆出版.
杨百寅，高昂. 2013. 企业创新管理方式选择与创新绩效研究[J]. 科研管理，34（3）：41-49.
杨桂菊. 2010. 代工企业转型升级：演进路径的理论模型——基于3家本土企业的案例研究[J]. 管理世界，（6）：132-142.
杨桂菊，刘善海. 2013. 从OEM到OBM：战略创业视角的代工企业转型升级——基于比亚迪的探索性案例研究[J]. 科学学研究，31（2）：240-249.
杨隽萍，唐鲁滨，于晓宇. 2013. 创业网络、创业学习与新创企业成长[J]. 管理评论，25（1）：24-33.
杨帅. 2015. 产业升级的未来方向：定制模式——文献研究的视角[J]. 理论导刊，（6）：97-101.
杨颖辉，薛伟贤. 2003. 论网络外部性[J]. 重庆工商大学学报（社会科学版），（4）：5-8.
易法敏. 2010. 电子商务平台理论综述[J]. 商业研究，（2）：205-208.
易鸣. 2009. 中小企业公共服务平台体系建设的主要内容及政策选择[J]. 商场现代化，（10）：81-83.
殷 R K. 2010. 案例研究：设计与方法[M]. 周海涛，史少杰，译. 重庆：重庆大学出版社.
张婧，邓卉. 2013. 品牌价值共创的关键维度及其对顾客认知与品牌绩效的影响：产业服务情境的实证研究[J]. 南开管理评论，16（2）：104-115，160.
张仁寿，黄小军，郑传芳，等. 2012. 基于DEA方法的区域科技自主创新绩效评价实证研究——以广东南沙为例[J]. 科技管理研究，32（9）：9-14.
张文红，张骁，翁智明. 2010. 制造企业如何获得服务创新的知识？——服务中介机构的作用[J]. 管理世界，（10）：122-134.
张祥，陈荣秋. 2009. 竞争优势的新来源：与顾客共创价值[J]. 管理工程学报，23（4）：14-19.
张向阳，朱有为. 2005. 基于全球价值链视角的产业升级研究[J]. 外国经济与管理，（5）：21-27.
赵都敏，李剑力. 2011. 创业政策与创业活动关系研究述评[J]. 外国经济与管理，33（3）：19-26.
赵黎明，刘猛，郝琳娜. 2014. 基于众包模式的虚拟科技孵化器创新研究[J]. 中国科技论坛，（8）：30-35.
赵涛，刘文光，边伟军. 2011. 区域科技创业生态系统的结构模式与功能机制研究[J]. 科技管理研究，31（24）：78-82.
钟振东，唐守廉，Vialle P. 2014. 基于服务主导逻辑的价值共创研究[J]. 软科学，28（1）：31-35.
周海涛，张振刚. 2015. 政府研发资助方式对企业创新投入与创新绩效的影响研究[J]. 管理学报，12（12）：1797-1804.
周琦萍，徐迪，杨芳. 2013. 基于复杂社会网络和局部网络效应的新产品竞争扩散的计算实验研究[J]. 软科学，27（7）：13-17.
周文辉. 2012. 中小企业转型升级新思维丛书：突破瓶颈[M]. 长沙：湖南人民出版社：315-317.
周文辉. 2015a. 知识服务、价值共创与创新绩效——基于扎根理论的多案例研究[J]. 科学学研究，33（4）：567-573，626.
周文辉，曹裕，周依芳. 2015b. 共识、共生与共赢：价值共创的过程模型[J]. 科研管理，36（8）：129-135.
周文辉，陈凌子，邓伟，等. 2019. 创业平台、创业者与消费者价值共创过程模型：以小米为例[J]. 管理评论，31（4）：283-294.
周文辉，林华，陈晓红. 2016a. 价值共创视角下的创新瓶颈突破案例研究[J]. 管理学报，13（6）：

863-870.

周文辉，邱韵瑾，金可可，等. 2015c. 电商平台与双边市场价值共创对网络效应的作用机制——基于淘宝网案例分析[J]. 软科学，29（4）：83-89.

周文辉，王昶. 2013. 创新创业服务模式打造创业生态系统[J]. 中国经贸导刊，（35）：55-57.

周文辉，王昶，周依芳. 2015d. 瓶颈突破、行动学习与转型能力——基于三家内向型中小制造企业的转型案例研究[J]. 南开管理评论，18（2）：73-82.

周文辉，王鹏程，陈晓红. 2016b. 价值共创视角下的互联网+大规模定制演化——基于尚品宅配的纵向案例研究[J]. 管理案例研究与评论，9（4）：313-329.

周文辉，杨苗，王鹏程，等. 2017a. 赋能、价值共创与战略创业：基于韩都与芬尼的纵向案例研究[J]. 管理评论，29（7）：258-272.

周文辉，周依芳，任胜钢. 2017b. 互联网环境下的创业决策、价值共创与创业绩效[J]. 管理学报，14（8）：1105-1113.

周晓东，王文齐. 2013. 论大规模定制战略"多快好省"的组合竞争优势[J]. 改革与战略，29（8）：64-66.

朱永华，王燕燕. 2009. 中小企业服务体系模式研究——基于三个典型城市的实证分析[J]. 上海企业，（2）：22-23.

朱有为，张向阳. 2005. 国际制造业与服务业向中国转移的协同关系分析[J]. 中国软科学，（10）：73-79.

祝振铎，李新春. 2016. 新创企业成长战略：资源拼凑的研究综述与展望[J]. 外国经济与管理，38（11）：71-82.

子柳. 2013. 淘宝技术这十年[J]. 新经济导刊，（7）：78.

邹文杰. 2011. 企业能力理论视角下的企业联盟[M]. 北京：社会科学文献出版社.

Aarikka-Stenroos L，Jaakkola E. 2012. Value co-creation in knowledge intensive business services: a dyadic perspective on the joint problem solving process[J]. Industrial Marketing Management，41（1）：15-26.

Abecassis-Moedas C，Ben Mahmoud-Jouini S，Dell'Era C，et al. 2012. Key resources and internationalization modes of creative knowledge-intensive business services: the case of design consultancies[J]. Creativity and Innovation Management，21（3）：315-331.

Acar O A，Puntoni S. 2016. Customer empowerment in the digital age[J]. Journal of Advertising Research，56（1）：4-8.

Acs Z J，Morck R K，Yeung B. 2001. Entrepreneurship, globalization, and public policy[J]. Journal of International Management，7（3）：235-251.

Adner R. 2006. Match your innovation strategy to your innovation ecosystem[J]. Harvard Business Review，84（4）：98-107，148.

Adner R，Kapoor R. 2010. Value creation in innovation ecosystems: how the structure of technological interdependence affects firm performance in new technology generations[J]. Strategic Management Journal，31（3）：306-333.

Alazzaz F，Whyte A. 2015. Linking employee empowerment with productivity in off-site construction[J]. Engineering, Construction and Architectural Management，22（1）：21-37.

Aldrich H E. 1990. Using an ecological perspective to study organizational founding rates[J].

Entrepreneurship Theory and Practice, 14 (3): 7-24.

Armstrong M. 2006. Competition in two-sided markets [J]. The RAND Journal of Economics, 37 (3): 668-691.

Auh S, Bell S J, McLeod C S, et al. 2007. Co-production and customer loyalty in financial services[J]. Journal of Retailing, 83 (3): 359-370.

Baker T, Nelson R E. 2005. Creating something from nothing: resource construction through entrepreneurial bricolage[J]. Administrative Science Quarterly, 50 (3): 329-366.

Bierly P, Chakrabarti A. 1996. Generic knowledge strategies in the US pharmaceutical industry[J]. Strategic Management Journal, 17 (S2): 123-135.

Browning H C, Singleman J. 1975. The Emergence of A Service Society: Demographic and Sociological Aspects of the Sectoral Transformation of the Labor Force in the U.S.A. National Technical Information Service[M]. Texas: University of Texas.

Bruneel J, Yli-Renko H, Clarysse B. 2010. Learning from experience and learning from others: how congenital and interorganizational learning substitute for experiential learning in young firm internationalization[J]. Strategic Entrepreneurship Journal, 4 (2): 164-182.

Carroll G R, Khessina O M. 2005. The ecology of entrepreneurship[M]//Handbook of Entrepreneurship Research. New York: Springer-Verlag: 167-200.

Chakravorti S, Roson R. 2004. Platform competition in two-sided markets: the case of payment networks[J]. Working Paper Series, 5 (1): 118-143.

Chandler J D, Vargo S L. 2011. Contextualization and value-in-context: how context frames exchange[J]. Marketing Theory, 11 (1): 35-49.

Chandra Y, Coviello N. 2010. Broadening the concept of international entrepreneurship: "consumers as international entrepreneurs" [J]. Journal of World Business, 45 (3): 228-236.

Ciabuschi F, Perna A, Snehota I. 2012. Assembling resources when forming a new business[J]. Journal of Business Research, 65 (2): 220-229.

Colombo M G, Grilli L. 2007. Funding gaps? Access to bank loans by high-tech start-ups[J]. Small Business Economics, 29 (1/2): 25-46.

Cova B, Pace S. 2006. Brand community of convenience products: new forms of customer empowerment-the case "my nutella the community" [J]. European Journal of Marketing, 40 (9/10): 1087-1105.

Cova B, Salle R. 2008. Marketing solutions in accordance with the S-D logic: co-creating value with customer network actors[J]. Industrial Marketing Management, 37 (3): 270-277.

Cumming D. 2007. Government policy towards entrepreneurial finance: innovation investment funds[J]. Journal of Business Venturing, 22 (2): 193-235.

Czarnitzki D, Spielkamp A. 2003. Business services in Germany: bridges for innovation[J]. The Service Industries Journal, 23 (2): 1-30.

Desa G, Basu S. 2013. Optimization or bricolage? overcoming resource constraints in global social entrepreneurship[J]. Strategic Entrepreneurship Journal, 7 (1): 26-49.

Desmet K, Fafchamps M. 2005. Changes in the spatial concentration of employment across US counties: a sectoral analysis 1972-2000[J]. Journal of Economic Geography, 5 (3): 261-284.

Dunphy D C, Stace D A. 1988. Transformational and coercive strategies for planned organizational change: beyond the O.D. model[J]. Organization Studies, 9 (3): 317-334.

Duray R. 2002. Mass customization origins: mass or custom manufacturing?[J]. International Journal of Operations & Production Management, 22 (3): 314-328.

Dutrénit G. 2004. Building technological capabilities in latecomer firms: A review essay[J]. Science, Technology and Society, 9 (2): 209-241.

Ebben J J, Johnson A C. 2005. Efficiency, flexibility, or both? Evidence linking strategy to performance in small firms[J]. Strategic Management Journal, 26 (13): 1249-1259.

Ebner A. 2006. Institutions, entrepreneurship, and the rationale of government: an outline of the Schumpeterian theory of the state[J]. Journal of Economic Behavior & Organization, 59 (4): 497-515.

Edmondson A C, McManus S E. 2007. Methodological fit in management field research[J]. Academy of Management Review, 32 (4): 1246-1264.

Edvardsson K, Garvare R, Ivarsson A, et al. 2011. Sustainable practice change: professionals' experiences with a multisectoral child health promotion programme in Sweden[J]. BMC Health Services Research, 11: 61.

Eisenhardt K M. 1989a. Building theories from case study research[J]. Academy of Management Review, 14 (4): 532-550.

Eisenhardt K M. 1989b. Making fast strategic decisions in high-velocity environments[J]. Academy of Management Journal, 32 (3): 543-576.

Eisenhardt K M. 1991. Better stories and better constructs: the case for rigor and comparative logic[J]. Academy of Management Review, 16 (3): 620-627.

Eisenhardt K M, Graebner M E. 2007. Theory building from cases: opportunities and challenges[J]. Academy of Management Journal, 50 (1): 25-32.

Elsbach K D, Cable D M, Sherman J W. 2010. How passive 'face time' affects perceptions of employees: Evidence of spontaneous trait inference[J]. Human Relations, 63 (6): 735-760.

Evans D. 2003. Some empirical aspects of multi-sided platform industries[J] Review of Network Economics, 2 (3): 1-9.

Fang E E. 2008. Customer participation and the trade-off between new product innovativeness and speed to market[J]. Journal of Marketing, 72 (4): 90-104.

Fogliatto F S, da Silveira G J C, Borenstein D. 2012. The mass customization decade: an updated review of the literature [J]. International Journal of Production Economics, 138 (1): 14-25.

Francois J F. 1990. Producer services, scale, and the division of labor[J]. Oxford Economic Papers, 42 (4): 715-729.

Freitas I M B, von Tunzelmann N. 2008. Mapping public support for innovation: a comparison of policy alignment in the UK and France [J]. Research Policy, 37 (9): 1446-1464.

Fuchs C, Prandelli E, Schreier M. 2010. The psychological effects of empowerment strategies on consumers' product demand[J]. Journal of Marketing, 74 (1): 65-79.

Fuentes D D. 1999. On the limits of the post-industrial society structural change and service sector employment in Spain[J]. International Review of Applied Economics, 13 (1): 111-123.

Gawer A, Cusumano M A. 2014. Industry platforms and ecosystem innovation[J]. Journal of Product Innovation Management, 31 (3): 417-433.

Gibson C B, Rottner R M. 2008. By design: The social foundations for building a company around an inventor[J]. Organizational Dynamics, 37 (1): 21-34.

Gilbert M, Cordey-Hayes M. 1996. Understanding the process of knowledge transfer to achieve successful technological innovation[J]. Technovation, 16 (6): 301-312.

Goe W R. 1991. The growth of producer services industries: Sorting through the externalization debate[J]. Growth and Change, 22 (4): 118-141.

Grönroos C. 2008. Service logic revisited: who creates value? And who co-creates?[J]. European Business Review, 20 (4): 298-314.

Gummesson E, Mele C. 2010. Marketing as value Co-creation through network interaction and resource integration[J]. Journal of Business Market Management, 4 (4): 181-198.

Hackett S M, Dilts D M. 2004. A systematic review of business incubation research[J]. Journal of Technology Transfer, 29 (1): 55-82.

Halliday S V. 2016. User-generated content about brands: Understanding its creators and consumers[J]. The Journal of Business Research, 69 (1): 137-144.

Hauknes J, Knell M. 2009. Embodied knowledge and sectoral linkages: an input-output approach to the interaction of high-and low-tech industries[J]. Research Policy, 38 (3): 459-469.

Hessels J, Parker S C. 2013. Constraints, internationalization and growth: A cross-country analysis of European SMEs[J]. Journal of World Business, 48 (1): 137-148.

Hobday M, Rush H, Bessant J. 2004. Approaching the innovation frontier in Korea: the transition phase to leadership[J]. Research Policy, 33 (10): 1433-1457.

Hu S J. 2013. Evolving paradigms of manufacturing: from mass production to mass customization and personalization[J]. Procedia CIRP, 7: 3-8.

Huang C Y, Ji L. 2013. Knowledge-intensive business services and economic growth with endogenous market structure[J]. Journal of Macroeconomics, 38: 95-106.

Hunt D M, Radford S K, Evans K R. 2013. Individual differences in consumer value for mass customized products[J]. Journal of Consumer Behaviour, 12 (4): 327-336.

Iansiti M, Levien R. 2004. Strategy as ecology[J]. Harvard Business Review, 82 (3): 68-78, 126.

Iansiti M, Richards G L. 2006. The information technology ecosystem: structure, health, and performance[J]. The Antitrust Bulletin, 51 (1): 77-110.

Inman R A, Lair Sale M, Green K W Jr. 2009. Analysis of the relationships among TOC use, TOC outcomes, and organizational performance[J]. International Journal of Operations & Production Management, 29 (4): 341-356.

Ireland R D, Hitt M A, Camp S M, et al. 2001. Integrating entrepreneurship and strategic management actions to create firm wealth[J]. Academy of Management Perspectives, 15 (1): 49-63.

Jaakkola E, Hakanen T. 2013. Value co-creation in solution networks[J]. Industrial Marketing Management, 42 (1): 47-58.

Kao T Y, Yang M H, Wu J T B, et al. 2016. Co-creating value with consumers through social media[J]. Journal of Services Marketing, 30 (2): 141-151.

Karpen I O, Bove L L, Lukas B A. 2012. Linking service-dominant logic and strategic business practice[J]. Journal of Service Research, 15 (1): 21-38.

Kassa A G, Raju R S. 2015. Investigating the relationship between corporate entrepreneurship and employee engagement[J]. Journal of Entrepreneurship in Emerging Economies, 7 (2): 148-167.

Katz M, Shapiro C. 1985. Network Externalities, competition, and compatibility[J]. American Economic Review, 75 (3): 424-440.

Knudsen E S, Lien L B. 2015. Hire fire, or train: innovation and human capital responses to recessions[J]. Strategic Entrepreneurship Journal, 9 (4): 313-330.

Korkman O, Storbacka K. Harald B. 2010. Practices as markets: Value co-creation in e-invoicing[J]. Australasian Marketing Journal (AMJ), 18 (4): 236-247.

Kurucu G. 2008. Essays on Markets with Network Externalities[M]. Boston: Boston College.

Kwon K, Kim C. 2012. How to design personalization in a context of customer retention: Who personalizes what and to what extent?[J]. Electronic Commerce Research and Applications, 11 (2): 101-116.

Labrecque L I, vor dem Esche J, Mathwick C, et al. 2013. Consumer power: evolution in the digital age[J]. Journal of Interactive Marketing, 27 (4): 257-269.

Lai F J, Zhang M, Lee D M S, et al. 2012. The impact of supply chain integration on mass customization capability: an extended resource-based view[J]. IEEE Transactions on Engineering Management, 59 (3): 443-456.

Lai W H, Lin C C. 2015. Constructing business incubation service capabilities for tenants at post-entrepreneurial phase [J]. Journal of Business Research, 68 (11): 2285-2289.

Li Z W, Penard T. 2014. The role of quantitative and qualitative network effects in B2B platform competition[J]. Managerial and Decision Economics, 35 (1): 1-19.

Lim D S K, Morse E A, Mitchell R K, et al. 2010. Institutional environment and entrepreneurial cognitions: A comparative business systems perspective[J]. Entrepreneurship Theory and Practice, 34 (3): 491-516.

Luo Y D, Wang S L. 2012. Foreign direct investment strategies by developing country multinationals: a diagnostic model for home country effects[J]. Global Strategy Journal, 2 (3): 244-261.

Lusch R F, Tucson U O A, Nambisan S, et al. 2015. Service innovation: A service-dominant logic perspective[J]. MIS Quarterly, 39 (1): 155-175.

Lyons A C, Mondragon A E C, Piller F, et al. 2012. Mass Customisation: A strategy for Customer Centric Enterprises[M]//Lyons A C, Mondragon A E C, Piller F, et al. Customer-Driven Supply Chains. Berlin: Springer: 71-94.

MacCarthy B, Brabazon P G, Bramham J. 2003. Fundamental modes of operation for mass customization[J]. International Journal of Production Economics, 85 (3): 289-304.

MacPherson A. 1997. The role of producer service outsourcing in the innovation performance of New York State manufacturing firms[J]. Annals of the Association of American Geographers, 87 (1): 52-71.

Mahler A, Rogers E M. 1999. The diffusion of interactive communication innovations and the critical mass: the adoption of telecommunications services by German banks[J]. Telecommunications

Policy, 23 (10/11): 719-740.

Mainiero L A. 1986. Coping with Powerlessness: The relationship of gender and job dependency to empowerment-strategy usage[J]. Administrative Science Quarterly, 31 (4): 633.

Malone T W. 1999. Is 'empowerment' just a fad? control, decision-making, and information technology[J]. B T Technology Journal, 17: 141-144.

McColl-Kennedy J R, Cheung L, Ferrier E. 2015. Co-creating service experience practices[J]. Journal of Service Management, 26 (2): 249-275.

Mele C, Polese F. 2011. Key Dimensions of Service Systems in Value-Creating Networks[M]// Demirkan H, Spohrer J C, Krishna V. The Science of Service Systems. Berlin: Springer: 37-59.

Miles I. 2005. Knowledge intensive business services: prospects and policies[J]. Foresight, 7 (6): 39-63.

Miles M B, Huberman A M. 1994. Qualitative Data Analysis: An Expanded Sourcebook[M]. London: Sage Publications.

Moore J F. 1993. Predators and prey: a new ecology of competition[J]. Harvard Business Review, 71 (3): 75-86.

Moore J F. 1997. The Death of Competition: Leadership and Strategy in the Age of Business Ecosystems[M]. New York: Harper Paperbacks.

Muller E, Zenker A. 2001. Business services as actors of knowledge transformation: the role of KIBS in regional and national innovation systems[J]. Research Policy, 30: 1501-1516.

Nakagawa A, Minami H, Kim J S, et al. 2012. Bench-top fermentative production of plant benzylisoquinoline alkaloids using a bacterial platform [J]. Bioengineered, 3 (1): 49-53.

Neghina C, Caniëls M C J, Bloemer J M M, et al. 2015. Value cocreation in service interactions: dimensions and antecedents[J]. Marketing Theory, 15 (2): 221-242.

Patton M Q. 1987. How to Use Qualitative Methods in Evaluation[M]. London: Sage Publications.

Pera R, Occhiocupo N, Clarke J. 2016. Motives and resources for value co-creation in a multi-stakeholder ecosystem: a managerial perspective[J]. Journal of Business Research, 69 (10): 4033-4041.

Peters L D. 2016. Heteropathic versus homopathic resource integration and value co-creation in service ecosystems[J]. Journal of Business Research, 69 (8): 2999-3007.

Plé L. 2016. Studying customers' resource integration by service employees in interactional value co-creation[J]. Journal of Services Marketing, 30 (2): 152-164.

Prahalad C K, Ramaswamy V. 2000. Co-opting customer competence[J]. Harvard Business Review, 78 (1): 79-87.

Prahalad C K, Ramaswamy V. 2004. Co-creation experiences: The next practice in value creation[J]. Journal of Interactive Marketing, 18 (3): 5-14.

Prasad P, Eylon D. 2001. Narrating past traditions of participation and inclusion[J]. The Journal of Applied Behavioral Science, 37 (1): 5-14.

Prentice C, Han X Y, Li Y Q. 2016. Customer empowerment to Co-create service designs and delivery: scale development and validation[J]. Services Marketing Quarterly, 37 (1): 36-51.

Ramaswamy V, Gouillart F. 2010. Build the co-creative enterprise[J]. Harvard Business Review, 88 (10): 100-109, 150.

Ratinho T, Henriques E. 2010. The role of science Parks and business incubators in converging countries: Evidence from Portugal[J]. Technovation, 30 (4): 278-290.

Rice M P. 2002. Co-production of business assistance in business incubators: an exploratory study[J]. Journal of Business Venturing, 17 (2): 163-187.

Riemer K, Totz C. 2003. The Many Faces of Personalization[M]//The Customer Centric Enterprise. Berlin, Heidelberg: Springer Berlin Heidelberg: 35-50.

Ross A. 1996. Selling uniqueness-mass customization: the new religion for manufacturers?[J]. Manufacturing Engineer, 75 (6): 260-263.

Saarijärvi H, Kannan P K, Kuusela H. 2013. Value co-creation: theoretical approaches and practical implications[J]. European Business Review, 25 (1): 6-19.

Salvador F, De Holan P M, Piller F. 2009. Cracking the code of mass customization[J]. MIT Sloan Management Review, 50 (3): 71-78.

Sandulli F. 2013. User-Led Innovation: Final Users' Involvement in Value Cocreation in Services Industries[M]//Cinquini L, Minin A D, Varaldo R. New Business Models and Value Creation: A Service Science Perspective. Berlin: Springer-Verlag: 87-103.

Shams S M R, Kaufmann H R. 2016. Entrepreneurial co-creation: a research vision to be materialised[J]. Management Decision, 54 (6): 1250-1268.

Shane S, Cable D. 2002. Network ties, reputation, and the financing of new ventures[J]. Management Science, 48 (3): 364-381.

Stevenson L, Lundstrom A. 2001. Entrepreneurship policy for the future: best practice components[M]// van der Horst R, King-Kauanui S, Duffy S. The 50th Anniversary of the International Council for Small Business. Malden: Blackwell: 177-194.

Strauss A L. 1987. Qualitative Analysis for Social Scientists[M]. Cambridge: Cambridge University Press.

Strauss A L, Corbin J M. 1990. Basics of Qualitative Research[M]. London: Sage Publications.

Tan H R, Wright J. 2018. A price theory of multi-sided platforms: comment[J]. American Economic Review, 108 (9): 2758-2760.

Tan J, Peng M W. 2003. Organizational slack and firm performance during economic transitions: two studies from an emerging economy[J]. Strategic Management Journal, 24 (13): 1249-1263.

Theilmann C, Hukauf M. 2014. Customer integration in mass customisation: a key to corporate success[J]. International Journal of Innovation Management, 18 (3): 1-23.

Theodorakopoulos N, Kakabadse N K, McGowan C. 2014. What matters in business incubation? A literature review and a suggestion for situated theorising[J]. Journal of Small Business and Enterprise Development, 21 (4): 602-622.

Toivanen O. 2009. Innovation policy, entrepreneurship, and development: a finnish view[J]. MERIT Working Papers, 50: 1-21.

Toomer E, Ken B W. 1993. Qualitative methods in management research[J]. Journal of the Operational Research Society, 44 (7): 735-736.

Vargo D M. 2008. A prevalence study, finding more than the number of pressure ulcer prevalence[J]. Journal of Wound, Ostomy & Continence Nursing, 35 (3): S52-S53.

Vargo S L, Lusch R F. 2004. Evolving to a new dominant logic for marketing[J]. Journal of Marketing, 68 (1): 1-17.

Vesanen J. 2007. What is personalization? A conceptual framework[J]. European Journal of Marketing, 41 (5/6): 409-418.

Voss G B, Sirdeshmukh D, Voss Z G. 2008. The effects of slack resources and environmental threat on product exploration and exploitation[J]. Academy of Management Journal, 51 (1): 147-164.

Wehinger G. 2012. The financial industry in the new regulatory landscape[J]. OECD Journal: Financial Market Trends, 2011 (2): 225-249.

Whitehead D. 2003. Case study research: design and methods, 3rd edition[J]. Journal of Advanced Nursing, 44 (1): 108.

Wind J, Rangaswamy A. 2001. Customerization: the next revolution in mass customization[J]. Journal of Interactive Marketing, 15 (1): 13-32.

Yin R K. 2009. Case Study Research: Design and Methods[M]. London: Sage Publications: 59-60.

Yiu D W, Hoskisson R E, Bruton G D, et al. 2014. Dueling institutional logics and the effect on strategic entrepreneurship in Chinese business groups[J]. Strategic Entrepreneurship Journal, 8 (3): 195-213.

Yuksel M, Milne G R, Miller E G. 2016. Social media as complementary consumption: the relationship between consumer empowerment and social interactions in experiential and informative contexts[J]. Journal of Consumer Marketing, 33 (2): 111-123.

Zhang X M, Bartol K M. 2010. Linking empowering leadership and employee creativity: the influence of psychological empowerment, intrinsic motivation, and creative process engagement[J]. Academy of Management Journal, 53 (1): 107-128.

Zhang X, Chen R Q. 2008. Examining the mechanism of the value co-creation with customers[J]. International Journal of Production Economics, 116 (2): 242-250.

Zimmerman M A. 1995. Psychological empowerment: issues and illustrations[J]. American Journal of Community Psychology, 23 (5): 581-599.

Ziyae B. 2016. Presenting an evaluation model of human resource management's effect on corporate entrepreneurship[J]. World Journal of Entrepreneurship, Management and Sustainable Development, 12 (3): 228-242.

后　　记

　　值此中华民族伟大复兴的关键时刻，万物互联时代各行各业都有重新定义的机会，这也是管理学术研究充满机会与挑战的时代，商学院教授理应有所担当。

　　这本专著是我们主持国家社会科学基金面上项目"中小微企业公共服务平台生态系统构建研究"的成果。从前期准备申报，到幸运获得立项，再到带领团队通过案例研究形成一篇篇论文发表，我们感受到了管理科学研究的乐趣与挑战。

　　过去，管理是通过人实现组织目的，人是手段，组织是目的；未来，管理是通过组织这个平台来成就人。我自从2013年开始通过案例研究方法来做管理学术研究以来，选择"有趣、有料、有种"的创新实践为研究对象，将实践提炼为理论、方法与工具，立志以知识创新推动个人与组织进步，感召认同价值共创信念的年轻人，奉行"知行合一、经世致用"的校训，择英才而教之，遵循"言教不如身教，身教不如境教"之宗旨，指导中南大学商学院历届博士与硕士研究生陈凌子、李兵、韦鑫、邱韵瑾、金可可、李宇雯、王鹏程、杨苗、邓伟、张崇安、何奇松、孙杰、李婉婉、程宇、阙琴、刘德武、汪刘丽媛、林晖阳做文献综述、整理二手资料、调研访谈。我们由此总结出案例论文写作的"五个一"方法：选准一个案例，选好一个视角，模仿一篇范文，瞄准一个期刊，一周打磨一次。同学们先是投稿中国企业管理案例与质性研究论坛并入选会议论文集，获得专家意见与分享机会，再修改后投稿与返修并陆续发表在《南开管理评论》《科研管理》《科学学研究》《管理学报》《管理评论》《研究与发展管理》等国家自然科学基金资助的重要学术期刊上，也发表在面向企业界的《商业评论》，让研究成果推广到企业实践应用中。八年多的科研训练与论文的不断打磨，经历了无数次的瓶颈与挫折，我们总是砥砺前行，同学们也很认同师门信念：①让你痛苦到喜悦的必使你强大！②把当下正确而艰难的事情做到极致，美好的事情就等着你。只有我们在案例研究论文写作时感觉"心悦"，才能"诚服"期刊评审专家。

　　感谢中南大学商学院以龚艳萍院长与任胜钢书记为首的领导团队创造的宽松包容的学术研究环境与对学术成果的出版资助，感谢商学院副院长李大元教授、关健教授在共同参与的国家自然科学基金重大课题调研中的快乐交流，感谢中南大学产业发展战略研究中心王昶教授的学术切磋，感谢科研管理助理符琳娜老师的用心服务，感谢科学出版社徐倩老师耐心专业的编辑指导，感谢芬尼董事长宗毅、韩都董事长赵迎光与尚品宅配副总经理何裕炳提供案例调研机会，感谢长沙市科学技术局原局长赵跃驷、长沙市工业和信息化局副局长周双恺提供决策参谋与智库支持的机会，感谢长服平台理事长左军、湖南省中小企业公共服务平台主任王曙、株洲市中小微企业成长服务有限公司执行董事崔毓剑博士提供的价值共创机会。

感谢我的博士生与硕士毕业生所做的贡献，其中，第二章第四节内容主要来源于硕士毕业生邱韵瑾、金可可、李宇雯合作发表的论文，第四章第一节内容主要来源于博士研究生陈凌子发表的论文，第四章第二节内容主要来源于邱韵瑾的硕士论文，第五章第二节内容主要来源于硕士毕业生杨苗发表的论文，第五章第三节内容主要来源于硕士毕业生王鹏程发表的论文；2020级研究生林晖阳与汪刘丽媛同学承担了著作校对与文献规范工作。

理论是灰色的，实践之树常青。我将继续扎根中国创新创业实践的土壤，探索构建"负责任的管理研究"成果。我立志潜心学术研究海洋，目前团队正在主持国家自然科学基金面上项目"赋能型创业孵化平台价值共创：动因、机制与路径"（71974210），并有幸参与蔡莉教授主持的国家自然科学基金重大项目"创新驱动创业的重大理论与实践问题研究"（72091310）课题二"数字创新驱动的新企业创业模式研究"（72091313），我将带领团队努力做出学术成果，为推动国家创新创业高质量发展做出微薄的贡献。

周文辉
2021年6月1日